刘衍文学术思想辨踪

钱汉东 主编

寄庐梦痕
壬寅仲夏钱汉东敬题

上海古籍出版社

图书在版编目(CIP)数据

寄庐梦痕：刘衍文学术思想辨踪／钱汉东主编. ——上海：上海古籍出版社，2022.10
ISBN 978-7-5732-0451-6

Ⅰ.①寄… Ⅱ.①钱… Ⅲ.①刘衍文—纪念文集 Ⅳ.①K825.6-53

中国版本图书馆CIP数据核字(2022)第180570号

寄庐梦痕
——刘衍文学术思想辨踪
钱汉东　主编
上海古籍出版社出版发行

(上海市闵行区号景路159弄1-5号A座5F　邮政编码201101)
(1) 网址：www.guji.com.cn
(2) E-mail: guji1@guji.com.cn
(3) 易文网网址：www.ewen.co
常熟市新骅印刷有限公司印刷

开本787×1092　1/16　印张21.5　插页13　字数309,000
2022年10月第1版　2022年10月第1次印刷
印数：1—1,300
ISBN 978-7-5732-0451-6
I・3654　定价：125.00元
如有质量问题，请与承印公司联系

刘衍文先生 2018 年摄于家中

青年时期的刘衍文先生

为学生讲课

认真备课

参加学术会议

思考学术问题

时任上海市副市长的赵雯及文史馆领导探望先生

刘衍文先生全家福

与四个儿子合影

左起依次为：刘永明、刘永吟、刘衍文、刘永申、刘永翔

与长子刘永翔合影

与夫人傅咸宜合影

上海教育学院中文系古代文学教研室部分教师合影
第1排左起：谭黄、童秉权
第2排左起：范少琳、梅佳音、刘衍文、沈惠乐、张徽
第3排左起：宋心昌、施绍文、蒋锡康、顾伟列

与弟子钱汉东商讨文稿

与弟子钱汉东（左）、储有明（右）合影

刘衍文先生主要学术著作

衍文先生著席：昔奉

贤即画圆整欵，其学将词弘扬绍若牛毛中草同麟角後，乃知家传自邮根柢深厚，两查长者方可以说诗谈艺，此谓足補魏文典论之遺

矣。顷奉

惠赐大著，匆匆一搜即覺言之有物即事明理，考古登我能宣约张微以匡丹三解頭且嚴羽之撕骨教化廣矣。事後剽窃者則愧汗疏忠背昌黎不云乎貝榮之芘所以為愧也。草草祇谢耑此即叩

賢即均此

楊絳同候

錢锺書敬上 十方廿三

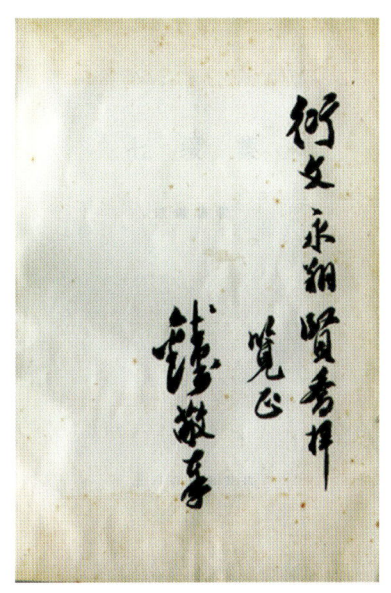

钱锺书先生赠刘衍文、刘永翔二先生《七缀集》

刘衍文先生自赞（钱汉东书）

刘永翔先生题《登绿春湖山绝顶》诗
（钱汉东书）

编委会成员

顾　　　问：钱伟刚
编委会主任：祝建东　李芝伟
副 主 任：李　莉
委　　　员：刘永翔　钱汉东　雷建春　李兴科　雷伟斌
　　　　　　陈　敏　储有明　张冰隅
主　　　编：钱汉东
副 主 编：储有明　徐华喜

序

祝建东

龙游历史悠久。

春秋时期为姑蔑国,有"古越第二大古都"之誉;秦时为太末县,是今浙江省境内最早设置的十三县之一;公元931年,吴越国王钱镠见此地群山起伏,如飞龙游荡,遂改称为"龙游"。

龙游自古风雅。

悠久的历史积淀了深厚的人文,此地人才辈出。西汉龙丘苌、南朝徐伯珍、唐代徐安贞,乡人曾立三贤祠祭祀,因其对乡邦文献影响巨大。宋时有状元刘章、"南渡名相"余端礼、学者夏僎和刘愚。明代有被尊为"天台宗中兴之祖"的传灯法师、藏书家童佩。近代有书画家、方志学家余绍宋,革命家兼学者的华岗。

文脉的传承在这片古老的土地上不曾断绝。刘衍文先生就是这传承链条上闪亮的一环。

刘衍文先生早年闻道于乡贤余绍宋,后执教鞭于华东师范大学中文系。他以古代文论研究享誉学界,著作等身,是被国学大师钱锺书称誉的博学鸿儒,国内罕见。而且,他还长期担任上海市高等院校师资"教授级高级职称评审委员会"的终审评委。

刘衍文先生以101岁的高龄仙逝,今年是他的一周年祭。刘衍文先生的哲嗣、华东师范大学中文系终身教授刘永翔,刘衍文先生的高足、著名文史学者钱汉东教授为弘扬和传承刘衍文先生的学术思想和研究成果,特纂辑刘衍文先生生前回忆其治学、问学经历,记录其学术求索甘苦和以文会友、转益多师的遗文,以及其桑梓乡贤、学界同仁和门生弟子的回忆文章,字字珠玑,蔚为大观。由此可以窥见刘衍文先生学术思想的形成轨迹和发展脉络,并从一个侧面映射了传统国学近百年来渊源有自的沿革与演变,对后继学人的治学裨益良多,也能激励和启迪家乡的学子,赓续龙游风雅。

《寄庐梦痕》的书名一半来自于刘衍文先生的斋号"寄庐",另一半来自于他的诗集《春梦留痕诗稿》。"寄庐"是暂居栖息之地。这可能是因为刘先生家族世居龙游,他把他工作学习、教书育人的上海视作暂栖之地的缘故吧!于此书名亦可见先生的桑梓情深。

《寄庐梦痕——刘衍文教授学术思想辨踪》一书共分四大部分:

一、"晚晴漫笔"。从百岁高龄的刘衍文先生已刊和未刊书稿中,纂辑他本人的一些文章,从而可了解他求学问学、访书访师的学术经历,勾勒出一代龙游学人"锲而不舍、金石可镂"的求索精神。其中回忆另一位龙游籍国学大儒余绍宋先生的鸿篇长文,颇具史料价值。

二、"时誉摭言"。纂辑刘衍文先生同时代学人或亦师亦友的学界硕彦胡中行、杨明、张冰隅等人以及旅居澳大利亚的海外学人何丹尼先生的回忆文章。他们或论其文,或记其行,从各个不同的视角探究刘衍文先生的学术思想和学术体系,思考它们的形成与发展的轨迹。

三、"桃李芝兰"。刘衍文先生毕生从事教育事业,著书育才,桃李满天下,门生遍东南。如著名文史学者、田野考古专家、作家、书法家钱汉东,上海古籍出版社编审丁如明、聂世美,《解放日报》主任记者储有明,华东师范大学中文系教授顾伟列,上海市复兴高级中学特级教师、语文教研组长倪正明等,从他们的回忆文章中,我们看到了一位诲人不倦、爱才若渴的严师、良师。

四、"桑梓心香"。刘衍文先生情系故土,晚年数度应邀返乡,为振兴家乡的文化事业出谋献策,殚精竭虑,贡献良多。乡贤后学多有撰文论及其道德文章,回忆其音容笑貌、行为举止者。这些文章充满浓浓的乡情,也正是文化血脉接续相通的体现。

最后,我要热烈祝贺《寄庐梦痕——刘衍文教授学术思想辨踪》一书的出版，我相信通过这本书，我们能够更好地了解刘衍文先生，了解龙游的历史文化。我更坚信，在我们所有人的奋斗下，今天的龙游，正以崭新的姿态，矫健的步伐，奔向无比灿烂的明天！

是为序。

中共龙游县委书记
祝建东

序

刘永翔

家大人寄庐先生以期颐之寿捐馆,亲友、门人、邑子暨其后人撰文追念,其门下士钱子汉东倡议结集,承故乡龙游县政府出资,上海古籍出版社梓行,为人子者刻骨感铭。回思七十馀年父子之缘,翔术业所基,皆慈父循循然善诱所造也。而大人识之高、学之富、德之诚为学林所佩,以翔所知,其因盖有七焉:

吾邑处岑山之下、灊水之滨,江山之助,固自宜文。自梁刘彦和作宰以来,文风日盛;南宋初孔氏南迁,儒学益昌。团石之谣,宜其有验。近世余公越园文史之能、三绝之卓为世巨擘,当亦山川风俗所钟毓也。先君幼得乡里熏陶,长获儒先教诲,无学历而富学力。此其成之因一也。

先君少喜为文,自越园先生谓其识过于才,遂抟心壹志,师刘彦和、章实斋之能,惟事见解,谈艺论文,用长舍短,终底于成,著述至为钱槐聚先生巨眼所赏。此其成之因二也。

先君博览群籍,故能了古今诗文沿革异同,往往人以为邈不相及者,独能察其潜通暗递之迹。浩劫时椠书荡尽,而翔乃固欲学诗,先君遂口授前贤之作授之,皆出其腹笥者也。伏胜之能,大人有焉。此其成之因三也。

先君素以直道接物,具周公瑾有误必顾之风,人遂多以其为狂,实则惟求其是,不欲曲学阿世耳,与乡贤赵阅道施于有政无异。此其成之因四也。

先君虽专意游夏之学,而平居不废力命之讨,每持"不可一途而取、一理而推"之论,于先哲之言每有质疑,不必不固,尝改袁简斋之句曰:"双眼自将秋水洗,一生不受世人欺。"于道有所独得。此其成之因五也。

先君一生以乐育为仔肩,且善于识拔,而得其奖掖者多能自奋,不失所望。为世铸才,祈学有继。此其成之因六也。

先君自遭党锢之祸,失业家居者二十馀年,八口之家,所蓄渐竭,惟恃先母薄入为活。母氏时充柱下之役,远途徒步,长日干馇,不以为苦。牛衣相对,鲋辙相濡,劫波终渡。先君尝反俗谚之言曰:"文章则他人者为佳,妻室则自家者为好。"多病之身,晚年犹有精力事名山之业者,仗伉俪之贤也。此其成之因七也。

先君平生著述已多付手民,而书坊屡求再版,足征世有知音,可谓死且不朽矣。阅兹纪念集稿,亲朋所述,其嘉言懿行乃有不肖所不知者,读之不禁泣下。然则苟无是书,后世则必湮没无闻矣,于此益感友朋之力、桑梓之情也。

壬寅八月八日刘永翔谨序

目 录

序 　　　　　　　　　　　　　　　　　祝建东　1
序 　　　　　　　　　　　　　　　　　刘永翔　1

晚 晴 漫 笔

诗与好诗　　　　　　　　　　　　　　　　　　3
炼意略论　　　　　　　　　　　　　　　　　　47
命理丛谈　　　　　　　　　　　　　　　　　　57
有鬼论与无鬼论　　　　　　　　　　　　　　　81
终古佳人去不还
　　——梁鼎芬与龚夫人　　　　　　　　　　88
马一浮与熊十力　　　　　　　　　　　　　　　105
忆抗日战争时期的衢州中学国文教师群　　　　　130
长揖清芬
　　——与钱锺书先生通信记　　　　　　　　134
读《余绍宋日记》话旧　　　　　　　　　　　　140
《寄庐杂笔》后记　　　　　　　　　　　　　　157
《中国中学生古诗文导读大全》序　　　　　　　160
《文学鉴赏学》序　　　　　　　　　　　　　　164

时誉摭言

呕心沥血　独树高标
　　——刘衍文先生、刘永翔先生《文学的艺术》读后　　杨　明　173
衍文先生散记　　胡中行　184
我心中的刘衍文先生　　沈惠乐　187
亦师亦友四十载
　　——忆刘衍文先生　　张冰隅　190
痛悼国学大师刘衍文先生　　何丹尼　204
我认知的寄庐先生　　吴　忱　207

桃李芝兰

忆父亲　　刘永吟　213
纪念爷爷　　刘意山　223
我的良师益友
　　——刘衍文老师琐忆　　倪正明　229
怀念师长刘衍文先生　　顾伟列　232
从游寄庐刘衍文先生论清诗　　张寅彭　236
记寄庐先生　　王培军　257
我认识的刘衍文先生　　强肖鸣　265
怀念恩师刘衍文　　钱汉东　268
绛帐春风　卌载承泽　　储有明　276
栽得桃李树　来日终成荫
　　——刘衍文先生与《中国古代文学》　　宋心昌　281
先生去后更何人　　徐于斌　285
鹤驾西归不复返　门墙忝列忆当年
　　——追念恩师刘衍文先生　　聂世美　289

老辈学人的做派
  ——忆刘衍文先生 .... 丁如明 296
记衍文先生二三事 .... 刘毅强 299
怀念可敬、可亲、可爱的刘先生 .... 丁婷婷 304

桑 梓 心 香

不改的乡音 .... 黄国平 309
我读刘衍文先生 .... 方小康 313
鹧鸪天·缅怀刘衍文教授 .... 夏希虔 320
志同松柏节如竹,言可经纶行可师
  ——纪念刘衍文先生逝世一周年 .... 雷 军 321
缅怀刘衍文先生 .... 徐 哲 325

后记 .... 钱汉东 327

晚晴漫笔

诗 与 好 诗

一

由于考古学的发展，随着世界各国对地下远古文物的不断发现，人类的历史也就年代不断上推；艺术的起源时间也自然不断被新的发现打破纪录。独有文学中最早出现的诗歌，却不像其他艺术那样有迹可求。因为它远出现于文字诞生之前，是口头流传的，那时又不可能有录音设备，不可能追踪哪一个人第一个创作出诗来，又经过哪些人的修改和补充。因此中外的诗人和学者，在为诗下定义时，也和对其他的学科一样，喜欢从语源或最早出现的情况来探讨它的特性、意义和作用。

如英国锡德尼在1595年写的《为诗辩护》中说：

> 现在我们可以看一下希腊人是如何命名它的、如何评价它的。希腊人称诗人为普爱丁（ποιητήν），而这名字，因为是最优美的，已经流行于别的诗语中了。这是从普德恩（ποιεῖν）这字来的，他的意思是"创造"。在这里，我不知道是由于幸运，还是由于聪明，我们英国人也称他为"创造者"，这是和希腊一致了。这名字是个何等崇高和无与伦比的称号，我宁可用划分各种学术的范围的办法来说明，而不用偏颇的阐述。（钱学熙《为诗辩护》译本，人民文学出版社，1964年）

后来英国诗人雪莱于1821年写的《为诗辩护》则说：

在较古的时代,诗人都被称为立法者或先知,一个诗人本质上就包含并且综合这两种特性。因为他不仅明察客观的现在,发现现代的事物所应当依从的规律,他还能从现在看到未来,他的思想就是结成最近时代的花和果的萌芽。(据缪灵珠译文,见《古典文学译丛》1961年第1期,译者注云:"古希腊诗人曾被称为立法者,如梭伦。在《圣经》里,好些先知都是诗人,譬如耶利米。")

我国学人所论也大略相似。最早言及诗的典籍是今文《尚书·尧典》,其记帝舜命夔典乐教胄子之语云:"直而温,宽而栗,刚而无虐,简而无傲。诗言志,歌永言,声依永,律和声,八音克谐,无相夺伦,神人以和。"

汉郑玄《诗谱序》根据这个"诗"字的最早出现,遂得出结论说:"然则诗之道放于此乎?"

唐孔颖达的《毛诗正义》对此提出异议云:

舜承于尧,明尧已用诗矣。故《六艺论》云:"唐虞始造其初,至周分为六诗。"亦指尧典之文。谓之造初,谓造今诗之初,非讴歌之初;讴歌之初,则疑其起自大庭时矣。然讴歌自当久远,其名曰"诗",未知何代,虽于舜世始见诗名,其名必不初起舜时也。

这是颇切合历史实际的立论。有"诗"之名之初,实非讴歌之始。且《尧典》所记,已是"今诗"之初,也即是社会有了明确分工以后,有如恩格斯所说是"最后出现了艺术和科学"的时代了。因为这里已明显提出诗和乐,也隐隐暗示着舞,三者的结合已经非常融洽合拍,绝不是天造草昧的初民社会文化水准的表现了。

但孔颖达的意见并不妨碍后人对"诗"字源的探索。最有影响的是杨树达的《释诗》和闻一多的《歌与诗》。杨文本诸《说文》和《左传》昭公十六年韩宣子"赋不出郑志"的话,证明"㞢"、"志"、"寺"古音盖无二;"郑志"即"郑诗","古诗、志二文同用,故许(慎)径以志释诗"。闻一多更进一步考出"志有三个意义:一,记忆;二,记录;三,怀抱",从而证明

"志与诗原来是一个字"。

追其原以释义,自然无可厚非。但明其原亦当重其变,更应探求其完整的、共有的、同时又是突出的特征,决不能胶柱鼓瑟,以为最初如此,从来如此,便今日和以后就都该如此。钱锺书先生论定义之道云:

> 夫物之本质,当于此物发育具足,性德备完时求之。苟赋形未就,秉性不知,本质无由而见。此所以原始不如要终,穷物之几,不如观物之全。盖一须在未具性德之前,推其本质,一只在已具性德之中,定其本质。(《谈艺录》补订本第37页,中华书局1984年版)

我们若推究诗之义如何变易、舍弃、扩展以及后来出现的个人独特之见,倒也是颇有兴味的。就"诗言志"之"志"而言,作为口头流传的诗歌,记忆自不必说。以诗为记录者,古书记载仅见于《管子·轻重八·山权数第七十五》云:"诗者,所以记人物也。"又云:"诗记人物无失辞。"后来则都以"怀抱"为尚了。这主要是与社会的变化、发展与分工的不断深化是有很大关系的。

在我国的远古时代,社会科学的分工成熟是比较早的。《周易·系辞上》就说:"方以类聚,物以群分。"这时已在哲学的立论上对方(道)与物(万物)的"聚"与"分"的意义和作用做了原则性的指点了。《庄子·天下篇》于"六艺"分工之为用更说:

> 《诗》以道志,《书》以道事,《礼》以道行,《乐》以道和,《易》以道阴阳,《春秋》以道名分。

根据近人马叙伦《庄子义证》之说,以上六句"疑古注文,传写误为正文"。时人多从其说。然纵是"古注",也足以说明,在战国末期即已产生这个明确的提法了。相类的意见,还可参证《荀子·儒效篇》之所说:

> 《诗》言是(是,儒学),其志也;《书》言是,其事也;《礼》言是,其

行也;《乐》言是,其和也;《春秋》言是,其微也(即征其文,隐其义,一字褒贬之微旨)。

直到汉董仲舒,继承的还是这个分工的说法,但已有所发挥。其《春秋繁露》卷三《玉杯》有云:

六学皆大,而各有所长。《诗》道志,故长于质;《礼》制节,故长于文;《乐》咏德,故长于风;《书》著功,故长于事;《易》本天地,故长于数;《春秋》正是非,故长于治。

他们都同样把"事"的职责归之于《书》,而不归之于《诗》,这样,"事"既属于《书》的领域,后则演进为史,而这也正好是我国汉民族古代史诗及叙事诗之所以不发达也不发展的主要原因之一。因为既有司专职者在,自不需要越俎代庖者了。

董仲舒在同书卷三《精华》中还有一段名言:

所闻《诗》无达诂,《易》无达占,《春秋》无达辞,从变从义而一以奉天。

刘向在《说苑》卷十二《奉使》也有相类的话:

传曰:《诗》无通故,《易》无通言,《春秋》无通义,此之谓也。

按"通"即"达",义可互训;"故"即"诂",字本通假。意思原是一般无二。可见在汉时或许更早,通晓历史的学者早已有此悟道之语了。《诗经》中的各首诗既无达诂,皆视读者的各自理解而异;同理,则何谓"诗"自亦不可能有达解。

汉司马迁在《史记·滑稽列传》中说:

> 孔子曰：六艺于治一也。《礼》以节人，《乐》以发和，《书》以道事，《诗》以达意，《易》以神化，《春秋》以道义。

在《太史公自序》里，除了改"《易》以神化"为"《易》以道化"外，其他用语都相同，且有较详的叙论，这些我们可以不管。值得注意的是，他把"《诗》以道志"改为"《诗》以达意"。另外在《五帝本纪》里，他又把"诗言志"改作"诗言意"。

"志"是不是就是"意"呢？根据郑玄所注《尧典》说："诗，所以言人之志意也。"则志即意、意即志矣。《说文解字》第十篇《心部》徐铉即以志、意互训，所本当即《史记》与郑注之文。但这好像还是后起的混同之说，当初似乎两者之义尚有一定的差别。《孟子·万章上》有论诗之语云："故说诗者，不以文害辞，不以辞害志；以意逆志，是为得之。"如以意为志，何不曰"不以辞害意"、"以意逆意"呢？清吴淇在《六朝选诗定论》卷一《缘起》中《以意逆志》节剖析说："不知志者古人之心事，以意为舆，载志而游，或有方，或无方，意之所到，即志之所在，故以古人之意求古人之志，乃就诗论诗，犹之以人治人也。"又举孟子所论《北山》诗云："'不得养父母，其志也；普天云云，文辞也。'莫非王事，我独贤劳'，其意也。（按诗当作'大夫不均，我从事独贤'。此处乃根据孟子所述引）其辞有害，其意无害，故用此以意逆之，而得其志在养亲而已。"

由此可见，意的概念似要比志为宽广，志则是意的比较集中突出的部分。司马迁说"言志"为"言意"，已经把诗的内涵扩大了许多。

但是否言意之作就都是诗了呢？《诗大序》于"志"之说又有了补充的新解：

> 诗者，志之所至也。在心为志，发言为诗。情动于中而形于言，言之不足故嗟叹之，嗟叹之不足故永歌之，永歌之不足，不知手之舞之、足之蹈之也。

唐孔颖达《疏》于此有极详明的阐说，唯行文过于繁琐，这里不想具引。

但我们从中可以很清楚地看出,这与专从文字学角度的解说不同,而是从诗的生活感受和心理状态到实际表现来立说的。诗虽言志,但诗与志并不是如文字学家所说的是一件事,他们之间的区别是一在心另一在言,"情动于中而形于言"的由情产生之言,才能说是诗。至"言之不足"而"嗟叹永歌"、而"手舞足蹈"等等,只是"情言"的延长,这里既说明了诗与音乐、舞蹈萌生时的三位一体性,也表明了诗的初期性质与它所包括的范围。这样,诗的所谓"志",就不单只有意的概念,即它指的不是一般的意向和抱负,也不是笼统的意志所命意,而是专指"情志"或"情意"这个特定的领域了。如晋挚虞在《文章流别论》中既明说:"夫诗虽以情志为本,而以成声为节。"(见《艺文类聚》卷五六)但其实比挚虞时代还略早一些时候,已因社会文化和学术文化的演进,因纯文学的分化突出,"情志"的专利已不属诗所专有,而为普遍的文学所共用了。如陆机的《文赋》论文,即云"颐情志于典坟",对于诗的体性,根据当时的风尚,另用"诗缘情而绮靡"一语来规范它的特征了。

二

尽管诗的实质在内容和形式上有多大的变化、发展和更易,诗义的修正、补充和更新会因时代、因思潮、因诗人和诗学家而异,他们或明明知道,或半明不白地知道"诗言志"或"诗以达意"之说太为笼统含糊,但从来不会有人想去否定这个传统。

这个最古老的"诗言志"或"诗以达意"说立足点就在"发乎情",当是最朴素、最切实的。诗的产生应该渊源于这个社会心理。它的积极意向是"求真"。孔子说:"诗可以兴,可以观,可以群,可以怨。迩之事父,远之事君,多识于鸟兽草木之名。"(见《论语·阳货》)姑略其当时的实用价值不论,所谓"兴、观、群、怨"的作用,也该是从言志达意所生发出来的。它是现实主义的滥觞,也是浪漫主义的发端。它表现的范围最广、方面最多,可以一触而即发。

但是,倘若"发乎情"而任其所之,或因怨的过度而怒,感情失去控制,变成兽性的发泄,这在任何社会环境里也是不为人所允许的,于是就有"止乎礼义"的客观要求。因此在"诗言志"后,随之而来就有了诗的第二义"持"作为补充。

"持"之义见于《诗纬·含神雾》:"诗者,持也。"据清王先谦的考证,言诗为持,取的是同字为训。乃齐《诗》之说。持者,是要"持人之心,使不失坠"。因此,如果说"诗言志"之"志"恐有放纵之虞,则"诗为持"之"持"就取有"收敛"之效。但这收敛并不是要人忍气吞声,或是喜怒不形于色。《荀子·劝学篇》云:"诗者,中声之所止也。"收敛的要求所达到的当是这个所在,或如《礼记·中庸》所说的感情要"发而皆中节",才算恰到好处。它的积极意向是"求正"。《礼记·经解》云:"温柔敦厚,诗教也。""持"到"中声所止"或"发而中节"的目标就是要达到"温柔敦厚"的诗教。它所排斥的是低级趣味,反对的是淫伤怒乱。这基本上也是现实主义的,但就其追求理性这一环节来说又有点古典主义的倾向。若过于强调了"持",其消极趋向就是使诗歌缺乏个性,甚至没有反抗性和战斗性。《管子·内业》尝云:"是故止怒莫若诗,去忧莫若乐,节乐莫若礼,守礼莫若敬,守敬莫若静。内静外敬,能反其性,性将大定。"这虽近乎道家论修养之言,但这个"止怒莫若诗"的话,若与西人"愤怒出诗人"、特别是马耶可夫斯基"诗歌就是炸弹和旗帜"比较起来,就该知道彼此是如何各异其趣的了。

"持"若与"志"互为补训岂不两得益彰了吗?事实上却往往各一强调,就会两不相能的。清乾隆时袁枚与沈德潜之间的论战,就是主"兴观群怨"说与主"温柔敦厚"说之争,简言之,也就是言志、言意与言持之争,看袁枚的《小仓山房文集》卷十七有《答沈大宗伯论诗书》和《再与沈大宗伯书》,还有沈德潜的《国朝诗别裁·凡例》,即可明其究竟。另可参看拙著《古典文学鉴赏论·气韵》章,这里不容多赘。但更须值得一提的是,由"持"引伸而所从出的又一义是"承"。

训诗为"承"者大约以为"持"之义尚不够圆满和突出,在背景上又受采诗、献诗的传说影响,兼以《春秋》褒贬之启迪,遂概括而用一个承字来作训。承之训初见于《礼记·内则》言负子之礼(负子,诸侯子民)云:"诗负之。"注:"诗之为言承也。"又《仪礼》有"诗怀之"之语,"怀"亦"承"也。承什么呢?承的是政教之善恶,于是美刺之说即由此而生。它的积极意向是"求治",因为承之为训已转而专对政治或为政者的迫切要求,重视的不仅仅是现实性和思想性,而且是现实性和思想性最突出、最集中也是最单纯的政治性了。我们认为这一训语把广泛的、丰富的和多样的现实生活一切都统归到至狭至小的圈子里,认为《诗经》中所留下的诗非美即刺,后人写诗岂不也当或美或刺,除美刺而外就无诗可言。可谓是诗即政治,其片面性与前苏联的拉普立论几如出一辙,其恶果还在解诗者的影射穿凿,而深文周纳的政治迫害,也可以从中找到它们的理论根据来。

固然,现实生活总是蕴藏有思想的,表现生活的人也是有思想的,表现出来的生活既有思想也有思想性,表现者也有思想和思想性;两种思想和思想性既有客观性也有主观性,其中可能有强烈的政治性,也可能只有约略的倾向性,甚至什么也都不明确,但仍有其特定的思想和思想性。思想的概念要大于思想性,思想性的概念也要大于政治性,政治只是思想的一部分,政治性也只能是思想性的一部分。以思想为诗已不可,以政治为诗尤不可。等同的结果,文学单一化了,诗也就没有多少题材可写的了。

我们并不是说诗为"承"之训不足为训,实际上也的确有以"承"义而作之诗,但它决不能以偏概全,不要只抓住几首有承义之诗遂以为凡诗皆承,或承外无诗。承只能作为"志"和"持"的一种补充,以备一说而已。但孔颖达的《毛诗正义》总结诗之一名三训,却把它作为作诗者的前提摆在最主要的地位。他说:

> 作者承君政之罪恶,述己志而作诗,为诗所以持人之行,使不失坠,故一名而三训也。

这里把三训的职责作了分工,然后统一起来,好像已经是面面俱到了。但以承为首要,诗道之取径已狭。事实上,三训之说虽自古已存,而后之论者立说,往往各取所需,间或自出新解的。如刘勰《文心雕龙·明诗》篇,只取"志"、"持"二说,或以其义已足,故舍"承"而不道。近代最重八代诗

声的王闿运,在《湘绮楼论诗文体法》中,虽同取三训,却又自具别解。他说:

> 诗,承也,持也,承人心性而持之,以风上化下,使感于无形,动于自然。故贵以词掩意,托物寄兴,使吾志曲隐而自达,闻者激昂而欲赴,其所不及设施,而可见施行,幽旷窈渺,朗抗犹心,远俗之致,亦于是达焉,非可快意骋词,自仗其偏颇,以供世人之喜怒也。

王闿运把"承君政之罪恶"改为"承人心性而持之",已经淡化了政治色彩,而与古义之承大相径庭了。

但言志或达意之说,流行还是最普遍的,因而于志、于意的解释,为之扩充、发挥的也最多。如宋邵雍在《伊川击壤集序》中,引及《诗大序》后推论说:

> 是知怀其时则谓之志,感其物则谓之情,发其志则谓之言,扬其情则谓之声,言成章则谓之诗,声成文则谓之音。然后闻其诗,听其音,则人之志情可知矣。

这里把从"志"到"诗"的过程之间隙做了沟通工作,又把志、情、言、声、诗、音的界限和彼此之间的连锁关系作了说明。

宋陆游于《曾裘父诗集序》中,又对"志"的内涵予以延伸:

> 古之说诗曰言志。夫得志而形于言,如皋陶、周公、召公、吉甫,固所谓志也。若遭变遇谗,流离困悴,自道其不得志,是亦志也。然感激悲伤,忧时闵己,托情寓物,使人读之,至于太息流涕,固难矣。至于安时处顺,超然事外,不矜不挫,不诬不怼,发为文辞,冲澹简远,读之者遗声利,冥得丧,如见东郭顺子,悠然意消,岂不又难哉!(见《渭南文集》卷一五)

这显然比唐白居易"志在兼济"的"讽谕诗"与"行在独善"的"闲适诗"的界限明确地打通。换句话说,"讽谕诗"固为言志,"闲适诗"又何尝不是言志。白居易的"闲适诗"里,不是也收有《初除户曹喜而言志》(见《白氏长庆集》卷五)的诗,但立论上却不曾与之融合。陆游于此就要放开得多了。到清袁枚,更与言志之说作全方位的开放,他在《再答李少鹤书》中说:

> 来札所讲"诗言志"三字,历举李、杜、放翁之志,是矣。然亦不可太拘。诗人有终身之志,有一日之志,有诗外之志,有事外之志,有偶然兴到,流连光景,即事成诗之志;志字不可看杀也。谢傅游山,韩熙载之纵伎,此岂其本旨哉!"多识于鸟兽草木之名",亦夫子馀语及之,而夫子之志,岂在是哉!(见《小仓山房尺牍》卷一〇)

重性灵的袁枚说诗,其执"诗言志"之"志",全从"发乎情"出发,而不以"止乎礼义"为归,这原是理所当然的。有时袁枚也偶尔谈到"持"。《随园诗话》卷二云:

> 张燕公称阎朝隐诗,炫装倩服,不免为风雅罪人。王荆公因之作《字说》,云:"诗者,寺言也。寺为九卿所居,非礼法之言不入,故曰'思无邪'。"近有某太守恪守其说,动云诗可以观人品。余戏诵一联云:"'哀筝两行雁,约指一勾银',当是何人所作?"太史意薄之曰:"不过冬郎、温、李耳。"余笑曰:"此宋四朝元老文潞公诗也。"太史大骇。余再诵李文正公昉《赠妓》诗曰:"便牵魂梦从今日,再睹婵娟是几时?"一往情深,言由衷发,而文正公为开国名臣,夫亦何伤于人品乎?《孝经·含神雾》云:"诗者,持也。持其性情,使不暴去也。"其立意比荆公差胜。

这里只说"持"的"立意比荆公差胜",自不以其说为然。至王安石所说,因《字说》已佚,今仅见宋李之仪《姑溪居士后集》卷一五《杂题跋》所引,自是穿凿之言,不待袁枚之驳,也已不为贵族文学论者所取资。

袁枚既连以"持"说"诗"都认为不大妥贴,自更不要说"承"了。他虽没有提到过"承",但就《随园诗话》卷六的一段话,就可知其意趣之所在了:

> 宋沈朗奏:"《关雎》,夫妇之诗,颇嫌狎亵,不可冠《国风》。"故别撰《尧》、《舜》二诗以进。敢翻孔子之案,迂谬已极。而理宗嘉之,赐帛百匹。余尝笑曰:"《易》以《乾》、《坤》二卦为首,亦阴阳夫妇之义,沈朗何不再别撰二卦以进乎?"且《诗经》好序妇人:咏姜嫄则忘帝喾,咏太任则忘太王,律以宋儒夫为妻纲之道,皆失体裁。

沈朗的卫道,终无效而初有禄,袁枚反唇相稽,实亦有为而发,意在对当时具有"头巾气"如沈德潜之流以针砭。于此可见,教条的易走极端,各个时代都会各有其道的。袁枚的不以"持"、"承"为然,恐其汩没性灵,于此可以领悟。但其于言志之说,则阐发之不遗馀力。除前述及"志"的范围外,《随园诗话》卷三还说:

> 千古善言诗者,莫如虞舜。教夔典乐,曰"诗言志",言诗之必本乎性情也。曰"歌永言",言歌之不离乎本旨也。曰"声依永",言声韵之贵悠长也。曰"律和声",言音之贵均调也。知是四者,于诗之道尽之矣。

本乎性情讲的是诗的真,也就是性情的真,而诗务必要有真情实感为本,然后才能用言、声、律去协调而歌。这里不说持与承,当是认为这与性情的发抒是会有所束缚的。袁枚把歌、声、律都纳入诗的内涵中来诠解,当是为诗的特性所下的最宽广、最概括、最确切、也最容易让人接受的定义。

不单如此,这里所讲的性情还该是作诗者的性情,还当以具有自然流露、不加掩饰的真情为贵。所以《随园诗话》卷三又引同调之语云:

> 常宁欧永孝序江宾谷之诗曰:"《三百篇》,《颂》不如《雅》,《雅》不如《风》。何也?《雅》、《颂》,人籁也,地籁也,多后王、君公、大夫修饰之词。至十五《国风》,则皆劳人、思妇、静女、狡童矢口而成者也。《尚书》曰:'诗言志。'《史记》曰:'诗以达意。'若《国风》者,真可谓之言志而能达矣。"宾谷自序其诗曰:"予非存予之诗也,譬之面然,予虽不能如城北徐公之面美,然予宁无面乎?何必作窥观焉?"

这段话已经涉及作诗者个性的流露和表现了。然而不论后人之如何论言志或言意,都没有返回到记忆和记录的复古领域里去。这就是我国诗歌的独特之道。以前我们常有些人以为我们汉民族没有长篇叙事诗或史诗,遂认定我们的文学创作便不如人,不过是由于我国近百年来积弱而导致崇洋自卑心理的折光反映。重要的当在于能各是其是。不要以为一不如人就百不如人,当然也不应该一胜于人即百胜于人。妄自尊大和自暴自弃都是同样要不得的。

三

自司马迁易"诗言志"为"诗以达意"以后,郑玄作训,虽以志即意、意即志,但在传统习惯上,说"志"就总想到诗,而说到"意"时,却就不一定专与诗联系在一道了。

但专以"意"说诗,历史上较为著名的,在宋有刘攽,明末有王夫之,清有吴颖芳。

刘攽的《中山诗话》云:

> 诗以意为主,文词次之,或意深义高,虽文词平易,自是奇作。世效古人平易句,而不得其意义,翻成鄙野可笑。

王夫之《姜斋诗话》卷二云:

> 无论诗歌与长行文字，俱以意为主，意犹帅也。无帅之兵，谓之乌合。李、杜所以称大家者，无意之诗十不得一二也。烟云泉石，花鸟苔林，锦铺绣帐，寓意则灵。若齐、梁绮语，宋人拈合成句之出处（宋人论诗，字字求出处），役心向彼掇索，而不恤己情之所自发，此之谓小家数，总在圈缋中求活计也。

吴颖芳语，见赏于袁枚，故于《随园诗话》卷六，又《补遗》卷四两引之。卷六所引较详，其语云：

> 吴西林（颖芳字）云：诗以意为主，以词采为奴婢，苟无意思作主，则主弱奴强，虽僮指千人，唤之不动。古人所谓诗言志，情生文，文生韵，此一定之理。今人好用典，是无志而言诗；好迭韵，是因韵而生文；好和韵，是因文而生情。儿童斗草，虽多亦奚以为！

而且还取其语写入《续诗品·崇意》中：

> 虞舜教夔，曰"诗言志"。何今之人，多辞寡意？意似主人，辞如奴婢。主弱奴强，呼之不至。穿贯无绳，散钱委地。开千枝花，一本所系。

综观上述数则，只是在论诗时把"诗以意为主"作一个引子，重点都在这个引子后所发表的感触和议论，而不在于考虑周详地要为诗下定义。不然，他们不会不作如下的类推：诗要以意为主，那么文呢？难道文就不应以意为主吗！

事实上，"意"早就和"志"之为"情志"一样，都已成为文学创作的首要条件，决不让诗的王国所独占了。陆机《文赋》就说到他"每自属文"，"恒患意不称物，文不逮意"。又云："辞程才以效伎，意司契而为匠。"显然已以"意"为文所宗。

稍后六朝宋范晔《狱中与诸甥侄书》更云：

>常谓情志所托，故当以意为主，以文传意。以意为主，则其旨必见；以文传意，则其辞不流，然后抽其芬芳，振其金石耳。（见《宋书》卷六九《范晔传》）

这里已把专为诗所独占的"情志"、"意"，转移为所有的纯文学之文所共有和共用了。

唐杜牧又于《答庄充书》阐发其旨云：

>凡为文以意为主，气为辅，以词采章句为之兵卫。未有主强盛而辅不飘逸者，兵卫不华赫而庄整者。四者高下圆折，步骤随主所指，如鸟随风，鱼随龙，师众随汤武，腾天潜泉，横裂天下，无不如意。苟意不先立，止以文采辞句，绕前捧后，是言愈多而理愈乱，如入阛阓，纷纷然莫知其谁，暮散而已。是以意全胜者，辞愈朴而文愈高；意不胜者，辞愈华而文愈鄙。是意能遣词，辞不能成意。大抵为文之旨如此。（见《樊川文集》卷十三）

宋张耒《与友人论文因以诗投之》诗云：

>文以意为车，意以文为马。理强意乃胜，气盛文如驾。理当文即止，妄说即虚假。气决如江湖，势顺乃倾泻。（见《柯山集》卷九）

据翁元圻注宋王应麟《困学纪闻》卷一七《评文》，谓"文潜（张耒字）诗意，即本之杜牧；杜牧之文，又从《韩非子·难势篇》'今以国位为车，以势为马，以号令为辔，以刑罚为鞭策'"脱胎云。

其实前引王夫之、吴颖芳等语，前人也早有相类之语言及。宋何溪汶《竹庄诗话》卷一《讲论》引《苍梧杂志》记苏轼之语云："今文章、词藻事，实乃市肆诸物也；意者，钱也。为文若能立意，则古今并有，翕然起为吾用。若晓得此，便会做文字也。"宋葛立方《韵语阳秋》卷三还有更详的记载，兹不具录。这就是袁枚"开千枝花，一本所系"之旨。又金王若虚《滹南遗老集》卷三八《诗话》,载其舅周德卿之语云:"文章以意为主,字语为之役,主强而役弱,则无使不从。世人往往骄其所役,至跋扈难制,甚者反役其主。"这不就是主弱奴强之说时代更早的设喻吗?

说"诗言志"和"诗以达意",或以诗和文都当以意为主,或更明确地说文学都当以情意、情志为主,在一定的时代,就当时更高一层的意识形态而论,其界限都是很分明的。但分工随着社会发展的愈趋多样而细密,文学艺术的品种也愈趋分化而各自成体,若仍要以旧说表新声,就未免过于含混且不够完备了。诗的分化和演进,在《国语·周语上》已可见其端倪。其记厉王"得卫巫,使监谤者,以告,则杀之"。邵公谏云:

  为川者决之使导,为民者宣之使言。故天子听政,使公卿至于列士献诗,瞽献曲,史献书,师箴,瞍赋,矇诵,百工谏,庶人传语,近臣尽规,亲戚补察,瞽史教诲,耆艾修之,而后王斟酌焉,是以事行而不悖。

又《晋语》六,载范文子语,《左传》襄公十四年记师旷对晋平公语也都是相类的记载,这里虽有把古代社会理想化的成分,未见得完全可靠,但就其从现实出发的迹印来看,似已有把诗与曲、书、箴、赋、诵等从中独立出来的倾向。六朝时文笔分途,若箴、诵之类,虽与诗同属于文,却归列为与诗并行的一种文体。唐后以笔为文,诗文自此分途,但若箴、铭、颂、赞等韵文,仍统率于文,而不以诗视之。唯近人章炳麟在讲学时才断然说:"诗以广义论,凡有韵是诗;以狭义论,则惟有诗可称诗。"又说:"若诔、若像赞、若史述赞、若祭文,也有有韵的,也有无韵的。那无韵的,我仍可归之于文;那有韵的,归之于诗了。"这样就把文中各类列的同体之作,也按其有韵无韵而一分为二了。章炳麟又说到,"前次曾有人把《百家姓》可否算诗来问我,我可以这么答道:诗只可论体裁,不可论工拙,《百家姓》既是有韵的,当然是诗。——总之,我们要先确定有韵为诗,无韵为文的界限,才可以判断什么是诗。像《百家姓》之流,以工拙论,原不成诗;以形式论,我们不能不承认他是诗。"(见曹聚仁记录《国学概论》,另可参见《国故论衡》卷中《明诗》)

以有韵与无韵来判别诗文,倒也直截了当。但惟有对广义的诗文说来才较为妥贴。若"以狭义论,则惟有诗可称诗"之诗,又当作何说呢?章炳麟似乎始终没有在这方面解释清楚。

我们发现,凡为某种名称定性者,都好根据自己的主观愿望和特定要求,并排斥一些不合时代风尚的意念。论狭义之文学是如此,论狭义之诗也不例外。如宋沈括就认为"退之(韩愈)诗,押韵之文耳,虽健美富赡,然终不是诗"。但吕惠卿却又认为"诗正当如是。吾谓诗人亦未有如退之者"。(均见释惠洪《冷斋夜话》卷二)

一个说韩愈的诗终不是诗,一个又说韩愈的诗不但是诗,而且还是从来所没有过的诗。彼此对诗的认识差距可多么大!近人王闿运于《诗法一首示黄生》中也说:"汉人四言,乃是箴铭一类,有韵之文耳,非诗也。"(见《新古文辞类纂稿本》卷二三)

但这种诗与非诗的观念还只存在于论者的脑子里并没有把它的界限分判清楚。因为他们都没有讲明:诗究竟应该怎样?即应该要具备哪些德行?

这样立论的出发点当是:诗即应当是好诗;不好的诗就不是诗,而不是有缺陷的诗。只有稍有缺陷的诗才勉强可称诗。但这诗是否有缺陷却又因人而异,因时而异,因流派而异。

然而一般以"诗即好诗"者也大都仅凭直觉,率意而言,或仅就读后的印象来作判断。考虑全面周详的,为数实亦不多。今姑略去专门阐述"六诗"或"六艺"说者另题再论外,稍采数家来探索一下。

唐白居易《与元九书》是说得最全面的:

> 夫文尚矣,三才各有文:天之文,三光首之;地之文,五材首之;人之文,《六经》首之。就《六经》言,《诗》又首之。何者?圣人感人心而天下和平。感人心者,莫先乎情,莫始乎言,莫切乎声,莫深乎义。诗者:根情,苗言,华声,实义。上至圣贤,下至愚骏,微及豚鱼,幽及鬼神,群分而气同,形异而情一,未有声入而不应,情交而不感者。(见《白氏长庆集》卷四五)

这里说"三才各有文",出发点自然还是我们的传统哲学,与《文心雕龙》中《原道》、《征圣》、《宗经》之旨并无多大差别。随后说到诗所特有的优势、诗的实质,以及它的最普遍也最巨大的作用。其中说到诗的实质,也就是诗和好诗所应当具备的标准。其目的则在于以情来感化人。或者我们还可用元刘祁的话来反证之:

夫诗者,本发其喜怒哀乐之情,如使人读之无所感动,非诗也。(见《归潜志》卷十三)

如果说,好诗必能感动人,或能感动人的诗就是好诗,自然无可非议;但如果说不能使人感动的诗就不是诗,那在诗的领域里需要清除掉的诗就真不知要有千千万万首了。可见论诗是不能说"诗即好诗"之旨的。何况"诗即好诗"的标准又是见仁见智,各不相同的。如明胡应麟《诗薮·内编》卷一云:

诗至唐而格备,至于绝而体穷。故宋人不得不变而之词,元人不得不变而之曲。词胜而诗亡矣,曲胜而词亦亡矣。明不致工于作,而致工于述;不求多于专门,而求多于具体,所以度越元、宋,苞综汉、唐也。

胡应麟受李攀龙、王世贞等的影响,推崇明诗,菲薄宋、元,认为这已是一个"诗亡"的时期。不过他也找出宋游景仁的一首《黄鹤楼诗》,先录于《诗薮·外编》卷五,后又录于《少室山房笔丛》卷二〇。今据后者照录,并校以前书。诗云:

长江(一作"川")巨浪拍天浮,城郭相望(一作"参差")万景收(一作"投")。汉水北吞云梦入,蜀江西带(一作"南绕")洞庭流。角声交送千家月,帆影中(一作"野色横")分两岸秋。黄鹤楼高(一作"中")人不见,却随(一作"寻")鹦鹉过汀(一作"下沧")洲。

前书评云:"此诗深雄豪丽,有全盛气,宋士不多见者。"后书评云:"宋七言律可追老杜者,仅此篇。"

胡应麟在"诗亡"之际,"寻坠绪之茫茫",终于发现了绝无仅有的一首好的七律诗,与其宗派不同的袁宏道,在他晚年观念中的诗与好诗,数量和品质也是寥若晨星的:"仆尝谓六朝无诗,陶公有诗趣,谢公有诗料,馀子碌碌,无足观者。至李、杜而诗道始大。韩、柳、元、白、欧,诗之圣也。苏,诗之神也。"(见《瓶花斋集》之十九《尺牍·与李龙湖》)照这样说,连陶、谢之诗都还算不上是诗的成品了。他虽特重宋之苏轼,认为"有天地以来,一人而已"(见同上),但在盛赞苏为"集大成",并称"诗之道至此极盛"后,竟也认为"此后遂无诗矣"(见谭元春《苏轼诗选》后袁中郎"原选"的《自跋》。按此文为今《袁宏道全集》所失收)。而与胡同一宗派的陈子龙却连这一些也否认了。他在《王介人诗馀序》中说:

> 宋人不知诗而强作诗,其为诗也,言理而不言情,故终宋之世无诗焉。然宋人亦不免于有情也,故凡其欢愉愁怨之致,动于中而不能抑者,类发于诗馀,故其所造独工,非后世所及。(见《安雅堂稿》卷二)

陈子龙推重宋词;宋词之非后世所及,自不待言。但认为宋人都"不知诗而强作诗",强作之诗自不算数,所以终宋之世连一首诗都没有了。

在他们看来,明诗自可谓是诗的中兴时期,但在明末的经学家黄宗羲的巨眼下,明朝与宋、元一样,也是一首诗都没有的。他在《金介山诗序》中说:

> 古人不言诗而有诗,今人多言诗而无诗。其故何也?其所求之者非也。上者求之于景,其次求之于古,又其次求之于好尚。以花鸟为骨,烟月为精神,诗思得之灞桥驴背,此求之于景者也。赠别必欲如苏、李,酬答必欲如元、白,游山必欲如谢,饮酒必欲如陶,忧悲必欲如杜,闲适必欲如李,此求之于古者也。世以开元、大历之格绳作者,

则迎之而为浮响;世以竟陵、公安为解脱,则迎之而为率易,为浑沦。此求之于一时之好尚者也。夫以己之性情,顾使之耳目口鼻皆非我有,徒为殉物之具,宁复有诗乎!(见《南雷文约》卷四)

要是我们统计一下历朝留下的诗数,姑以中唐为界,自以晚唐迄明之诗为多。黄宗羲却说其时"多言诗而无诗",则不仅把模拟的所有诗篇一笔勾销,几乎把即使能够表现个性而未能尽善尽美的诗都不当做诗来看待了。

嗣后吴蔚光则更进一步从传统的反映现实和诗歌应起的作用这一立场和角度指出:

> 诗者,天下之达道。道有隆污,于是乎体有正变,有美刺以寓惩劝。《风》、《雅》、《颂》者,所处之不同;赋、比、兴者,所感之不同。要其发乎至情,以其无慊乎达道者,一而已。后世诗道寖衰,有赋而无比、兴者,颂、刺每溢其实;有比、兴而无赋者,粉饰渐离其本。其诗未尝不传,非天下之达道也,不可谓之诗也。(见清孙原湘《天真阁集》卷四一《吴礼部素修堂集序》)

这虽为严惩创作弊端而立说,而竟认为举凡失真、失实或表现不够真切的作品,虽可传世而都不能算作诗,则自《三百篇》后能名副其实称得上诗的诗,就更寥寥无几了。

现在不妨让我们回过头来看看明方孝孺《论诗》五绝句之二云:

> 前宋文章配两周,盛时诗律亦无俦。今人未识昆仑派,却笑黄河是浊流。(见《逊志斋集》卷二四)

"盛时诗律亦无俦",与"宋无诗"等等看法上的悬殊,该是多么天差地远啊!(参见拙著《古典文学鉴赏论·进步与倒退》)这种或单凭一时风会所趋,或全凭个人直觉的轻率判断,这里已可略窥其崖略了。但诗与好诗的识见,在美学观的差异上,还不止这一端呢。以下我们将择其要者再去探索一番。

四

或者大多数的诗人和诗论家,都以为诗的概念求之于古义已足,对这一环就不太经意,故论诗之诗文、诗话日多,而专说诗的新义者日少。唐白居易后,阐述诗的特性的,大都于传统的以意为主之说外,或兼及"六义",而不谈"六义"的,也大抵各自增添一些要素,作为对古说的补充和修正。如宋魏泰《临汉隐居诗话》即云:

> 诗者,述事以寄情:事贵详,情贵隐。及乎感会于心,则情见于词,此所以入人深也。如将盛气直述,更无馀味,则感人也浅,乌能使其不知手舞足蹈,又况厚人伦、美教化、动天地、感鬼神乎!"桑之落矣,其黄而陨"、"瞻乌爰止,于谁之屋",其言止于鸟与桑尔,及缘事以审情,则不知涕之无从也。"采薜荔兮江中,搴芙蓉兮木末"、"沅有芷兮澧有兰,思公子兮未敢言"、"我所思兮在桂林,欲往从之湘水深"之类,皆得诗人之意。
>
> 至于魏、晋、南北朝乐府,虽未极淳,而亦能隐约意思,有足吟味之者。唐人亦多为乐府,若张籍、王建、元稹、白居易以此得名。其述情叙怨,委曲周详,言尽意尽,更无馀味。及其末也,或是诙谐,便使人发笑,此诚不足以宣讽。朔之情况,欲使闻者感动而自戒乎?甚者或谲怪,或俚俗,所谓恶诗也,亦何足道哉!

同书另有一则,可与上则共为参证:

> 顷年尝与王荆公评诗,予谓:凡为诗,当使挹之而源不穷,咀之而味愈长。至如永叔之诗,才力迈敏,句亦清健,但恨少馀味尔。

总括魏泰之意,不过以诗当要有含蓄而得馀味耳。若少馀味,便不是好诗;凡诙谐而无讽,以及谲怪、俚俗者,都是不足道的"恶诗",也可以说它不是诗,也就是算不得诗的诗。

细按魏泰之意,似还没有超出范晔的识见。范晔以之衡文,这文虽也包括诗歌在内,但却并不专以诗为准的。与魏泰时代相近的陈师道,据张表臣《珊瑚钩诗话》卷二所记,他尝告张说:"学诗之道,在乎立格、命意、用字而已。"张似即秉承此意,兼采江西诗派其他各家之说,在同书卷一用以说诗云:

> 诗以意为主,又须篇中炼句,句中炼字,乃得工耳。以气韵清高深眇者绝,以格力雅健雄豪者胜。元轻白俗,郊寒岛瘦,皆其病也。

同卷又说:

> 篇章以含蓄天成为上,破碎雕镂为下。如杨大年西昆体,非不佳也,而弄斤操斧太甚,所谓七日而混沌死也。以平易恬淡为上,怪险蹶趋为下。如李长吉锦囊句,非不奇也,而牛鬼蛇神太甚,所谓施诸廊庙则骇矣。

立格、命意和用字,可谓诗的三种要素。但不细察其内涵,尚不知其究竟。若稍进一步探索,则张表臣和魏泰一样,都不以中晚唐各种诗风,和宋初之各种体派为然;不论何种题材,好诗都以含蓄、自如、恬淡为共同的极则。到南宋姜夔,又添加了诗的要素。《白石道人诗说》云:

> 大凡诗自有气象、体面、血脉、韵度:气象欲其浑厚,其失也俗;体面欲其宏大,其失也狂;血脉欲其贯穿,其失也露;韵度欲其飘逸,其失也轻。
>
> 诗有四种高妙:一曰理高妙,二曰意高妙,三曰想高妙,四曰自然高妙。碍而实通,曰理高妙;出于意外,曰意高妙;写出幽微,如清潭见底,曰想高妙;非奇非怪,剥落文采,知其妙而不知其所以妙,曰

自然高妙。

这当是姜夔心目中说诗的四种要素和好诗的四种标准。四种要素都具备了,且能不俗、不狂、不露、不轻,自然也是好诗,但还不是最理想之诗;最理想之诗,即须具有四种"高妙"。

上录的第一则话,为元杨载《诗法家数·总论》所沿袭,而稍加增损:

> 凡作诗,气象欲其深厚,体面欲其宏阔,血脉欲其贯串,风度欲其飘逸,音韵欲其铿锵。若雕刻伤气,敷演露骨,此涵养之未至也,当益以学。

姜夔之说,较为圆融,可谓无懈可击。杨载一加改易,删去"四失",在立论上实已潜开明七子之诗风。后七子的主要诗人和诗论家谢榛《四溟诗话》卷一云:

> 《馀师录》曰:"文不可无者有四:曰体,曰志,曰气,曰韵。"作诗亦然。体贵正大,志贵高远,气贵雄浑,韵贵隽永。四者之本,非养无以发其真,非悟无以发其妙。

《馀师录》为宋王正德所著,所引见该书卷四(《永乐大典》辑出本),乃李廌之语。谢榛引伸以论诗,与杨载之语,实小异而大同。

能够翻检出的有关论诗与好诗的准则自然多得不胜枚举。但我们发觉,诗的天地在不断地扩大,诗的技能在不停地推进,对诗的要求却在日趋严格,论诗与好诗的条件也在日益增损;各代各派,又各有各的特定美学要求。于是,自宋以来,对诗的认识之偏,与对好诗要求之窄,几乎是难以喻解的了。对此,前人虽已有所悟,但可惜又往往蔽于所见,只能"各照隅隙"。如宋张戒《岁寒堂诗话》卷上云:

> 王介甫只知巧语之为诗,而不知拙语亦诗也;山谷只知奇语之为

诗，而不知常语亦诗也。欧阳公诗，专以快意为主；苏端明诗，专以刻意为工。李义山诗只知有金玉龙凤，杜牧之诗只知有绮罗脂粉，李长吉诗只知有花草蝶蜂，而不知世间一切皆诗也。惟杜子美则不然：在山林则山林，在廊庙则廊庙，遇巧则巧，遇拙则拙，遇奇则奇，遇俗则俗，或放或收，或新或旧，一切物、一切事、一切意，无非诗者。故曰"吟多意有馀"，又曰"诗尽人间兴"，诚哉是言！

这些话虽为赞美杜甫而作，但能了然于诗题的广阔性和诗境的多样性，不主一家而能公允持平的了。但同卷又说：

《国风》《离骚》固不论，自汉、魏以来，诗妙于子建，成于李、杜，而坏于苏、黄。余之此论，固未易为俗人言也。子瞻以议论作诗，鲁直又专以补缀奇字，学者未得其所长，而先得其所短，诗人之意扫地矣。段师教康昆仑琵琶，且遣不近乐器十馀年，忘其故态。学诗亦然。苏、黄习气净尽，始可以论唐人诗。唐人声律习气净尽，始可以论六朝诗。镂刻之习气净尽，始可以论曹、刘、李、杜诗。

照这样说，岂不是我们这个诗的王国里，只有"七八个星天外"，馀者都是习气很深的"坏诗"或"恶诗"了吗？如何"世间一切皆诗"，而诗人乃至写出来的好诗又是这样的少的可怜呢？

清沈德潜也认识到前贤的各有所主而又各有所偏。他在《李玉洲太史诗序》中说：

古来论诗家，主趣者有严沧浪，主法者有方虚谷，主气者有杨伯谦，主格者有高廷礼，而近代朱竹垞则主乎学。之五者均不可废也，然不得才以运之，恐趣非天趣，法非活法，气非活气，格非高格，即学亦徒见其汗漫丛杂而无所归。盖诗之为道，人与天兼焉。而趣、而法、而气、而格、而学，从乎人者也，而才则本乎天者也。人可强而天不可强，故从来以诗鸣者，随其所长，俱可自见，而诗人中之称才人

者,古今来只数余人相望于天地之间。(见《归愚文钞》卷八)

沈德潜认为趣、法、气、格、学,这五者皆不可废,具收而并蓄之,岂不集其大成了吗?但须要得才以运之,而才却又是"本乎天"的,不可以强求的。这样,他只好退而讲格调了。而他讲的讲格调,选材又专重"温柔敦厚"的诗教传统。他在《说诗晬语》卷上说道:

> 诗之为道,可以理性情,善伦物,感鬼神,设教邦国,应对诸侯,用如此其重也。秦、汉以来,乐府代兴,六代继之,流衍靡曼。至有唐而声律日工,托兴渐失,徒视为嘲风雪,弄花草,游历燕衎之具,而诗教远矣。学者但知尊唐而不上穷其源,犹望海者指鱼背为海岸,而不自悟其见之小也。今虽不能竟越三唐之格,然必优柔渐渍,仰溯《风》、《雅》,诗道始尊。

同书卷下又说:

> 《诗》本六籍之一,王者以之观民风,考得失,非为艳情发也。虽四始以后,《离骚》兴美人之思,平子有定情之咏;然词则托之男女,义实关乎君父友朋。自梁、陈篇什,半属艳情,而唐末香奁,益近亵嫚,失好色不淫之旨矣。此旨一差,日远名教。

沈德潜说来说去,无非都缠绕在一个"承"字上立说,具有很浓重的头巾气。无怪乎有人说,自他所选的"三种《别裁》"(按指《唐诗别裁》、《明诗别裁》、《国朝诗别裁》)出,诗人日渐日少"了。(清钱泳语,见《履园丛话》卷八)

张戒与沈德潜,一个拓宽了诗境,一个综合了诗法,照理应该从此诗道大弘,诗人辈出的了,但由于他们主要的世界观和美学观的不能解放,所以结果却适得其反。即就诗史来说,在他们看来,真正称得上诗和好诗的诗还是寥寥可数的。

五

我们不管历来的诗人和诗论家怎样谈诗,怎样谈心目中的好诗,一般想来,凡能感动人的诗总能使人爱,而且觉得会是好诗了吧!可是,宋苏轼的看法却偏又与之相反。他认为诗要做到不为人爱的才算好诗。宋吴可《藏海诗话》引东坡《谢李公择惠诗帖》云:"公择遂做到人不爱处。"但这语意似乎并不十分明确。宋叶梦得《石林燕语》卷八乃云:

> 苏子瞻尝称陈师道诗云:"凡诗,须要做到众人不爱可恶处方为工。今君诗不惟可恶,却可慕;不惟可慕,却可妒。"

惟苏轼作文,原好"嬉笑怒骂",这些话,自不是什么正襟危坐的讲学论道之语,但却产生了极大的影响,而且还各有互相抵牾之说。

如宋邵博《邵氏闻见后录》卷十九云:

> 晁以道问予:"梅二诗何如黄九?"予曰:"鲁直诗到人爱处,圣俞诗到人不爱处。"以道为一笑。

这已经说为人所不爱处的诗是梅尧臣,为人所爱的诗是黄庭坚了。说黄庭坚诗最可爱、最感动人也最要不得的还是张戒。《岁寒堂诗话》卷上云:

> 自建安七子、六朝、有唐及近世诸人,"思无邪"者,惟陶渊明、杜子美耳,馀皆不免落邪思也。六朝颜、鲍、徐、庾,唐李义山,国朝黄鲁直,乃邪思之尤者。鲁直虽不多说妇人,然其韵度矜持,冶容太甚,读之足以荡人心魄,此正所谓邪思也。

但邵博说的黄庭坚"诗到人爱处",却与张戒之说绝不相侔。后来清沈涛

《匏庐诗话》卷上,却又说:"宋诗能到俗人不爱者,庶几黄豫章。"则与张戒、邵博之说恰好相反。清冯舒批评黄庭坚为首的"江西诗体","大略如农夫之指掌,驴夫之脚跟,本臭硬可憎也,而曰强健;老僧、嫠女之床席,奇臭怕人,而曰孤高;守节老妪之絮新妇,塾师之训弟子,语言面目,无不可厌,而曰我正经也。山谷再起,我必远避,否则别寻生活,永不作有韵语耳。"(见清王应奎《柳南随笔》卷三)又黄庭坚的《次韵张昌言给事喜雨诗》云:

三雨全清六合尘,诗翁喜雨句凌云。垤漂战蚁馀追北,柱系乖龙有裂文。减去鲜肥忧主食,遍宗河岳起炉熏。圣功惠我丰年食,未有涓埃可报君。

冯舒更气愤极顶地说:

不好不好,只是不好。不爱不爱,只是不爱。此人出诗狱,我入诗狱。(见冯舒、冯班、何焯评《瀛奎律髓》卷十七《晴雨类》)

这"不爱"与"可厌",真可谓是深恶而痛绝之的了!与沈涛所说的不爱,自是两码事。

那么,通体说来,究竟什么样的诗才算是不使人爱的好诗,又有怎样的诗才算是使人爱的坏诗呢?

使人不爱的好诗,语虽创自苏轼,实转为后来江西诗派和受江西诗派影响的人所惯用,当指那些较为生涩、平淡而瘦硬的诗。陆游曾从江西诗派诗人曾几学诗,写诗虽摆脱江西束缚,论诗却犹存此馀风。所以一再提到:

外物不移方是学,俗人犹爱未为诗。(见《剑南诗稿》卷四六《朝饥示子聿》)

客从谢事归时散,诗到无人爱处工。(见同上卷五八《明日复理

梦中意作》）

　　身游与世相忘地，诗到令人不爱时。（见同上卷六九《山房》）

并可观其一再推重梅尧臣的诗篇可为佐证。这当可无疑义。若云俗人所爱之诗，虽然苏轼未与陈师道直白说过，但从苏轼其他的言论里，还有其他人的诗篇和诗话里，当是指郑谷、许浑之流，再扩大一些，则"元轻白俗、郊寒岛瘦"也当包括在内。然而时移世转，认为人人所爱而实不可法之诗，偏偏落在陆游本身的某些诗篇上。我们看《红楼梦》第四十八回《滥情人误思游艺，慕雅女集苦吟诗》写香菱学诗的情况：

　　香菱道："我只爱陆放翁'重帘不卷留香久，古砚微凹聚墨多'。说的真切有趣。"黛玉道："断不可看这样的诗。你们因不知诗，所以见了这浅近的就爱；一入了这个格局，再学不出来的。"

黛玉的话自然代表了曹雪芹的诗学观。不过说陆游的诗浅近，而浅近之诗就是俗人所爱、就不是好诗，也说得不够贴切。近人陈衍《石遗室诗话》卷二三又逼进一层说：

　　诗最患浅俗。何谓浅？人人能道语是也；何谓俗？人人所喜语是也。

从高屋建瓴来看，这观点虽片面却也无可厚非。但若要以这话来加诸陆游的某些诗篇上，却也未中肯綮。

　　陆游有些诗的缺点，恰好和黄庭坚的相反。清朱彝尊《书剑南集后》说得很确切：

　　予尝嫌务观太熟，鲁直太生。（见《曝书亭集》卷五二）

　　有人认为熟就是韩愈所说的陈言，如清方东树即认为不仅别人说过的词语算做陈言,举凡一切熟词、熟境、熟调、熟貌、熟格等等,都是"陈言"(见《昭昧詹言》卷一)。但这不过是从江西诗派发展而来的桐城诗派变本加厉的主张,最初他们对诗的要求并没有这么走向极端。

须知,所谓"熟"的诗不一定都不好,太熟了,变成烂熟、软熟、滑熟就两样了。但烂熟、软熟和滑熟(或作滑俗)的诗不见得俗人都爱,甚至可能同样地都不爱。那又当如何说呢?我们认为,探索纪昀在《瀛奎律髓刊误》中对陆游等诗的评语,就可明了其关捩究竟何在。(为省略起见,下文凡引纪昀之语,仅注明卷数,不再重列书名。)

方回此选,宗法江西,自不以熟为尚,却也不全然加以否定。观其卷二〇所选张泽民《梅花》二十首后方批有云:

> 夫诗莫贵于格高;不以格高为贵,而专尚风韵,则必以熟为贵。熟也者,非腐烂陈故之熟,取之左右逢其源是也

纪昀批云:"此论却是。"可见纪是赞同方回这个意见的。同卷又选刘屏山《次韵张守梅诗》,方批云:"梅诗难赋,不必句句新,得如此圆熟亦可也。"纪批云:"梅花诗欲取圆熟,非其本心之论也。"可见两人对圆熟之作,虽不以为上乘,但倘能到此地步,亦尚可取。

除圆熟外,姑撇开他们所说的浅滑、滑熟(俗)、平熟、轻滑等语而外,还有一种"甜熟"或"甜俗"之作,当是俗人所爱的了。

考此用语,似始于明董其昌的《画诀》:

> 士人作画,当作草隶奇字之法为之。树如屈铁,山如画沙。绝去甜俗蹊径,乃为士气。不尔,纵俨然及格,已落画师魔界,不复可救药矣。若能解脱绳束中,便是透网鳞也。(见《画禅室随笔》卷二)

董其昌只用来论画,用此语来论诗,似始于清张谦宜。其《䌷斋诗话》卷一云:

诗要脱俗，须于学问之外，仍留天趣为佳。如美桃熟至八分，微带青脆甘酸，此为上品。若至十月中旬，肉如烂酱，一味"甜俗"，不足当知味者品题矣。

如以这个设喻而论，则"甜俗"竟是"烂熟"或"熟烂"的同义语，那是人人都会唾弃的不使人爱之诗，而不是人人不爱的好诗了。虽同用此词，各自的取义是并不相同的。

《觗斋诗话》卷一还有一段讲到诗味而提到"甜熟"的：

诗要老辣，却要味道，正如美酒好醋，于本味中严烈而有余力。然苦者自苦，酸者自酸，不相假处，各有本等。大约"老"字对"嫩"字看，凡下字造句坚致稳当，即老也。"辣"字对"饘"字看，凡字句中不油滑、不猥琐、不卑靡、不甜熟，即辣也。惟洒落最近辣，逆鼻、伤人，螫口不可近者，正不得援辣以自解。"老"字头项甚多，如悲壮有悲壮之老，平淡有平淡之老，秾艳有秾艳之老。今匠人以竹木之成就者谓之老，以此思之可也。

解老辣颇有见地。惟贬"甜熟"过甚，把它与油滑、猥琐、卑靡并列，则未为确当，故不如纪昀之说为得。

纪昀举为"甜熟"之诗有二：一是卷二〇黄山谷的《次韵赏梅》：

要知宋玉在邻墙，笑立春晴照粉光。淡薄自能知我意，幽闲元不为人芳。微风拂掠生春思，小雨廉纤洗暗妆。只恐浓葩委泥土，谁今解合返魂香？

方回批："外集有此诗。恐少作，然一字不苟。"纪昀批："气味甜熟。虽山谷少作，亦不如此，恐是窜入。以为一字不苟，尤非。"

今检此诗由清谢启昆辑入《山谷诗外集补》卷三，首句"要"作"安"，三句"自"作"似"，并未注明出处，不知是否系根据翁方纲充四库全书纂修官时手抄校进底本所原有者,抑或是谢氏另有所得者?今读其诗,诗风与黄实全然不类,且有二"春"字、二"知"字重出,说是黄作未必可以信从。纪昀确有眼光。首联似太率易,尚不足当"甜熟"之称。

另一是同卷陆放翁的《梅花》:

家是江南友是兰,水边月底怯新寒。画图省识惊春早,玉笛孤吹怨夜残。冷淡合教闲处着,清癯难遣俗人看。相逢剩作樽前恨,索笑情怀老渐阑。

纪昀批:"此种又恨甜熟。"

再看纪昀认为有甜熟倾向的诗,也有两首。一首是卷九陆放翁的《七十》:

七十残年百念枯,桑榆元不补东隅。但存隐具金鸦嘴,那梦朝衣玉鹿卢。身世蚕眠将作茧,形容牛老已垂胡。客来莫问先生处,不钓娥江即镜湖。

纪昀批:"语自风华,然终带甜熟之味。"

另一首是卷二〇陆放翁的《十二月初一日得梅一枝绝奇,戏作长句,今年于是四赋此花矣》:

高标已压万花群,尚恐骄春习气存。月兔捣霜供换骨,湘娥鼓瑟为招魂。孤城小驿初飞雪,断角残钟半掩门。尽意端相终有恨,夜寒皴玉倩谁温?

纪批:"第一句不能免俗。第二句太犷。三、四极用力。后四句太甜熟,便有俗韵。"但五、六两句,正是为很多人所称诵者,岂不是做到"俗人所爱"之诗之谓"甜熟"了吗?

再看纪昀认为"不甜熟"的诗,共有三首。第一首是卷十七陈简斋的

《雨》：

> 云起谷全暗，雨晴山复明。青春望中色，白涧晚来声。远树鸟群集，高原人独耕。老夫逃世日，坚坐听阴晴。

纪批："语不必奇，而清迥无甜熟之味。"

第二首是卷二九李频的《秦原早望》：

> 一奁乡书荐，长安未得回。年光逐渭水，春色上秦台。燕掠平芜去，人冲细雨来。东风生故里，又过几花开。

方回批："其思优游而不深怨，可取。"纪批："此评最是。兴象天然，不容凑泊。此五律最熟之境，而气韵又不涉甜俗，故为唐人身份。"

第三首是卷四七宋之问的《陪阆州薛司空丹徒桂明府游招隐寺》：

> 共寻招隐寺，初识戴颙家。还依旧泉壑，应改昔云霞。绿竹寒天笋，红蕉腊月花。金绳尚留客，为系日光斜。

纪批："妙，不甜熟，此为唐人骨韵。"

还有卷二〇所选戴石屏《梅》，可察其辨微之论。诗云：

> 孤标粲粲压群葩，独占春风管岁华。几树参差江上树，数枝妆点野人家。冰池照影何须月，雪岸闻香不见花。绝似人间隐君子，自从幽处作生涯。

方回批："皆前人已曾道之句，而律熟句轻，颇亦自然，亦不可弃也。"纪批："此评确。是浅弱，非自然。"又批："三、四少可，五、六纤。结露骨，反浅。"

纪昀同意方回"律熟句轻"之评，但又说它是浅弱，似乎还够不上"甜熟"的地步。赵南塘以戴氏之诗为"轻俗",由于"根本浅"(具见方回评中所引),亦为纪氏认可,说此为"探本之论"。再一出格,就变成"野调"了。(见同卷批戴氏《寄寻梅》诗)

又纪氏批议苏轼诸诗,密察苛细,亦多精妙入神,而最盛推其能不落"甜熟"一路。苏氏《诗集》卷三三有《秋兴》三首,其一云:

野鸟游鱼信往还,此身同寄水云间。谁家晚吹残红叶,一夜归心满旧山。可慰摧颓仍健食,比来通脱屡酡颜。年华岂是催人老,双鬓无端只自斑。

其二云:

故里依然一梦前,相携重上钓鱼船。尝陪大幕全陈迹,谬忝承明愧昔年。报国无成空白首,退耕何处有名田。黄鸡白酒云山约,此计当时已浩然。

其三云:

浴凤池头星斗光,宴馀香满上书囊。楼前夜月低韦曲,云里车声出未央。去国何年双鬓雪,黄花重见一枝霜。伤心无限厌厌梦,长似秋宵一倍长。

纪批就诗风之迥异而判之云:"此三首亦不似东坡笔墨,东坡不如此'甜熟'。"此又"甜熟"七律之特例。至绝句之是否"甜熟",纪批苏诗亦有三诗,其论又剖析微细,更易使人悟入,而得评点者谈艺之诗心。《诗集》卷四七有《寒食夜》诗云:

漏声透入碧窗纱,人静秋千影半斜。沉麝不烧金鸭冷,淡云笼月照梨花。

纪云："此不似东坡笔墨,有'甜熟'之故也。"

又卷二五《过文觉显公房诗》云：

烂斑碎玉养菖蒲,一勺清泉满石盂。净几明窗书小楷,便同《尔雅》注虫鱼。

纪批云："颇有风致,不似前《春日》诗之'甜熟'。"按同卷之《春日》诗云：

鸣鸠乳燕寂无声,日射西窗泼眼明。午醉醒来无一事,只将春睡赏春晴。

纪批云："颇有情致,但格不高耳。"相对参照而观,则知《春日》诗格之未高,正坐"甜熟"故耳；但仍有取其情致之美,而皆未尝以是而唾弃之。

综合上引各诗,集其批语,可知"甜熟"也者,是指的通畅而温润之诗。这种诗原具有一种吸引人的魅力,但却缺少一定的骨力,没有疏放的高格。它是不落套、不熟烂的,因此这不同于明七子之诗,也不同于"清秀李于鳞"的王士禛；它又是不熟滑、不浮滑的,因此又不同于唐之白居易的某些俗滥的诗,更不同于明末公安一派的作风；它是似刻意而又不似刻意的,这就不同于黄庭坚和陈师道,更有别于竟陵体的幽深孤峭；它又似有妆点而又不似妆点的,这就不同于李商隐和西昆体；它洒脱旖旎而又不风华侧艳,这又与所谓齐梁体和香奁体有了分明的泾渭。但它却是人巧多于天工的。惟其总想要以人巧来夺天工之美,遂使它失去了天真与天趣、浑朴与自在,因此气格与气韵,就常常会弄得两败其伤。

"甜熟"之诗,虽落第二乘,不为纪昀所取。但真要做出种诗来,也是极不容易的。最典型的"甜熟"之诗,千古以来,也唯有陆游最为得手。方回选诗,因宗法江西之故,自不取这方面的代表作。纪昀所批,也不过就其所选者而论罢了。前引《红楼梦》中为香菱所爱之句,才真叫"甜熟"之作。诗题为《书室明暖终日婆娑其间倦则扶杖至小园戏作长句》,诗共

二首,这是第二首。全诗云:

> 美睡宜人胜按摩,江南十月气犹和。重帘不卷留香久,古砚微凹聚墨多。月上忽看梅影出,风高时送雁声过。一杯太淡君休笑,牛背吾方扣角歌。(见《剑南诗稿》卷三一)

三、四句的确曾为好多人赞赏,故常用作书房的楹联和试帖馆课的试题。清代以其句分别为题来刻画之佳作颇多,可见其影响之大。第一、二句也甚相配,唯后四句不称,结尤欠圆润,但比前引黄庭坚少作《次韵赏梅》之第一、二两句用意要好多了。我们觉得最足以用来说明"甜熟"的诗当是陆游的《闲居自述》:

> 自许山翁懒是真,纷纷外物岂关身?花如解笑还多事,石不能言最可人。净扫明窗凭素几,闲穿密竹岸乌巾。残年自有青天管,便是无椎也未贫!(见《剑南诗稿》卷三五)

三、四两句,更是人人所爱,一直传诵不衰的。但此诗却并非有句而无篇。第一句写闲的程度点出了"懒"字,而且是"真懒"。次句承"真懒",懒到所有的外物都与自己无关了。三、四句是写"不关身"时对"外物"的观感。这里暗中用典,即不知出处亦无关紧要。解笑,是有所示意,以真闲懒的人看来,自是何必多此一举的事了;要大家相对相忘,彼此心领神会才妙,所以说默默无言的石是最可人了。第五句是指居家的闲:净扫明窗,是闲事;凭素几,是闲懒。第六句,是指外出的闲:出外不是为熙熙攘攘的奔走,而是随意任性的闲逛。最后两句作结:残年与山翁相应,说出了作者的身份,"青天管",是说没有人来管他,他也不去管别人。这里道出了隐居之乐:再贫也"未贫"了。这和相传为刘禹锡写的《陋室铭》中的结束语:"孔子曰:'何陋之有?'"其意义是完全一样的。

陆游虽然放言高论,提倡"诗到无人爱处工",但他自己写的诗,却常常能做到人所爱处。林黛玉也高自位置,以陆游的那一类诗是断断不可看的。可是我们发现,《红楼梦》中几乎大部分的诗,都有点甜熟的味道,即林妹妹也跳不出这个圈子。林妹妹教香菱学诗:"你只听我说,你若真心要学,我这里有《王摩诘全集》,你且把他的五言律一百首细心揣摩透熟了,然后再读一百二十首老杜的七言律,次之再李青莲的七言绝句读一二百首;肚子里先有了这三个人做了底子,然后再把陶渊明、应、刘、谢、阮、庾、鲍等人的一看,你又是这样一个极聪明伶俐的人,不用一年工夫,不愁不是诗翁了。"(均见四十八回)取法既是如此,何以所作又竟如彼呢?自然,其诗其论,都是曹雪芹在故作狡狯。书中各诗的好处,只在均与人物的性格、际遇,以及全书的情节结构融洽无间。但如说书中的林妹妹和宝姐姐所作的诗都是第一流的好诗,却完全未必。红学家们对其书的评论,往往一好就是千好万好,样样都好,全然不顾实际,那实在也是要不得的。

比如第三十七回《秋爽斋偶结海棠社,蘅芜院夜拟菊花题》,林妹妹《咏白海棠》的颔联:

> 偷来梨蕊三分白,借得梅花一缕魂。

这诗虽被李纨评为第二,但书中人仍公认为好句,道是"众人看了,也都不禁叫好,说,'果然比别人又是一样心肠。'"这里不由使我们想起宋葛立方《韵语阳秋》卷三中的一段议论来:

> 作诗贵雕琢,又畏有斧凿痕;贵破的,又畏粘皮骨。此所以为难。李商隐《柳》诗云:"动春无限叶,撼晓几多枝。"恨其有斧凿痕也。石曼卿《梅》诗云:"认桃无绿叶,辩杏有青枝。"恨其粘皮骨也。能脱此二病,始可以言诗矣。刘梦得称白乐天诗云:"郢人斤斫无痕迹,仙人衣裳弃刀尺。世人方内欲相从,行尽四维无处觅。"若能如是,虽终日斫而鼻不伤,终日射而鹄必中,终日行于规矩之中,而其迹未尝滞也。

清冯浩《玉溪生诗详注》卷三反驳《韵语阳秋》之讥李商隐《柳》诗起

二句有斧凿痕:"不昧通篇用意,真谬说也。"颇有见地。而对于石延年《梅》诗之粘皮骨,则实颇得人心赏析之同然。如苏轼就认为"此至陋语,盖村学中体也"(见《苕溪渔隐丛话·前集》卷三二《石曼卿》)。

考多方比拟以见差别而映带烘托出所咏之物的诗作,最早写得较有名的是陈苏子卿的《梅花落》:

> 中庭一树梅,寒多叶未开。只言花是雪(是一作似),不悟有香来。上郡春恒晚,高楼年易催。织书偏有意,教逐锦文回。(见《乐府诗集》卷二四)

宋王安石袭其意而改写成《梅花》一绝云:

> 墙角一枝梅,凌寒独自开。遥知不是雪,为有暗香来。

宋杨万里《诚斋诗话》已认为"述者不如作者"(见《杨诚斋集》卷一〇四)。袁枚《随园诗话》更讥之为"活者死矣,灵者笨矣"(详见卷六)。只有宋胡仔在引了宋韩子苍《咏梅》诗"那知是花处,但觉暗香来"后,接着说:"介甫、子苍虽袭子卿之诗意,然思益精而语益工也。"(详见《苕溪渔隐丛话·后集》卷二一《西湖处士》目下)

这些赏析上的分歧由于各个人美学观的差异姑且不论,与此同一机轴而稍多变化的,则推宋郑域的《昭君怨·梅》:

> 道是花来春未,道是雪来香异;水外一枝斜,野人家。　冷落竹篱茅舍,富贵玉堂琼榭;两地不同栽,一般开。(见《绝妙好词笺》卷二)

"道是"二句,虽故作假设映衬,尚曲折而有情致,且因其体为词而非诗,故不能苛责它有些扭捏作态。比这稍逊的是宋严蕊的《如梦令·赋红白桃花》:

道是梨花不是,道是杏花不是;白白与红红,别是东风情味。曾记,曾记：人在武陵微醉。

据宋周密《齐东野语》卷二〇《台妓严蕊》,记"唐与正守台日,酒边尝命赋红白桃花",严蕊即成《如梦令》云云,即兴而成,已是难能可贵的了。故"与正赏之双缣"。开头两个"道是",好像有些平板,不如郑域的醒目和有吸引力,但由于最后一句"人在武陵微醉"的点明是在"微醉"状态,足可掩盖首两句这也不是、那也不是的故作痴呆,所以能为当时人和后代人所传诵。而反观林妹妹的诗,着力刻入一层,就显得既有斧凿痕又兼粘皮骨了。甚至连"甜熟"的层次还达不到呢！因为这诗外象既不能尽其情,内象又未能尽其意——干什么要去"偷"、又要去"借"呢！说是炼字吧,岂能有如此炼的。这种句子,其实比"重帘不卷留香久,古砚微凹聚墨多"真不知还要下下多少呢！

　　当然,我们这样立论并不是说"偷"、"借"二字写诗就不好使用了。考以此二字作对语者似始于唐元稹《寄赠薛涛》,前有小注云："稹闻西蜀薛涛有辞辩,及为监察使蜀,以御史推鞫。难得见焉。严司空潜知其意,每遣薛往。泊登翰林,以诗寄之。"诗云："锦江滑腻蛾眉秀,幻出文君与薛涛。言语巧偷鹦鹉舌,文章分得凤皇毛。纷纷辞客多停笔,个个公卿欲梦刀。别后相思隔烟水,菖蒲花发五云高。"（见《元稹集·集外诗》卷七）末句因涛好种菖蒲,又别造新笺,故云。此诗可谓句句贴切。颔联用"偷"与"分",亦具巧思。用此二字作对而传为佳话者,是明王稚登于内阁试《瓶中牡丹》诗,内有"色借相公袍上紫,香分天子（一作太极）殿中烟"一联,句式虽套自微之,但却十分稳妥贴切,特为李炜相公所激赏。因此牡丹之名为"相公紫袍"。其同邑周幼海戏改"袍"为"脬"、"殿"为"屁"以谑之,实谑而为虐,原不足训。朱彝尊《静志居诗话》卷一四又以"媚灶之词"斥之,那又是另一回事了。但相比之下,尚及不上微之二句之顺手拈来。元诗后用"偷"字之作者,若宋林逋《梅》诗之"霜禽欲下先偷眼"、明叶小鸾《浣溪沙》之"语偷新燕怯黄莺",效颦已难争胜,即就炼字而言,亦是王稚登之下驷。用"分",惟宋杨万里《闲居初夏午睡起二绝句》之一:"芭蕉分绿与窗纱",用动词拟人化换易以出,十分新醒娱目而又不矫揉造作。单就这一句的用词来说,意象竟要超过元诗,更非林妹妹望尘而及的了(可参阅拙著《雕虫诗话》卷三)。

六

唐孔颖达的《周易正义》疏解《周易·系辞下》"天下同归而殊途,一致而百虑"二语云:"不可一例求之,不可一类取之。"这就认识论和方法论来说,都予后人有很大的启迪。上述诸家论诗与好诗之偏,大都就偏在各自"一例而求,一类而取"。古来能知诗道之大、诗境之宽的,明徐祯卿比较开拓一些。其《谈艺录》有云:

> 情者,心之精也。情无定位,触感而兴,既动于中,必形于声。故喜则为笑哑,忧则为吁戏,愁则为叱咤。然引而成音,气实为佐;引音成词,文实与功。盖因情而发气,因气以成声,因声而绘词,因词而定韵。此诗之源也。
>
> 然情实眇眇,必因思以穷其奥;气有粗弱,必因力以夺其偏;词难妥帖,必因材以致其极;才易飘扬,必因质以御其侈。此诗之流也。
>
> 由是而观,则知诗者乃精神之浮英,造化之秘思也。若夫妙骋心机,随方合节,或约旨以植义,或宏文以叙心,或缓发如朱弦,或急张如跃楛,或始迅以中留,或既优而后促,或慷慨以任壮,或悲凄以引泣,或因拙而得工,或发奇而似易。此轮匠之超悟,不可得而详也。《易》曰:"书不尽言,言不尽意。"若乃因言求意,其亦庶乎有得欤!

徐祯卿虽立名于前七子之列,受到李梦阳、何景明的影响,但论诗的主张,尚不曾全受他们的牢笼。可惜他只活了短短的三十二年,因此在创作上和立说上不可能有多大的建树。《谈艺录》篇幅极少,却也能从中看出他颖悟独到之处。他论诗重情重实,有人说这已是神韵说的先驱,据我们看来,还是与性灵说的路数如出一辙。

徐祯卿讲"诗源",全从心理学的角度出发,本情志之说而变易其词,但加以扩充,由此牵连到气、声、词和韵,遂不致使诗与文同为情志的产物所混淆。

接着,就因情、气、词等的情况和才性等等的不同,于是就会有各式各样的诗风。这就是他所说的"诗之流"。这样就对诗的认识能比较客观和全面了。《谈艺录》另有一则专论"词气"之殊的,可作为"诗之流"的补充:

> 诗之词气,虽由政教,然支分条布,略有径庭。良由人士品殊,艺随迁易。故宗工巨匠,词淳气平;豪贤硕侠,辞雄气武;迁臣孽子,辞厉气促;逸民遗老,辞玄气沉;贤良文学,辞雅气俊;辅臣弼士,辞尊气严;阉童壶女,辞弱气柔;媚夫幸士,辞靡气荡;荒才娇丽,辞淫气伤。

这里说的各种不同的"辞气",是由社会的特定地位和身份之影响,是属于后天形成的;上一则说的气才,则比较倾向于先天的。合而观之,才不致有所偏颇。既各有各种词气,自应承认就各有各种词气之诗;但各种词气之诗,不见得就都是好诗。好诗则能"妙骋心机,随方合节",当可"因言求意"以得之。这视野可要比一般开阔得多了。但徐祯卿论诗,由于过分贵实,因而反对华藻,这也许正是李梦阳留给他的一点烙印。且就上引两则来说,令人也由词多语费和含糊不清之感。真能要言不烦,发而中的,分清诗与好诗的界限的,还要推性灵说的袁枚。

袁枚于诗之道与志之方,在本文第二节中我们已有所阐述。但那只是在诗的内涵与志的范畴方面做了广泛而又概括的确认,还没有提到诗人心目中好诗的标准究当如何。在这一方面,《随园诗话·补遗》卷一则又有简明而生动的解答:

> 诗者,人之性情也,近取诸身而足矣:其言动心,其色夺目,其味适口,其音悦耳,便是佳诗。

闻一多在《答吴景超书》中,曾对此有所阐发:

  我以前说诗有四大要素:幻象、感情、音节、绘藻。随园老人所谓"其言动心"是情感,"其色夺目"是绘藻,"其味适口"是幻象,"其音悦耳"是音节。味是神味,是神韵,不是才性之浸透。何以神味是幻象呢?就神字的字面上就可以探得出,不过更有较有系统的分析。幻象分所动的同能动的两种。能动的幻象是明确的经过了再现、分析、综合三种阶级而成的有意识的作用。所动的幻象是经过上述几种阶级不明了的无意识的作用。中国的艺术多属此种。画家的"当其下手风雨快,笔所未到气已吞",即所谓兴到神来随意挥洒者,便是成于这种幻象。这种幻象,比能动虽不秩序、不整齐、不完全,但因有一种感兴,这中间自具一种妙处,不可言状。其特征即在荒唐无稽,远于真实之中,自有不可捉摸之神韵。浪漫派的艺术便属此类。严沧浪诗话所谓"盛唐诸公,惟在兴趣,羚羊挂角,无迹可求。故其妙处透澈玲珑,不可凑泊,如空中之音,相中之色,水中之影,镜中之象,言有尽而意无穷"。沧浪所谓"兴趣",同王渔洋所谓"神韵"便是所动幻象的别词。所谓"定音、相色、水影、镜象"者,非幻象而何?(见《闻一多书信集》第39页)

袁枚所论的"好诗"(佳诗),可谓是面面俱到的。闻一多的发挥,可能还是他早期的诗学见解,所侧重的只在对"味"字的理解,或许这只是他的会心独运处。

考我国以"味"来论诗文,于古即有之。东汉王充《论衡·自纪篇》,晋陆机《文赋》,都引《礼记·乐记》"大羹遗味"为喻,这不过是一种假借的通感。唐柳宗元喻"六艺"为奇味(见《柳柳州全集》卷二一《读韩愈所著〈毛颖传〉后题》)、司空图主诗应有"味外味"(见《司空表圣文集》卷二《与李生论诗书》)、元戴表元则主"无味外味"(见《剡源集》卷九),还是有点禅宗的悬空之想。宋欧阳修才具体的把梅尧臣的诗比做如"橄榄"之味。他的《水谷夜行寄子美圣俞》诗云:"近诗尤古硬,咀嚼苦难嘬。初如含橄榄，真味久愈在。"（见《欧阳文忠公全集》卷二）苏轼则把黄庭坚的诗比做"蝤蛑"、"江瑶柱"。他的《书黄鲁直诗后》云："鲁直诗文如蝤蛑、江瑶柱，格韵高绝，盘飧尽废，然不可多食，多食则发风动气。"（见《东坡题跋》卷二）还有张舜民评郭祥正的诗："郭功甫之诗，如大排筵席，二十四味，终日揖逊，求其适口者少矣。"（见宋胡仔《苕溪渔隐丛话·后集》卷三三《张芸叟》引《复斋漫录》所载张芸叟评诗之语。按张所作《画墁录》已佚，今本从《永乐大典》辑出者已无此条。）

这些都是凭阅读后的观感和印象而联想之所得。袁枚所说的"适口"之味，也不过如是而已。且参看一些他另外谈"诗味"的话：

意深词浅，苦思若甘。（《续诗品·灭迹》）

得之虽苦，出之须甘；出人意表者，仍须在人意中。（《随园诗话》卷六）

味甜自悦口，然甜过则令人呕；味苦自螫口，然微苦恰耐人思。要之甘而能鲜，则不俗矣；苦能回甘，则不厌矣。（同上卷七）

余尝比山谷诗，如果中之百合，蔬中之刀豆，毕竟味少。（同上卷一）①

诗不能作甘语，便作辣语、荒唐语亦复可爱。（《随园诗话·补遗》卷十）

由此可见，袁枚讲诗适口之味，重甘而非甜，许微苦而须回甘，重馀味而亦好辣。非甜之味，则与纪昀的贬斥"甜熟"接近；许回甘则与欧阳修之论梅尧臣语相类。但袁枚则不喜梅诗，《随园诗话》卷八尝引朱子语云："梅圣俞诗，不是平淡，乃是枯槁。"为的是其诗"欠精深故也"。总之，其所谓适口之味者，看来舒服，读来文从字顺，不拗不涩，且具新鲜之兴味为上耳。正是如此，袁枚自然绝不赞成"诗到无人爱处工"这种偏见。他在《答祝芷塘太史》的一封信中说：

---

① 按宋坦斋则谓"四灵诗如哜玉腴，虽爽不饱；江西诗如百宝头羹，充口适腹"。见宋陈世崇《随隐漫录》卷五。

> 宋人诗话,最能误人。如称梅圣俞诗到人爱处,黄鲁直诗到人不爱处(按这为袁枚误记所致,详见上文),似以不爱者为胜。……殊不知凤凰芝草,妇女共钦为祥瑞;青天白日,愚人亦知其清明。(见《小仓山房尺牍》卷一〇)

《随园诗话》卷六也说:

> 景星庆云,明珠美玉,谁不一见即知宝贵哉?吟蛩唧唧,呓语惛惛,彼虽自鸣得意,岂足传之不朽?

这真是通达之论。因为文学创作不同于尖端科学,也不像高深哲理,必得要有多数人能够接受、欣赏、爱好才能立得住足。固然历史上曾经发生过以荆璧为石的悲剧,某些大诗人、大作家的杰作一时会被人冷落一旁,但随着时间的推移,认识的进展,玉色文光,终必会动人心目而使人人都能知其贵重的。正是基于文学的普遍性原则,所以袁枚在《随园诗话》卷一二又说:

> 人人共有之意,共见之景,一经说出便妙。

前引陈衍的话,说"人人能道语"即是"浅俗",袁枚所指则是人人想说而又说不出来的话,诗人却能为之表达出来的就妙。这意义已比陈衍更加转进一层。陈言又说"人人所喜语"也是浅俗,这就不可一概而论了。人人所喜语固有恶俗不堪者,但以燕石为玉者也只有少数的无知者。诗能做到雅俗共赏又何尝不好呢?"人人共有之意,共见之景",大家说不出而竟有诗人能写得出来的,这妙就妙在能雅俗共赏,但究竟又当如何才能做得到呢?袁枚在《钱玙沙先生诗序》中所说的几句话,正道出了此中的秘奥:

> 今人浮慕诗名而强为之,既离性情,又乏灵机,转不若野氓击辕

相杵,犹应风雅矣。(见《小仓山房文集》卷二八)

这虽是针对当时某些诗人的写诗和诗病而下的批评,但我们可以从中得到启发:诗就是要表现真,即性情之真;"人人共有之意,共见之景",也就是人人心目中之真。若离开此性情之真、心目中所感受之真,也就无诗之本原可言。能够表现这种心目中之真的,要凭借的就是"灵机"。这也就是说,其所以能将人人欲言而不得的说得出、显得妙,就在于诗人特有的"灵机"。"野氓击辕相杵",因有其性和情,甚且有天籁,所以也是诗,其中也会有好诗,所以犹可应于"风雅",胜于那些勉强生硬拼凑出来的诗,而其人也胜于那些没有诗人气质自命为诗人的人。

要有真性情,又要有灵机,这就是性灵说的神髓所在。

我们总括袁枚的话,可以简明扼要的说:举凡能表现性情(情志)而可吟诵(歌)且有"声"有"律"的,都应当是诗;若离开性情,虽有声、有律可堪吟诵,那不能算诗,或竟可说不是诗了。若表现情志而色、声、味都有特色的,就都是好诗;好诗不仅要有真情实感,关键还在于"灵机"的透露或蕴藏。换句话说,动心之言,夺目之色,适口之味,悦耳之音,要写出这样的好诗,非"灵机"莫属;修养虽然重要,但如果与"灵机"相较的话,就要退居第二位的了。

袁枚的立论,对于确定诗与非诗的尺度是宽泛且宽容的,对于好诗(佳诗)的标准却又是很严格、但又不是很严肃拘谨的。然而话虽如此说,实际上,诗虽随处可见,随处可得,而好诗实在也如佳人之难再得,几乎是可遇而不可求的了。故又有《选诗》诗云:

消夏闲无事,将人诗卷看。选诗如选色,总觉动人难。(见《小仓山房诗集》卷三二)

由此可见,袁枚的立论,在创造性的继承"诗言志"的传统上,已把历代各家各派的许多条条框框都冲破了。论好诗,则又树立了它特有的几乎是普遍都容易接受的标准。毋怪乎钱泳的《履园丛话》卷八要说:"自太史《随园诗话》出,诗人日渐日多。"则其推广诗道之功,又何可没也!

(原载《诗铎》2011年第1辑)

炼 意 略 论

元人王构《修辞鉴衡》卷一引《金针格》说:"炼句不如炼字,炼字不如炼意。"《金针格》虽是一部伪书(书名或作《金针集》,或作《金针诗格》,旧题白居易作。又《仕学规范》卷三七引此语出《续金针格》,《续金针格》旧题梅尧臣作。《苕溪渔隐丛话·前集》卷八、《诗人玉屑》卷八所引《潜溪诗眼》撷其语,"炼句不如炼字"均作"炼字不如炼句",而认为"未安"),但这两句话却是很有道理的,就拿"炼句不如炼字"来说,所谓"炼句",无非是词语的调整,缺乏形象的创造。当然,这也并不是说炼句之不足取,而是较以轻重高下,炼字的确优于炼句,而炼意则更为重要。

炼字何以不如炼意呢?邵雍在《论诗吟》中说得好:"炼辞得奇句,炼意得馀味。"(《伊川击壤集》卷一〇)按"辞"即指字,其下语的分量是极有分寸的。"炼意"的情况比较复杂,大致可分为创意、换骨、夺胎,翻用和移用五类。现分而论之如下:

一、创 意

创意指其意未经人道,无所依傍,真所谓词必己出、意自心来。《诗经》及屈原作品,由于书阙有间,我们无从判断是否都是作者创意之作,但在文学发展的早期阶段,要做到辞必己出应当是相对容易的。而后人在写作时,就往往要考虑其意是否曾被前人道过了。陆机《文赋》说:"虽杼轴于予怀,怵他人之我先。"所述即是此意。唐人虽主规摹前贤,也极重创意,初唐刘希夷写的《代悲白头吟》中的名句:"年年岁岁花相似,岁岁年年人不同。"传诵一时,且竟有人传说刘希夷正因这两句诗,遭到其舅宋之问的妒忌而被谋杀(见《大唐新语》卷八)。事或不经,但由此可见唐代诗坛对创意的极端重视。杜甫"孰知二谢将能事,颇学阴何苦用心"(《解闷》),而又"为人性僻耽佳句,语不惊人死不休"(《江上值水如海势聊短述》),在继承中力求创新。唐代大诗人大抵都是如此。纵观诗史,诗人或沿或创,有得有失,所创亦或多或少。以我个人的阅读偏好和浏览所及,清代则推龚自珍诗创意特多,影响甚大。我读其诗,尝有句云:"谁知吟到乾嘉后,尚有诗能泣鬼神!"其《己亥杂诗》脍炙人口,极富创意,名句如"落红不是无情物,化作春泥更护花",外象内意,融洽无间,可称两全其美,无懈可击。以此诗引者之多,聊举以概其馀。

但人生所历无非就是生老病死,喜怒哀乐,人情物候,江湖魏阙,朝市山林,出世入世,所谓"日光之下并无新事",诗意难免逐渐被前人用尽,在创意上反而是创始者易为力,继起者难为功,欲脱窠臼,谈何容易。后人遂退而求其次,不求其意之创,但求其述之新,运用不同的修辞方式来表达前人已创之意,则驺驺然又有后来居上之势。这就是黄庭坚所提倡的"换骨"和"夺胎"二法。

二、换　　骨

惠洪《冷斋夜话》卷一引黄庭坚语云:"不易其意而造其语,谓之换骨法。"此法用例甚多,以我平居读诗所得,试拈一例明之:李白《苏台览古》诗云:"只今惟有西江月,曾照吴王宫里人。"同样的意思还在《把酒问月》一诗中表达过:"今人不见古时月,今月曾经照古人。"显然是其得意之语。宋代姜夔《姑苏怀古》诗:"行人怅望苏台柳,曾与吴王扫落花。"易"月"为"柳","骨"换了,但所表之意显然无异,就是人的生命没有物的存在那么长久。

又如黄庭坚为人所传诵的名句:"管城子无食肉相,孔方兄有绝交书。"(《戏呈孔毅父》)"管城子"指笔,语出韩愈《毛颖传》,用以借喻读书人;"食肉相",用《后汉书·班超传》典,指贵相;"孔方兄"是钱,用《晋书》引鲁褒《钱神论》典,指富。"绝交书"用嵇康《与山巨源绝交书》典。

合起来的意思是：读书人不但不会富贵，还会一钱不名。此意古人不知说过多少次了，鲍照《拟行路难》云："自古圣贤尽贫贱，何况我辈孤且直。"李贺《南园十三首》之五云："请君暂上凌烟阁，若个书生万户侯？"（《南园十三首》之五）黄氏不过换了一个说法而已。

仿用句式，似亦可归入此类。王勃《秋日登洪州府滕王阁饯别序》中的名句"落霞与孤鹜齐飞，秋水共长天一色"，王应麟指出，系从庾信《马射赋》"落花与芝盖齐飞，杨柳共青旗一色"的句式变化而来（《困学纪闻》卷一七），已为今人所熟知。

还有整篇仿用同一句式的。顾炎武《亭林文集》卷六《广师篇》云：

> 学究天人，确乎不拔，吾不如王寅旭。读书为己，探赜洞微，吾不如杨雪臣。独精三礼，卓然经师，吾不如张稷若。萧然物外，自得天机，吾不如傅青主。坚苦力学，无师而成，吾不如李中孚。险阻备尝，与时屈伸，吾不如路安卿。博闻强记，群书之府，吾不如武任臣。文章尔雅，宅心和厚，吾不如朱锡鬯。好学不倦，笃于朋友，吾不如王山史。精心六书，信而好古，吾不如张力臣。

此文句式所本，论者甚多，据我所见，《韩非子·外储说左下》云：

> 桓公问置吏于管仲，曰：辩察于辞，清洁于货，习人情，夷吾不如弦商，请立以为大理。登降肃让，以明礼待宾，臣不如隰朋，请立以为大行。垦草刱邑，辟地生粟，臣不如宁武，请以为大田。三军既成阵，使士视死如归，臣不如公子成父，请以为大司马。犯颜极谏，臣不如东郭牙，请立以为谏臣。治齐此五子足矣，将欲霸王，夷吾在此。

此外，《管子·小匡》、《吕氏春秋·勿躬》均载其语，文字小有出入。但我注意到，不读书的汉高祖却也曾用这一句式，《史记·汉高祖本纪》刘邦对高起、王陵论汉兴楚败的关键所在时云：

> 夫运筹策帷帐之中,决胜于千里之外,吾不如子房。镇国家、抚百姓,给馈饷,不绝粮道,吾不如萧何。连百万之军,战必胜、攻必取,吾不如韩信。此三人皆人杰也,吾能用之,此吾所以取天下也。

顾炎武博极群书,见此句式,扩而充之,遂成此名篇。所"不如"者,与古人悉不同,能不称之为"换骨"吗?

三、夺　　胎

这一炼句之法的命名也出自黄庭坚。《冷斋夜话》所记黄氏的另一句话是:"窥入其意而形容之,谓之夺胎法。"其所举例云:

乐天诗曰:"临风杪秋树,对酒长年身。醉貌如霜叶,虽红不是春。"东坡南中诗:"儿童误喜朱颜在,一笑那知是醉红。"凡此之类,皆夺胎法也。

苏轼在"醉貌如霜叶,虽红不是春"的基础上踵事增华,添上"儿童误喜",这的确是"窥入其意而形容之"的。但郎瑛《七修类稿》卷二八《辨证类》在引述上诗后却说:"予以山谷之言自是,而觉范引证则非矣。盖东坡变乐天之辞,正是换骨。"我们认为,没有弄清"换骨"之意的却正是郎瑛自己。"换骨"与"夺胎"的区别在于前者只是简单的替换,而后者对诗意还须有所拓展和发挥。

"换骨","夺胎"之法,遭到金代王若虚的反对,他说:

> 鲁直论诗,有夺胎换骨、点铁成金之喻,世以为名言,以予观之,特剽窃之黠者耳。鲁直好胜,而耻其出于前人,故为此强辞,而私立名字。夫既已出于前人,纵复加工,要不足贵。虽然,物有同然之理,人有同然之见,语意之间岂容全不见犯哉?盖昔之作者初不校此,同者不以为嫌,异者不以为夸,随其所自得而尽其所当然而已。至于妙处,不专在于是也。故皆不害为名家,而各传后世,何必如鲁直之措意邪!(《滹南遗老集》卷四〇《诗话》)

其说并不足以使人信服,因为所作若不考虑是否雷同古人,就谈不上什么创新了。黄庭坚不求创意之新,而求表述之新,实不失为创新之一法。

四、翻　　用

或称"反用"。这就是人们常说的作翻案语或做翻案文章。世间万事,一正一反,未必皆一是一非,正不妨公说公有理、婆说婆有理,创作中的翻用之所以能够成立,也正由于此。

这种翻用,对于思路的开拓来说大有裨益。席佩兰《论诗绝句》四首之四云:

> 清思自觉出新裁,又被前人道过来。却便借他翻转说,居然生面别能开。(《长真阁集》卷四)

翻用古意,在王安石的诗中是经常见到的,其中有翻得较好的,如《读蜀志》云:

> 千载纷争共一毛,可怜身事两徒劳。无人语与刘玄德,问舍求田意最高。

这当是罢相闲居以后,因政途失意而引起的消极迷茫之感的真实反映,翻用刘备批评许汜的意见,其语还是很得体而且别具只眼的(按本事见陈寿《三国志·魏志·陈登传》,题作《读蜀志》,疑为后人所拟)。

又如王氏《钟山绝句》二首之一云:

> 涧水无声绕竹流,竹西花草弄春柔。茅檐相对坐终日,一鸟不鸣山更幽。

此诗翻用了王籍"鸟鸣山更幽"之句,历来论者甚多,或褒或贬,议论不一。如从全诗的气氛和情调来看,意境还是可取的,因为它具有形象的完整性。

黄景仁名诗《都门秋思》四章之颈联云:"寒甚更无修竹倚,愁多思买白杨栽。"上联出处是杜甫《佳人》:"天寒翠袖薄,日暮倚修竹。"但杜诗中之"倚修竹",是"佳人"无可如何、百无聊赖心情的表现,而在黄景仁的诗里,就转化成可以凭借或依靠的对象了。下联合用两典,融会自己的真情,而出之以变化之笔。出处之一是《古诗十九首》之十四:"白杨多悲风,萧萧愁杀人。"愁杀了还要买来栽种,对此典故来说是反用。出处之二是《宋书》卷八七《萧惠开传》:"惠开素刚,至是益不得志,寺内所住斋前,有向种花草甚美。惠开悉划除,列种白杨树。每谓人曰:'人生不得行胸怀,虽寿百岁,犹为夭也。'"对此典故来说又是正用了,可见其用意之深和运思之巧。

舒位的《次韵郑五伊甫上舍见示金昌感旧之作》二首之一的末联,将李商隐的《无题》"刘郎已恨蓬山远,更隔蓬山一万重"翻作:"人间已恨蓬山远,不是蓬山更杳茫。"经过一层转折,以退为进。但还不如黄景仁的《绮怀》十六首之七的末联,先让开一步,随即立加推进,显得更加强而有力:"何须更说蓬山远,一角屏山便不逢。"舒、黄二人之诗对李诗来说都可谓青出于蓝。读者即使不知李诗原句,也能涵泳而领略显其佳处。

钱锺书先生《谈艺录》之《附说二十一》云:"英诗家 Sidney Dobell 论 Alexander Smith 诗多袭古人,则曰:非尽钞成句之谓,乃取名作为范,而故反其道,以示自出心裁,此尤蹈袭之可恨者。"("模仿之正反二种")。

按反其意而用之的创作方法,的确比较省力。取巧,容易讨好读者,所以 Sidney Dobell 才有可恨之感。但如翻用而能另生新意,且此新意又能合情合理而毫不牵强,还是不无可取的。

不过这种翻用,若只在语句或用意上作简单的翻转,就未免流于率易了。偶一为之尚可,用多了,读者是会感到厌倦甚至厌恶的。如能在意境上更进一层,纵严格而偏激有如 Sidney Dobell,恐也不至于会觉得可恨吧。

五、移　　用

移用的情况约有两种：

第一种是把前人的成句一字不改地应用到自己的作品中来。在建安时代，这种情况是很普遍的，作者既可公然攘取，读者也认为理所当然。其中用得最多的是曹操的名篇《短歌行》，诗中"呦呦鹿鸣，食野之苹。我有嘉宾，鼓瑟吹笙"，一连四句，完全直录《诗经·小雅·鹿鸣》。像这样将前人所作整段放置到自己的作品中，几类学术文字之征引古说，不闻时人有何异议。这大概就是章学诚《文史通义》中所说的"言公"吧？但在后世，这样做就不被允许了，但单句的借用，还是屡见不鲜的，尽管也有人加以非议。如宋僧惠崇有《书杨云卿别业》诗云："河分冈势断，春入烧痕青。"上句为司空曙诗，下句为刘长卿诗。司马光《续诗话》载时人嘲之曰："河分冈势司空曙，春入烧痕刘长卿。不是师兄犯古句，古人诗句犯师兄。"极尽戏谑之能事。惠崇此事流传很广，值得注意的是他并没有因此而名声扫地。欧阳修虽然辟佛，却很看重惠崇之诗，刘攽也为之辩解，认为"大抵讽古人诗多，则往往为己得也"（《刘贡父诗话》）。

大约到了南宋时，舆论才认为这类事有所不当。《朱子语类》卷一三九《论文上》云：

> 显道云：李德远侍郎在建昌作解元，做《本强则精神折冲赋》，其中一联云："虎在山而藜藿不采，威令风行；金铸鼎而魑魅不逢，奸邪影灭。"试官大喜之，乃是全用汪玉（浮）溪相黄潜善麻制中语。后来士人经礼部讼之。时樊茂实为侍郎，乃云："此一对，当初汪内翰用时却未甚好，今被李解元用此赋中，见得工。"讼者遂无语而退。德远缘此见知于樊先生。

的确，借用而能贴切，有时实胜于自造之语。倘进而能再出新意，且通体浑成，形象鲜明，仍不失其为炼意。

从借用单句的创作方法，不能不联想到集句。集句始于傅咸，宋代石延年、孔平仲皆喜为之。王安石所集尤多，但集得并不严格，往往把前人同一首诗中的若干句子集在一首诗里，如《虞美人》一诗（《王文公文集》卷七九），用白居易《长恨歌》一诗就达三句之多。这在后来就不入格了。集句诗的风尚影响到了戏曲，如汤显祖《牡丹亭》、洪昇《长生殿》等，每一出的"下场诗"全用集句，而且全是集唐。但细审知其集得不够严格，虽未将同一首诗用上两句以上，但却常常为了扣紧故事情节，在字句上有所改动。

集句之作，可称格严量多的，在诗有黄之隽的《香屑集》八卷，在词有朱彝尊的《蕃锦集》一卷。其后又有绩溪汪渊（时甫）集宋元人词而成的《麈尘莲寸集》四卷，补遗一卷，其妻休宁程淑（绣桥）校注，但流传不广。《四库提要》介绍《香屑集》时说：

> 之隽是编，虽取诸家之成句，而对偶工整，意义通贯，排比联络，浑若天成，且惟第二卷《无题》五言长律中，重用杜甫二句、陆龟蒙二句，馀虽缃缃巨篇，亦每人惟取一句，不相重复。且有叠韵不已，至于倒押前韵，而一一如自己出，可谓前无古人，后无来者。虽其词皆艳冶，千变万化，不出于绮罗脂粉之间，于风骚正轨，未能有合，而就诗论诗，其记诵之博、运用之巧，亦不可无一之才矣。（《集部·别集类》二六）

其馀两书，篇幅虽不及黄书之富，其调遣之妙，实可与之互相匹敌。至于集古人文而成篇的文字，虽有之而不多见。清末以来，许多诗人都喜集龚自珍诗句为诗，这虽为"南社"诗风所造成，实亦因龚诗之便于撷拾并易于重新组合之故。随集句诗而兴起的，还有集联、集字联。先师余越园（绍宋）的《宋诗集联》六卷，其数量之多和质量之精，也是前所未有的。书以赠人，多能恰如分际。

应该怎样看待此类集句之作呢？窃以为集句之"句"既是他人的作品，所以其炼意优劣是以篇为衡量的。若的确能做到苏轼所说的"指使市人如使儿"(《次韵孔毅甫集古人句见赠五首》之一),既能为我所用,且能反映自己真实的思想感情,具有饱满的形象,倒也不失为一种创造。但弄得不好,会使我们变成古人诗句的奴隶,所以并不值得提倡。但偶然游戏,也未尝不可。

第二种是把前人的成句稍改一二字用入自己的作品中,这种情况历来不少,章学诚也把它置于我们所说的第一类中,称之为"点窜之公",下注云:"因袭成文,或稍加点窜,惟史家义例有;然诗文集中,本无此例,间有同此例者,大有神奇腐臭之别,不可不辨。"(同前所引)不过这种创作法在中唐以后为人诟病,僧皎然斥之为"偷语"的"钝贼"(详见《诗式》卷一)。但到了宋朝,欧阳修、王安石、苏轼和黄庭坚等都喜欢如此遣词造句,尤以黄庭坚为首的江西诗派中人为最。黄氏说"自作语最难,老杜作诗,退之作文,无一字无来处……古之能为文章者,真能陶冶万物,虽取古人之陈言入于翰墨,如灵丹一粒,点铁成金也。"(《豫章黄先生集》卷十九《答洪驹父书》)点铁成金,当指原本寻常或不佳的句子,稍加点化,变得面目一新而言;如果原句不错,一改反而变差了,那就是点金成铁了。杨万里《诚斋诗话》说:

> 苏子卿云:"只言花似雪,不悟有香来。"介甫云:"遥知不是雪,为有暗香来。"述者不及作者。陆龟蒙云:"殷勤与解丁香结,从放繁枝散诞春。"介甫云:"殷勤为解丁香结,放出枝头自在春。"作者不及述者。(《诚斋集》卷一四)

这是说,同是王安石一人所改之诗,也是有得有失的。杨认为王把苏子卿诗改差了。袁枚也认为这一改,"活者死矣,灵者笨矣"(《随园诗话》卷六)。这或许可以作为"点金成铁"的一个例证。而陆龟蒙之诗,写得吃力、拖沓,纵非顽铁,杂质亦多,经王安石这一改,可真是"点铁成金"了。

至于诗句在词曲中的移用,那更是司空见惯,不以为奇了。容另文再作探讨。

古人炼意之法实不限于此,以上所述,只是管窥所得、记诵所及而已,挂一漏万，自属难免。耄龄已届，倘天再假我数年，炳烛以学，或许还能续有发现。今谨略陈千虑之得如上。

(原载《中国文化》2018年春季号)

命 理 丛 谈

一

人的命运是注定的吗？如果答案是肯定的，那么能够预知吗？

放眼宇宙，宏观世界似乎是宿命的、注定的，能够掐指而算，我们从星球现在的位置可以预告它们将来会到达哪里。但微观世界却有所谓的"不确定原理"，动量和位置、能量与时间等均不能同时测准。那么我们人呢？人介乎宏观与微观之间，其命运到底是可测还是不可测的呢？

问题是复杂的。人的命运，有时可以逆料，有时却不可。言其可料，西哲尝云："性格即是命运。"此话具有局部的真理性，中国古人早就根据性格来推测人的命运了。例如：

战国时，盆成括出仕齐国，孟子听到这个消息，就说："死矣盆成括！"后来盆成括果然被杀，孟子的门人就问老师："夫子何以知其将见杀？"曰："其为人也小有才，未闻君子之大道也，则足以杀其躯而已矣。"（《孟子·尽心下》）。

三国时，隐士孙登就对嵇康说："今子才多识寡，难乎免于今之世矣！"，后来嵇康果然为司马昭所杀（《晋书·孙登传》）。

其实，除了性格的因素以外，二人的悲剧性结局尚与言论自由度与刑法有关，这倒无关于专制还是民主，因为即使在民主制度下，依然有屈死之魂，苏格拉底就是一个例子，关键在于有没有刑律的宽松和对言论的宽容。

说得再全面一点，应该是时代、遭际、性格和教养的合力造成了一个人的命运。

《三国演义》里有一个故事,尽管是虚构的,却足以说明问题。

赤壁之战,曹操战败逃归,诸葛亮算出他必然要走华容道,派关羽去把守。因为"夜观乾象,操贼未合身亡。留这人情,教云长做了,亦是美事"。命令下达后,关羽不禁疑惑:"若曹操不从那条路上来,如何?"诸葛亮教他"可于华容小路高山之处,堆积柴草,放起一把火烟,引曹操来"。关羽更加不解,问:"曹操望见烟,知有埋伏,如何肯来?"诸葛亮笑道:"岂不闻兵法'虚虚实实'之论?操虽能用兵,只此可以瞒过他也。他见烟起,将谓虚张声势,必然投这条路来。"(第四十九回)结果正如诸葛亮所料:

> 正行时,军士禀曰:"前面有两条路,请问丞相从那条路去?"操问:"那条路近?"军士曰:"大路稍平,却远五十馀里。小路投华容道,却近五十馀里;只是地窄路险,坑坎难行。"操令人上山观望,回报:"小路山边有数处烟起;大路并无动静。"操教前军便走华容道小路。诸将曰:"烽烟起处,必有军马,何故反走这条路?"操曰:"岂不闻兵书有云:'虚则实之,实则虚之。'诸葛亮多谋,故使人于山僻烧烟,使我军不敢从这条山路走,他却伏兵于大路等着。吾料已定,偏不教中他计!"诸将皆曰:"丞相妙算,人不可及。"遂勒兵走华容道。

在三岔路口,曹操分明有两种选择,一条"并无动静"的大路,一条"数处烟起"的小道,但曹操的性格、经验、修养和见识,这一切都"怂恿"和"诱使"他弃"阳关"而取"羊肠"。是的,前面的确横着两条道路,但对曹操来说,只存在着一条。即使前有岔道多多,他的选择也并无二致。当我们在人生的歧路上似乎面临选择时,实际上却别无选择,我们的性格、经验、修养和见识把我们推向冥冥中早已注定的道路。杨朱见歧路而泣,"为其可以南、可以北"(《淮南子·说林训》),但他最终总要踏上一条道路,而这条道路肯定是根据他"拔一毛而利天下不为也"的宗旨选定的。

不过,虽然可以从时代、遭际、性格和教养大致推测一个人命运,但一些傥来的祸福却非意料所及。

《庄子·达生》记了两个人的遭遇：一个是鲁国的单豹,他善于养生,"行年七十而犹有婴儿之色,不幸遇饿虎,饿虎杀而食之";一个是张毅,无论对阔人还是穷汉,他都乐于交往,活脱一个"好好先生"！但"行年四十,而有内热之病以死"。"豹养其内而虎食其外,毅养其外而病攻其内",飞来横祸和突发疾病,都是他们本人或旁观者事先意想不到的。

　　正因为人智之所不能料者太多,于是人们便乞灵于术数。最早的前知之术当是占卜,用来预测将来之事的吉凶祸福的,此术就我国来说至迟在商代已经出现,用的是甲骨,称之为"卜";到周代演变成用蓍草,称之为"筮"。后世嫌其不验,迭有创新,大六壬、奇门遁甲、太乙数三式应运而生,以满足人们预知未来的需要,今日犹流行于世。推测个人命运的术数,则有春秋时代"发明"的相术,根据的是人的容貌和骨格。至于依据人的生辰来推算穷通的术数,主要有两种,一种是五星之术,一种是子平之术。前者大约起于后汉,王充《论衡·命义》中曾有提及。苏东坡尝言:"退之(韩愈)磨蝎为身宫,而仆乃以磨蝎为命,平生多得谤誉,殆是同病也。"(《东坡志林》卷一)谈的当是五星之术的推算。宋代方起的紫微斗数似为五星术的别支分派,今台湾操其术者甚多。后者则出现较晚,大约滥觞于南北朝,《北齐书·方技传》有术士魏宁以人出生年月推算禄命的记载;发展于唐代,韩愈《唐故殿中侍御史李君墓志铭》记李虚中"以人之始生年月日所直日辰支干,相生胜衰死王相,斟酌推人寿夭、贵贱、利不利";成熟于五代,据《四库》馆臣所考,以人所生年月日时的干支(亦作"幹枝",年月日时各有干支,合成"八字",或称"四柱")来推算命运,起于其时的徐子平。"子平之术"且后来居上,至今两岸三地,街头巷尾,特别在寺庙门前,常有人以此术招徕顾客。港澳台则公开行术,大陆则屡禁不止。我少时好奇,亦曾加以研习。

二

　　先秦诸子中,只有墨子明诏大号不信宿命,撰有《非命》三篇,但并没有作学理上的批驳,只是从功利的角度出发,认为人信命后就会一切委之命运,不复努力(唐代韩愈攘斥佛老,也从功利着眼,辩论方式颇为相似)。其实墨翟先生未免多虑,不论学派还是个人,信奉宿命论并不会妨碍其奋发有为和积极进取。

除墨家外,诸子百家大致都信天命,有相信命运不可移易的,也有相信命运能够改变的。

孔子说:"道之将行也与,命也;道之将废也与,命也。"(《论语·宪问》)子夏则曾引"死生有命,富贵在天"之语来劝慰他人,有人说这话就是他从孔子那里听来的(《论语·颜渊》)。庄子也赞成人生有命,其《大宗师》篇假托子桑之言曰:"吾思夫使我至此极者而弗得也,父母岂欲吾贫哉!天无私覆,地无私载,天地岂私贫我哉!求其为之者而不得也,然而至此极者,命也。"《列子·力命》则假托"力"与"命"的对话,否定了"力"的作用,将寿夭、穷达、贵贱、贫富都归因于"命",而"命"也只能顺其自然,没有予夺之权。《列子》是晋代的伪书,而其先则东汉的王充,其后则梁代的刘孝标,都秉持同一观点,也就是说,赞成命运是任何力量都无法改变的。

王充《论衡·命禄篇》云:

> 凡人遇偶及遭累害,皆由命也。有死生寿夭之命,亦有贵贱贫富之命,自王公逮庶人,圣贤及下愚,凡有首目之类、含血之属,莫不有命。命当贫贱,虽富贵之,犹涉祸患矣;命当富贵,虽贫贱之,犹逢福善矣。

刘孝标《辨命论》云:

> 化而不易则谓之命。命也者,自天之命也。定于冥兆,终然不变。鬼神莫能预,圣哲不能谋。触山之力无以抗,倒日之诚弗能感。短则不可缓之于寸阴,长则不可急之于箭漏。至德未能逾,上智所不免。(《文选》卷五四)

孟子则并不抹煞人的努力，虽曾感叹道："莫非命也，顺受其正。"但接着又说："是故知命者不立乎岩墙（危墙）之下。"（《孟子·尽心上》）主张命运尚可由人自己予以调整。荀子提倡"制天命而用之"（《荀子·天论》），则更彰显出主体性的豪迈。《周易·文言》则明言："积善之家必有馀庆，积不善之家必有馀殃。"虽似描述之言，却向人们暗示了一条改变命运的途径。

常人则往往将顺利归功于自己的能力，将困顿归咎于命运的不公。这种心理，与将成功归因于自己的智商和努力，不感激他人的提携和帮助；将失败归咎于他人的压制和阻挠，而不检讨自己的误判与蛮干，其逻辑是完全一致的。项羽相信自己的拔山之力、盖世之气，年轻时看到秦始皇出巡的盛况，忍不住野心勃勃地说："彼可取而代也！"待至兵败乌江，却对部下自我辩护说："天亡我，非战之罪也。"我想他在巨鹿之战之后、灭秦入关之时，一定顾盼自雄，绝不会说出"此天佑我，非我之能也"这样的话来。

但大诗人白居易则不然，他把自己的成功也看成是命运的眷顾。在《与杨虞卿书》中，他说：

> 凡人情，通达则谓由人，穷塞而后信命，仆则不然。十年前，以固陋之姿，琐劣之艺，与敏手利足者齐驱，岂合有所获哉？然而求名而得名，求禄而得禄，人皆以为能，仆独以为命。命通则事偶，事偶则幸来。幸之来尚归之于命，不幸之来也，舍命复何归哉？所以上不怨天，下不尤人者，实如此也。（《白氏长庆集》卷四四）

不过，一个活生生的人，自觉有"主观能动性"，总不甘心于听从命运的摆布，但奋斗的结果又往往使人失望，面对茫茫前路，心下未免惘然，不知何处可以着力。佛教传入以后，人们似乎找到了希望，印度的因果报应之谈与中国固有的福善祸淫之说一拍即合，出现了许多行善而得善果、作恶而获恶报的故事。于是就有人想出了施恩望报、行善求福的"改命"之法。

明代的袁了凡(1533—1606),少年时遇到一位孔姓老人,算其终生:

  县考童生,当十四名;府考七十一名,提学考第九名。明年赴考,三处名数皆合。复为卜终身休咎,言:某年考第几名,某年当补廪,某年当贡,贡后某年,当选四川一大尹,在任三年半,即宜告归。五十三岁八月十四日丑时,当终于正寝,惜无子。余备录而谨记之。自此以后,凡遇考校,其名数先后,皆不出孔公所悬定者。独算余食廪米九十一石五斗当出贡;及食米七十一石,屠宗师即批准补贡,余窃疑之。后果为署印杨公所驳,直至丁卯年(1567年),殷秋溟宗师见余场中备卷,叹曰:"五策,即五篇奏议也,岂可使博洽淹贯之儒,老于窗下乎!"遂依县申文准贡,连前食米计之,实九十一石五斗也。余因此益信进退有命,迟速有时,澹然无求矣。

袁氏本打算就这样听天由命了,后来却遇到云谷禅师,禅师教他填"功过格","令所行之事,逐日登记;善则记数,恶则退除",待三千善行圆满,果然命运改变,无子而得子,无寿而得寿,无科第而得科第,孔老对他后半生的推算不准了!

有人讽刺袁了凡这么做,是"与天地鬼神为市(做生意)",行善是为了使自己获利。此言未免刻薄。记得《红楼梦》十五回王熙凤对铁槛寺老尼说:"你是素日知道我的,从来不信什么是阴司地狱报应的,凭是什么事,我说要行就行。你叫他拿三千银子来,我就替他出这口气。"一个家庭妇女,却道出了古今多少贪官污吏的心声,读之真觉毛骨悚然!一个为获利而行善,一个为获利而作恶,对比下来,孰是孰非,孰当效法而孰当为戒,明理者自能知之。了凡先生的这种做法,比起"但行好事,莫问前程"的精神自然望尘莫及,但对提高个人修养、营造和谐社会还是不无裨益的。不过,为善作恶能否改变命运,在科学上是得不到验证的,因为我们不能让一个人活上两遍以作对照;在历史上也找不到实例,司马迁在《史记·伯夷列传》里早已对"天道无亲,常与善人"之说提出怀疑了。

术数中却有专事改变命运的一种,那就是堪舆之术(俗称看风水)。此术认为住房(阳宅)和坟地(阴宅)都会影响人的命运,依其术加以拣择或改造,不必行善,也可以趋吉避凶、家道兴旺。如今港澳台之人对此术甚为信从,大陆受唯物主义教育已久,本来早已唾弃此术,然随着交往的增多,营宅葬亲,亦有公然请风水先生待为上客者。这方面尤以实业家为甚,公司选址、开张择日,无不延请术士。面对无常的商海,他们显得多么不自信呀!

堪舆之术,在其理论根基上,实际已经否定了宿命论,有现代存在主义者"自我选择"的味道(当然这是就另一种意义说的)。纪昀(1724—1805)曾注意到子平之术与堪舆之术之间的矛盾,《阅微草堂笔记》卷八记录了他与一位擅长术数门生的对话:

> 余尝问以子平家谓命有定,堪舆家谓命可移,究谁为是?对曰:"能得吉地即是命,误葬凶地亦是命,其理一也。"斯言可谓得其通矣。

若站在宿命论的立场,这话的确也符合逻辑,毕竟看得中的房屋或坟地,未必能买得下来呀!我常常这样想:并不是阴宅和阳宅决定了人的命运,而是术者通过两者所处的空间及其形态窥知了主人或其后裔的生存情况,换句话说,就是给住宅或坟地"看相",推测入居者是何等样人而已。周密《齐东野语》卷十五记南宋时有一位人称耿听声的术者,能嗅衣物而知主人的吉凶祸福,道理想来是一样的。

三

人的命运真的可以推算而知吗?正史、野史里有关算命术灵验的事可谓汗牛充栋,不过书上的记载,大多本诸传闻,且加缘饰,难以完全置信。周煇《清波杂志》记宋徽宗迷信算命术,挑选官员前先要命术士推算八字,再决定是否任命,作者评论说:"死生祸福贵贱,各有定分,彼焉能测造化之妙？"（卷三）显然，周煇是相信有命运的，但却不甚相信命运之可推。至于何以不可，他并没有从子平之术的立论根据上加以驳斥。清人张维屏（1780—1859）则在这方面挖了算命术的老根。近人柴萼《梵天庐丛录》卷二七《八字》条云：

> 世之谈星命者，每以所生年月日时之干支，配成八字，谓可推测将来之寿夭祸福，其荒谬本不值吾辈一笑，惟愚昧者信之。按：天皇氏创干支，干，幹也，支，枝也。取义于木之干支，大桡取以配合，创为甲子，所以纪年月日时之用，与人之休咎渺无关系。清张维屏曾作《原命篇》驳之，云："推年月日，始于唐之李虚中；推年月日时，始于宋之徐子平。干支何所昉乎？昉于唐尧之元载，《通鉴前编》本经世历定为甲辰，《竹书纪年》则以为丙子，《路史》则以为戊寅，《山堂考索》则以为癸未。是则今所据之干支，其为此干支与否，亦尚未可知也，而谓人之命在是，噫，其惑也！"张之驳命，可谓要言不繁，其它理证，亦不必列举矣。

原来，子平之术将天干、地支各以五行相配，如甲、乙属木，丙、丁属火，寅、卯属木，巳、午属火之类，推算时根据的是八字的五行生克。既然干支起始的第一天就有不同的说法，那么，每一天所属的五行就不靠谱，怎么能根据如此一笔糊涂账的干支演绎而推呢？

宋末的爱国志士文天祥（1236—1283），矢志抗元，为此不惜牺牲自己的生命，却也笃信算命之术，但不乏怀疑精神，曾从八字相同、命运不可能相同这一点对算命之术提出了诘难，他在《又赠朱斗南序》里说：

> 甲己之年生，月丙寅；甲己之日生，时甲子。以六十位类推之，其数极于七百二十，而尽以七百二十之年月加七百二十之日时，则命之四柱，其数极于五十一万八千四百而无以复加矣。考天下盛时，九州主客户有至千四五百万，或千七八百万，荒服之外不与焉。天地之间，生人之数殆未可量也。生人之数如此，而其所得四柱者皆不能越

于五十一万八千四百之外。今人间巷间固有四柱皆同而祸福全不相似者,以耳目所接推之,常有一二,则耳目之所不接者,安知其非千非百,而命亦难乎断矣。且夫五十一万八千四百之数,散在百二十期中,人生姑以百岁为率,是百岁内生人,其所受命止当六分之四有奇,则命愈加少,而其难断亦可知矣。尝试思之,宇宙民物之众,谓一日止于生十二人,岂不厚诬,而星辰之向背,日月之远近,东西南北天地之气,所受各有浅深,则命之布于十二时者,不害其同,而吉凶寿夭变化交错正自不等,譬之生物,松一类也,竹一本也,或千焉,或万焉,同时而受气也,然其后荣者、枯者、长者、短者、曲者、直者、被斧斤者、历落而傲年岁者,其所遭遇了然不侔。夫命之同有矣,而其所到岂必尽同哉!然则参天地之运、关盛衰之数,此其间气,或数百年,或百年,或数十年而后一大发泄,必非常人所得与者,于五十馀万造化之中,不知几何可以当此,而天地宝之不常出,鬼神秘之不使世人可测知也。呜呼!论至此,则命书可废也耶?(《文山集》卷十三)

明初宋濂(1310—1381)作《禄命辩》,也提出了同样的怀疑:

以甲子幹枝推人所生岁月,展转相配,其数极于七百二十,以七百二十之年月加之七百二十之日时,其数终于五十一万八千四百。夫以天下之广、兆民之众,林林而生者不可以数计。日有十二时,未必一时唯生一人也。以此观之,同时而生者不少,何其吉凶之不相同哉!吕才有云:"长平坑卒,未应共犯三刑;南阳贵士,何必俱当六合?"诚足以破其舛戾矣。三命之说,予不能尽信者此也。(《宋学士文集》卷十六)

历代关于八字相同而命运不同者的记载甚多。赵翼(1727—1814)《陔馀丛考》卷三九《同年月日时生》条搜集了许多资料:

子平家以人命推算休咎,固是一术,然两人同年月日时,则其吉凶当符合矣，乃竟有绝殊者。《汉书》卢绾与高祖同日生，而一为帝，一为亡虏。宋人小说载一军校与赵韩王（赵普）同年月日时生，若王有一大迁除，则军校必有一大责罚；有小迁转，亦必有小谴诃。洛中士人张起宗与文潞公（文彦博）同年月日时，见潞公轩驺过，叹曰："同丙午生，相悬如此！"有瞽者曰："我与汝算命。"因算之良久，曰："好笑！诸事不同，但三十年后，两人当并案而食者九月。"后潞公退居于洛，游会节园，闻园侧有训徒者，则张也。一见大喜，问其年又同，遂日日并案而食，将及九月。公之子及甫知河阳，公往视之，遂别。自后归洛，亦忘之矣。又蔡京命乃丁亥、壬寅、壬辰、辛亥。有都人郑某者，世以货粉为业，生子与京同八字，谓且必贵，遂恣其所为，年十八，忽骑马溺死。可见星命之不足凭也。然如军校之与韩王迁除责罚节次相应，则又何故？《夷坚志》：莆田士人黄裳与友戴松同年月日时，有推命者曰："二命大略相似，但黄君是正寅时，戴君得寅气浅，当是丑末，其发必在后。"既而戴但预荐，年不满五十，不第而卒。黄入太学始晚奏名，然以病求岳祠归，虽登科食禄与戴不同，然一纪残废与死为邻，所去亦无几也。此则境遇之相似者。《七修类稿》谓沈石田（沈周）与同郡卢知县钟年月日时皆同，而仕隐不同。又杭州吴参议鼎，与徐宪副之子应祥亦同年月日时，吴既贵，子亦登科，而应祥皆无之。王阮亭（王士禛）又记沈石田干支八字与明英宗同，而贵贱相悬若此，意或时刻前后之不同也。善乎吕才之论云："汉高入关，封侯者三百人，岂无一人行衰绝运？赵括四十万人皆被坑，岂无一人行生旺运？"《梁溪漫志》云：若生时无同者，则一时生一人，一日止生十二人，以一岁计之，不过四千三百二十人而已，而天下之大，生人岂止此数哉！则知同年月日时者甚多，而富贵贫贱判然不一，子平推命之说似又不足凭也。

明代童轩（1425—1498）在《谈命辨》一文中也举了两个例子：

本朝扬州人高公谷与松江人李昂者，甲子同物也。公以永乐辛卯中应天府乡试第九十五名,未上春官(指应进士举),丁外艰(指父死)。李昂是年落第后,甲午亦中应天府乡试第九十五名。既而乙未同中会试,高公第五十四名,李昂第五十六名。廷试俱三甲进士,高公选入翰林,为庶吉士,除中书,升侍读学士。李昂观政刑部,除主事,升郎中。品级崇卑亦颇相等。无何,昂死矣,时年四十有馀。后高公官至少保,年八十二始卒。昂死之日,有子五人,高公至七十馀始举一子,今为南京户部员外郎。此非术数之所能知也。予又得二人焉:泰和单昂与金溪王稽,俱江西人,而甲子亦同物也。二人癸酉皆举乡试,甲戌俱第进士,同日送大理观政,同日除评事。后单昂奉命谳刑闽中,事竣,死于途。王稽是年亦遘重疾,不死,寻除佥河南按察司事,又数年,致仕,今尚在,齿且老矣。此非术数之所能知也。(《明文海》卷一一一)

不过星命家解释起来却也"何患无辞",童轩曾与术士谈及上述八字相同之命:

> 余问:"后来不同何耶?"术士曰:"地有南北故耳。"余因举高、李皆南直隶人,单、王皆江西人问之,术士曰:"虽生居一乡一里间,亦有南北,矧王畿千里与一省乎?"余又问:"人家有孪生二子,同出一母,此不可以南北分也,然亦有贫富寿夭不同,何耶?"术士曰:"往往为先生者夺其元气,故先生者富,后生者贫。先生者寿,后生者夭。又当以此论也。"余曰:"周有八士,四乳八子皆贤,此又何耶?"术士语塞。(同上)

明清之交的周亮工(1613—1672),在其《因树屋书影》卷十中也提及一位星命家对此问题的解释:

> 四柱虽同,当分方域看之;方域虽同,当合祖宗功德、坟墓盛衰、家属隆替看之。

周氏认为,"此说近是,而究其所言,未必能中也。致远恐泥,圣人是以罕言"。

记得当年在潘雨廷先生家听讲,有人介绍一位名叫孙永正的到潘家来推命。孙家本很富裕,"十年浩劫"中被扫地出门,拨乱反正后发还住宅钱钞,虽所得不偿其所失,"先富起来"谈不上,"奔小康"则颇为有馀了。他相信万事皆由命定,遂居家以潜研子平自娱。他来潘府时,在场有七八人之多,孙一一为之推命,用万年历列出八字后,不像我那样煞费周章,要排六神星煞、推大运流年再作判断,他是一望而知,不假思索,开口便断,问者听了居然都点头称是。这使我大为惊异,于是写出少子的八字来向他请教,孙一看就说:"这八字我算过的,相当不错。"我不禁奇了:"孙先生在什么地方算过这个八字?"孙说:"这是一位高级军官的儿子,现在已是一个潜水艇的艇长了。"那时我少子尚在金山石化做电工,竟与艇长同志同年同月同日同时生于上海,不像卖粉家儿和蔡太师相差一甲子,遂告其实。孙先生说:"这就要看家世的不同了,在命造上是看不出的,艇长的家庭起点高。""起点高",理论联系实际,确实言之成理,一介寒儒安敢与之相比!但我想起明代沈长卿却是用同样的事例来否定算命的,他说:

　　山泽之叟,岂无驿马星动,而足不逾郊;永巷之媵,岂无红鸾星照,而宠不下逮;市井之伧,岂无文昌星拱,而名不登榜;则星说穷矣。毕竟以子平为主,四柱同也,而生于寒门,仅博一第;生于帝王家,乃贵不可言;则子平术穷矣。(《沈氏日旦》卷十一)

孙言谈之际颇现自负之态,我便问他:"阁下精于命理,还会不会看相、占卜和风水呢?""不会,也不想学。凡事心专则精,心分则乱。命理已够我致力一生了,还去旁骛干什么!"

为学专精如此,使我大为佩服,但总觉得耗毕生精力于此小道,未免太不值得。我与孙仅此一面之缘,但却印象良深。

除了同年月日时生者以外,双胞胎命运的推算,也是一个难题。童轩遇到的术士所谓"先生者富,后生者贫;先生者寿,后生者夭"并不符合实际。

清舒继英的《乾元秘旨》说双生之命:"命主太旺,幼者胜;命主太弱,长者胜;命主不旺不弱,长幼略同。"但亦不过寥寥数语,且语焉不详。不过我从现实中观察到,双胞胎生于同一时辰者,人生轨迹都大致相同,熟人中多有其例,新闻中亦多有报道;不过若不在同一时辰生的,情况就不一样了。

我还发现,子平之术推算人的寿命往往不准。明清之际的陈之遴(1605—1666),是书房派推命之翘楚,在其所著《名理约言》中亦言"尝考人命富贵贫贱,验者颇多,惟寿夭验者较少"(《看寿夭法》)。但也有人算得准的:

欧阳修《泷冈阡表》记其父欧阳观之言曰:"术者谓我岁行在戌将死,使其言然,吾不及见儿之立也。"后来果死于大中祥符三年庚戌(1010)。

《王国维学术随笔》中之《东山杂记》卷二有《毛西河命册》一则云:

> 十餘年前,扬州骨董铺有《毛西河先生命册》,乃康熙戊寅年推算者,推命人为京口印天吉。先生时年七十六,生于明天启三年癸亥十月初五日戌时,其八字为癸亥、壬戌、壬戌、庚戌,后附其姬人命册,年三十三岁,为丙午正月十六日子时生,其八字为丙午、庚寅、丁酉、庚子;其人殆即曼殊也。推命者谓先生于八十八岁当卒,过是则当至九十四。先生首书其上曰:"时至即行,不须踌躇,但诸事未了,如何如何?"老年畏死,乃有甚于少壮者一说,殊可一哂。然先生竟以九十四岁卒,亦奇矣。

毛西河即清初著名学者毛奇龄,不过,其卒年尚有九十一岁一说,若其说为是,则亦谈不上什么灵验了。

最近我在电视上还看了杜月笙之女的访谈,她说香港的六月息馆主算其父(1888年8月22日—1951年8月16日)寿元只有六十四岁,过不了生日的。其说亦甚验。

推人死期而稍有参差的，有二事可说。

其一是：友人陈思卓在家乡湘潭时，有一位邻居善推命，验事甚多。有一次，一位近邻要他算命，他竟直言无讳地说："你明年正月初四要死的。"那人不禁一怔。谁知到期无恙，不免怒从心起，第二天就上门来把箱橱锅灶等都打得稀巴烂。术者之妻怪丈夫瞎算，絮絮叨叨怨个不停，他只能闷声不响。结果到了正月十三，那人突然去世，相隔仅九日之期，人颇以此奇之。

其二是：毕修勺先生之子克鲁到家乡临海为其父办事，我与尢家铮、袁根山陪他一起去，顺道同游雁荡、天台之胜，其间有四五天宿于白水洋（不是福建的白水洋）毕氏亲戚家候车，承其家热情招待。闲聊时，他们说起这地方以前有一户人家，以耕读为生。家主精于命理，忽于一日设宴招待亲朋好友，客人入座，自己则离座沐浴更衣去了。事毕出来，入座向大家举杯告别，说下午两点半他要去世了。说罢就躺入厅里预先准备好的棺材，眼睛盯着壁上的时钟。众人围着棺材，有不信的，也有半信半疑的。两点半过了，三刻过了，三点就要来临了，老人依然无恙。大家不免纷纷议论，当作笑柄了。老人自己也疑惑起来，爬出棺材，拿起一把锄头，到后园里去为花松土。谁知一锄下去，竟顿时倒地气绝，这时距三点大约还差一分钟吧。于是大家又不免啧啧称奇。

在农村中，能预知自己死期的人不少，历代都有不少记载，然而由算命而推知自己的死期，且时间误差这么小的，却也十分罕见。子平之书有两句名言："火未焰而先烟，水既往而犹湿。"不论好运还是坏运，依术来推是哪年来临，实际提早或推迟一年半载，都不算失误的；若只推迟二十来分钟或数天，那就算是奇验了。据说上述两人均著有专书，而都在临死前自行烧却。作家王鲁彦的夫人覃英女士曾告诉我，她祖父原是鞋匠，因遇一道士教其算命而改行，所算亦甚灵验，临死前也自己销毁了所传的秘籍。这些书烧了真是可惜，即使是荒唐无稽之说，也足以成为思想史研究的参考资料，退一步说，具有文献价值，这应当是毫无疑义的。

算命也有似不验而实验的，《阅微草堂笔记》卷二云：

　　　　董文恪公为少司空时，云昔在富阳村居，有村叟坐邻家，闻读书声，曰："贵人也。"请相见。谛观再四，又问八字干支。沈吟良久，曰："君命相皆一品。当某年得知县，某年署大县，某年实授，某年迁通判，某年迁知府，某年由知府迁布政，某年迁巡抚，某年迁总督。善自爱，他日知吾言不谬也。"后不再见此叟，其言亦不验。然细校生平，则所谓知县，乃由拔贡得户部七品官也。所谓调署大县，乃庶吉士也，所谓实授，乃编修也。所谓通判，乃中允也。所谓知府，乃侍读学士也。所谓布政使，乃内阁学士也。所谓巡抚，乃工部侍郎也。品秩皆符，其年亦皆符，特内外异途耳。是其言验而不验，不验而验，惟未知总督如何。后公以其年拜礼部尚书，品秩仍符。

董文恪公即董邦达（1699—1769），字孚存，号东山，浙江富阳人，工诗善画。官至礼部、工部尚书。纪昀十五岁时，即至其家受业读书，关系极为密切，所言当可信从。此叟固是异人，然亦须先聆其声，复"谛观再四"，而后再加推算，非仅凭干支一途而得者。纪昀说这是"验而不验，不验而验"；若放宽尺度看，实可谓神奇之至了。

曾国藩的外孙聂云台（1880—1953），在其所著《耕心斋随笔》中说：

　　　　日昨与谭组庵先生谈及业命之理。先生以为星命之理，殊为难解，谓为渺茫，而又奇中。予问曰："闻文勤公有一命批悉验，有之乎？"先生曰："然。先文勤公生甫三岁，先王父方授蒙馆于外，岁俸所入才十馀千耳。适有友善星命，即倩其为文勤公批一命，此纸今尚保存，距批时已百年矣。其言某年进学，中举，中进士皆验，惟点翰林，则批为得知县，此其差误，然同为七品也，厥后某年当在浙，某年当在陕，亦奇验。又言六十八岁当归田，则又验。言七十二岁当寿终，并批云：若有阴德，当延寿一纪。厥后七十二岁果大病，几不起，旋愈，果以八十四岁终，又奇验。"

按谭文勤公即谭锺麟（1822—1905），湖南茶陵人，曾任陕甘总督及两广总督,即谭延闿(组庵,1880—1930)之父。这里所说的批谭锺麟八字之事,与董邦达事相似而所批更为精确。但聂云台认为,"予谓星命与代数同一理:彼以干支代数字,此以干支代人事","然究以一字兼代数事,非若代数一字代一数之明白确定","故时不免于差误","即头脑冷静之星相家"亦"竟能推算十之八九"。

还有一种情况是,对于同一命造,不同术者的判断不同。

今人孙百刚先生所著《郁达夫外传》,其《谈言竟中》一章谈到其表叔朱似愚为郁达夫(1896—1945)推命之事。朱"在杭州中国银行做事,精堪舆命相之术。但平常不肯轻易替人谈相看地,非至亲好友不肯出手,亦不收受谢礼。达夫一听,非常动心,一定要我去约来谈谈"。当郁告知其八字为丙申、庚子、甲午、甲子,四十一岁交进甲运,下面是辰运时,朱"表情不好"。

> 过了两三分钟才开始说:"以前的事,我想不用多说。你先生在甲运以前,一直都还不错,不过也是镜花水月,虚而不实。以后的运却要相当注意。三五年内,波折不少。假使能自己生场大病,或者家人有点疾病,那算是幸运了。但命相之说并非一成不变。修心可以补相,居易足以俟命。你先生是通达之人,用不着多说。总之,今后数年中,凡事小心在意,能不出门最好莫远行,能忍耐受气,切莫发火暴躁。你和我这位表侄是多年至交,所以我也不揣冒昧,交浅言重了。"似愚说了这么一段,其间还有许多命相上的术语,我也记不清楚,只知大意如此而已。人总是喜欢听好话的,即使明知道好话是假的。本来预定映霞也要请他谈一谈,听他如此说法,映霞的胃口也倒了。

在郁达夫夫妇走后,孙百刚再问其详,朱说:

> 我哪敢当面对他直言,只不过略略讽示一二而已。老实说,要我完全违背了相法命理,作违心之论、阿谀之言,那是不可以的。其实

这位郁先生的命相,我也阅人不少,今天可算是一桩巧事。总而言之,他的命相刚到目下为止。从今以后或许要弄得妻离子散、家破人亡,倘若自己性命能够逃出,那是祖宗的阴德了。

据此记载,朱似愚已是命相合参下断的了,可谓神奇之至。朱先生要郁"能不出门最好莫远行",而郁却偏不听从而远赴南洋,想不到竟会在1945年9月,日本已无条件投降之际被秘密处死。倘不出国,只在国内做救亡工作,那情况又该如何呢?达夫既信命相,但却听而不从,真是"其命也夫"!

孙百刚又写道:

后来遇到一位也和达夫相熟的人,他精于推算八字,我便将达夫的八字和似愚的说法告诉他。据他说:达夫的八字,双子拱午,子午双包,格局自是不凡。所憾者,四柱乏土,甲木藏身无所,缺土之木,终难滋长。行运亦未遇土,所以似愚说他镜花水月,虚而不实。至四十一岁交进甲运,亦不过受庚申两金之克,好虽不好,也不至于坏到如此地步。至于四十六岁的辰运,则与年月两支会成水局,汪洋大水,甲木难免漂浮,当然比甲运更坏。然而竟会万里投荒,横死绝域。连要"新营生圹在星洲"而不可得,这也未免过于残酷,莫非申子辰这一水局,为祸竟如此之烈耶!

孙百刚又记一事并议论道:

达夫在似愚谈相的上一年四月间,在福州白塔下瞎子陈玉观处算命,陈说今后渐入佳境,四十六岁交进辰运亦极妙。申子辰合局,更上一层,名利双收(据达夫《浓春日记》一九三六年四月七日所记)。一个所谓申子辰水局,说法截然不同。可见这些都是不足为据的。这个说这样,那个说那样,总有一方是说对了的。偶然言中,并不稀奇,言而不中,事属当然。

其实,推断命运,也有如个人看诗文一样,可以各有会心的,但诗文之高下,不可定于一尊,算命则可用"实践检验",以后来是否应验为准。这里不妨谈谈我对达夫八字的浅见:郁氏此造,十岁起运,每逢丙辛之年交转。"日提对冲,断弦再续",婚姻必不能终老,但究竟是生离还是死别则不能知。日主甲木,生于仲冬,身弱,须行木火土运为佳;但其根午火,为二子水所冲,根基不固。年干丙火食神,主聪慧而有才气。月干庚为杀,庚有申为根,但因系冬日之金,也强不到哪里去,幸行壬寅、癸卯二大运,木能得地,足以添薪生火,丙可生辉。行到甲木为比肩,却又失其根柢,辰运三合水局,则水泛木沉,不吉。至一九四五年乙酉,乙与月干庚合金,酉与大运的地支辰又合金,且与申子争合,成为煞重身轻之势,按理需要趋避韬养,但不能断其此年必死,更不知其为凶死。此年之厄若能逃过,次年转入丙戌,则火土驱寒,甚好,能活至一九五二年壬辰,或再延两年亦未可知。然果能如此,从今日来看还是一个下寿。当然,这个假定是不可能实现的,除非我们有威尔士的"时间机器"!

至于其友人所说的"双子拱午,子午双包"之论,似乎很难理解,而瞎子陈玉观则是以其身过弱,从旺来推的。如此则以行金水运为佳,故以三合水局为极妙。这种取错用神,以好运为坏、坏运为好的判断,术士中常见,任铁樵的《滴天髓阐微》中,就常述及这种情况,而我也曾有此误。

我认识一位金绶章先生,他曾为宋子文、孔祥熙算过命,因灵验而获重用。有一次,我到他府上去请教一个八字。我认为此造"身强",金老看了却判为"身弱",彼此相争,相持不下,我说不服他,他也驳不倒我。后来我和小友姚海江聊天,他自负子平推命已无人能及,我便拿出那个八字来,结果他的判断和金老相同,但理由却更为充分,我便欣然接受了他的意见。

四

我常常说,若以推命而言,眼睛亮的不如眼睛瞎的,在这件事上,我们应该"问道于盲",这是有实例可言的。

盲人也各有师承,各有秘受。有的能知人排行第几,有的能道其父母近况,有的能预言升学成败。

我家邻居有个女孩在贵州插队,找当地瞎子算命。瞎子说她是第四胎,她说:"不对,我是第三胎。"瞎子说:"我是不会错的,你上面还有一个哥哥,流产了。"回家一问父母,果然如此。

内人同事的丈夫戴了右派帽子,发配西北某地作会计,被人劫财砍杀。她的两个女儿和儿子,几次到女盲人叶美丽处算命,一报八字,叶每次都说:"你父亲是被人杀死的。"

"文革"后恢复高考,南昌有四个女生报名应试,考后结伴去问一个瞎子能否录取。价格十分便宜,每人只要五毛。算下来,瞎子说其中一人不会录取,三人可以录取,但有一人录取后母亲要死的,一人能录取却不会去读。发榜后,一人下第果如其言,但只有两人接到录取通知。一人顺利入学了,而另一人却因体检查出有严重肾炎而不能入学。然而,那个说录取后要丧母的却没有收到通知,总以为这个算错了。不料过了三个月,各大学都纷纷开起"分店",这女孩竟被同济分校录取了,真是喜出望外。谁知报到后没几天,就接到家里电报,母亲心肌梗塞去世,遂又急忙奔丧回乡。这故事是那个录取而因病不能入学的女孩亲口和我说的。

记得在四十年前,内人的舅母曾依绿女士来沪,曾说起她和女伴玉蓉一起到衢州一个有名的瞎子处各为其子推算婚姻之事。玉蓉对自己的准儿媳极不满意,但儿子却非常喜欢,所以她一心巴望这门婚事告吹。舅母则对未来的儿媳非常中意,且婚期在即,只想听听婚后如何。不料这瞎子掐指一算,竟断言这两个都不是她们的儿媳。玉蓉真是求之不得,但不信竟有此事。舅母则连婚宴请帖都已发出,所以也深表怀疑。瞎子接下来还对舅母说,在开年冬至前,你儿子谈的人都不是你的儿媳。结果呢,玉蓉如愿以偿,儿子和对象婚前分手。舅母的准儿媳则居然就在婚礼的那一天戏剧性地不肯上门了。后其子经多人介绍对象,几乎有十来次之多,却都做了无用功。真的直到过了那年冬至,婚事才真正告定。现在,舅母的曾孙已在美国读中学了。

这个瞎子算得如此灵验,而我在衢州这么多年却不知道家乡乃有此人，遂向时任衢州市政协副秘书长的友人傅春龄打听。他虽对此也深感兴趣，竟问不到其人姓甚名谁，住在哪里。后来我表弟徐之汉来，问起此人，他倒是知道得清清楚楚。春龄是上层人士，之汉是一介平民，见微可以知著，下情之上壅可见一斑。之汉说，其人姓徐名根土，人都以徐大胖称之。"文革"时为算命事斗他，他承认是骗人的。"文革"后重操旧业，人们揭他老底："你不是说过都是假的吗？"他笑了，说："假的去了，真的来了。"知道情况后。我托另一表弟罗诚去为我的几个儿子推命。罗诚一早就去，竟像医院般需要排队挂号。排到后，一算就是四人，后面人见了就吵将起来，不让多算，结果这天只算了两人，只好次日再去挂号。四个命造，罗诚都一一为作记录，有些算命术语，罗诚不懂，只能用同音字录下，好在我是一看便知的。徐大胖算得很草率，只谈一点大的，其馀都含糊过去。这我理解，就如江湖医生为了多赚钱不肯一次把病人治愈一样。徐根土的推算，有验有不验。我的儿子的命，两个算得很准，一个谈不出什么，老四的命，竟在匆促之间当成女命算了，别人看不出，我是懂的，于是又托罗诚去重算，结果徐只说了一句话："今年要进公安局的，好在你家为人好，没有多大关系。"我不禁呆住了：儿子安分守己，如何会落到这步田地呢？

老四当时在山西太原打工，一天晚上，工人们打麻将赌钱，儿子觉得疲劳，就去睡了。不料警察夜里来抓赌，把包工头、赌博的和看赌的全都捉将官里去。警察见我儿子躺在床上，稍问了几句就走了。虽颇受惊，却未进"庙"，徐大胖之言只算搭了条边。第二年，我又托罗诚去算，徐竟又是那一句话："今年又要进公安局，有些麻烦，但不要紧。"这回是一场车祸：他夜搭经理开的车回家，不料半途撞倒一人，儿子作为下属，赔偿事宜全都由他到公安局去代为办理，局里进进出出的，足足耗了一个多月。又过了一年，我仍托罗诚去算，不料还说要进公安局，且说有不少麻烦。这回竟又是一场车祸：他晚上搭乘女老板开的车回家，不料遇到一人提着大包横穿马路，刹车不及，那人不幸被当场轧死。其妻是残疾人，还带着一个弱智儿子，本已度日维艰，丈夫一死，更是处境凄凉。但她笃信基督，基督徒不信命运（如果人的命运不可改变，上帝就不是全能的了），相信上帝的安排总是最好的。举行葬礼时,很多教友都来参加,给她莫大的安慰。她并没有要求过多的赔偿,相信丈夫已经脱离苦难,进入天国。我曾向肇事老板建议,如业务有进展,应多多帮助此家,而她却含糊其词。这不禁使我想起耶稣的名言:"骆驼穿过针的眼,比财主进神的国还容易呢。"不过她没有假意应诺,倒并不虚伪。不久,儿子也就辞职另寻啖饭处了。

我以前也算过儿子的命,可是我绝对推不出他这几年的遭遇。虽然狱讼之事在传世的算命书上也有判断之法,但儿子的大运与流年却均与之无涉,不知徐大胖究竟有什么秘诀。这使我非常折服。相比之下,自知这方面的程度只有幼儿园水平,却还有许多人上门来要我为他们推算,真正觉得虚名无实、误人不浅了。谁知友人还告诉我,竟有人在西藏南路光明中学门口,自称"刘衍文",为人算命骗钱呢。徐根土十多年前因患眼皮癌去世,家乡太小,想来不会有人冒名顶替吧?

盲人因师传的不同,各有绝招,也绝不交流,但却也有行内共同的秘诀。俞樾(1821—1907)《春在堂随笔》卷八云:

> 术者以日推时,则有"五鼠遁",如前所云是也(按即甲己还生甲,乙庚丙作初,丙辛戊子起,丁壬庚子居,戊癸从何起,壬子上推求。以皆从子起,故谓之"五鼠遁")以年推月,则有"五虎遁":凡甲己年始丙寅,乙庚年始戊寅,丙辛年始庚寅,丁壬年始壬寅,戊癸年始甲寅。其术皆主浅显。惟以年月推其日,则虽精李虚中之术者不能知,而瞽者屈指推算,不劳而得之,不知其何术也。或言是有秘诀,不以授人,人亦不可轻学之,学之必损其目,殆或然欤?坊间所刻《子平渊鉴》等书却亦载有一法,其法视九年前正月朔日是何干枝,大月顺数五干九枝,小月顺数四干八枝,即本年正月朔日干枝。二月以下视此。视本年十二月朔日是何干枝,上月大,逆数五干九枝,上月小,逆数四干八枝,即九年前十二月朔日干枝。十一月以上视此。余用此术推之,同治十二年正月小,辛巳朔,顺数四干八枝,至光绪七年正月,得甲子朔,光绪七年十二月己未朔,十一月大,逆数五干九枝,至

同治十二年十二月,得乙亥朔,其法信不谬矣。然月之大小,非观宪书,岂能记忆?且不能推知闰月,则仍不能无误。彼瞽者所用,必非此法也。余尝用此法校杜氏《春秋长历》,从隐元年顺推隐九年,不合者三月,又从隐十一年逆推隐三年,则无一不合。杜氏本不知历法,惟以经传所书月日前后推排而成。此术隐元年之不合,殆由杜氏失之。若改为五月大,六月小,七月大,八月小,九月大,十月小,则亦无一不合矣。

但俞曲园有所不知,瞽者以年月推日干支,能"不劳而得之",若不知二十四节气的时刻,仍然是不能推命的。同一节气在阴历的日期年年不同,依阳历虽可大致确定其日期,而所交时刻亦年年有异。如以立春而论,去年(2012年)为阳历二月四日18时40分(农历正月十三日),如酉时(17点到19点)所生之人,在18时40分前出生,就算是去年所生,四柱为辛卯、辛丑、乙未、乙酉;如在这时间点后出生,八字就是壬辰、壬寅、乙未、乙酉,竟是来年生人了。若生在这天的0时到1时之间,四柱就是辛卯、辛丑、乙未、丙子,若生在这天23时到0时之间,这叫夜子时,四柱就是壬辰、壬寅、乙未、戊子,超过0时,四柱就是壬辰、壬寅、丙申、戊子了。总之:在年的节气点(立春)前后所生之人,年份要差一岁;月的节气点(如惊蛰、清明等)前后所生之人,月份要差一月了;在日的分界点(0时)前后所生之人,相差就有一日了。这样,八字的干支就完全变了。何时交节气,有目之人非倚仗万年历不可,而瞎子居然都能不检而知,不知其奥妙何在。友人饶于安先生有一金姓学生,其父是盲人,据说国内外来求其推算者甚多。饶先生曾带我和潘雨廷先生到他家去求教。只要说出一个农历的日期,其父立刻就知道是公历几月几号和星期几,公历转农历亦然,还能知道二十四节气的时刻。不过其绝招仅此而已,谈命则没什么灵验的。

有一次,我和毕修勺、唐秉珍等到天文学家李珩先生家作客,谈及此事。李先生说,何时交节气,天文学上只能靠复杂的计算,还要靠仪器观测来校正误差,万年历上所记只是大致的时间,并不精确。瞎子的窍门究竟何在,他也不得其解。

我想，也许事情并没有这么复杂吧。我们靠的是万年历，恐怕瞎子也不能例外，不过不是直接查而是间接用罢了。来算命的百岁以上老人为数定稀，那么只要能背出万年历上所记今年以前不到百年的节气时间，就足以敷用了，至多不过1 200个罢了（十二"中气"算命用不着，不用记的），盲人性专，定能记忆。今年以后的节气，则每年增记十二个，想来更不在话下。至于阴历日期与干支记日的对应，只要记住每月初一是何干支就可以了。编几句口诀，运多种联想，记住这些数字并非难事。人的记忆力决不能低估，报载如今有人竟能背圆周率小数点后第67890位，打破了吉尼斯世界纪录呢。

五

老人絮语，不能自休，说了这么多，人们会问，那么，子平之术究竟可信不可信呢？

赵翼《静观二十四首》之十八云：

> 大桡造甲子，初但以记日。兼记岁月时，至汉始画一。干支配五行，尤出方士说。乃以推生命，及凡择凶吉。就其生克理，参以推算术。趋避前民用，往往百不失。岂非廿二字，早默括阴骘。信哉古至人，神明过仓颉。（《瓯北集》卷四三）

"干支配五行，尤出方士说"，已在张维屏之前指出这是后世方士的附会之谈，但接着竟说："趋避前民用，往往百不失。"居然肯定术数的灵验性。

子平之术，既然其理论基础荒谬如此，但为什么自古至今还会有算命神验的故事不断产生呢？我想，也许人的命运正和星球的运转相似，什么时候要碰到什么事，都是早已注定了的。而子平之术实际上是一种经验之谈，其五行生克的推算方法乃是比附上去，与之风马牛不相及的。其灵验，正如中医的理论也采用摸不着、抓不住的五行之说，而依然能治病救人一样。不过，人的命运肯定与其所处的时间与空间有关，这则是毫无疑义的。和现代物理学一样,子平之术注重的也是时空(出生时刻须依当地时间为定,如此则空间亦考虑在内)。子夏曰:"虽小道,必有可观者焉,致远恐泥。"(《论语·子张》)对于算命之术,我们也不妨作如是观。

(原载《东方早报·上海书评》2013年5月12日、5月19日、5月26日,题目分别为《命运能否预知和改变》、《"彼焉能测造化之妙"》、《"问道于盲"》)

有鬼论与无鬼论

有生必有死，生则为人，死则为鬼。《礼记·祭义》说："众生必死，死必归土，此之谓鬼。"所谓"归"，就是现在俗语所说的"回老家"了。"死者长已矣"，应该自此无知无觉，但先民却以为人死后精神犹在。这不死之精神，又分可见、不可见二说。《中庸》引孔子的话说："鬼神之为德其盛矣乎！视之而弗见，听之而弗闻。"但许慎《说文解字》除了沿袭旧说"人所归为鬼"外，解字形则说："从人，象鬼头。鬼阴气贼害，从厶。"可见他认为鬼是有形可睹的。至于"鬼"的原始意义是否如此，有些文字学家或持异议，说是似人之兽（窃谓此说未免将先民看得太唯物了），但大多数是赞同旧说的。其实，古书上自《左传》等书起，历代都有鬼魂不但形灭神存，而且有知有觉，且能现形祸福于人的记载，许慎只提"阴气贼害"，大概是因为见鬼则祸多福少吧。许多人对此深信不疑，此即"有鬼论"中的"鬼可见"一派（因后世"有鬼论"者大多以鬼为可见，下文即以"有鬼论"笼统称之）。此派起源极早，殷人尚鬼，甲骨文中即有"鬼"字；而"无鬼论"则较为后起，墨子《明鬼》篇详记其与"执无鬼者"之辩，可见至迟出现于春秋末期。两论相争，世代不绝。以我国而论，今日自以"无鬼论"占统治地位了，而历史上则无疑"有鬼论"占上风。《晋书·阮瞻传》颇能说明问题，今姑抄录于下：

瞻素执"无鬼论"，物莫能难。每自谓此理足可以辩正幽明。忽有一客通名诣瞻，寒暄毕，聊谈名理。客甚有才辩，瞻与之言，良久，及鬼神之事，反复甚苦，客遂屈，乃作色曰："鬼神，古今圣贤所共传，君何得独言无，即仆便是鬼！"于是变为异形，须臾消灭。瞻默然，意色大恶。后岁馀,病卒于仓垣,时年三十。

阮瞻的"无鬼论"思想当是受了族人阮修的影响。阮修的名言是:"今见鬼者,云着生时衣服;若人死有鬼,衣服有鬼邪?"据说此语一出,"论者服焉"(《晋书·阮修传》)。其实此论发自东汉的王充(见《论衡·论死篇》),阮修不过拾其牙慧罢了。这点,刘孝标注《世说新语》已经拈出(见《方正》篇注)。阮瞻见鬼之事本出于《搜神记》、《幽明录》等志怪小说,而被采入正史,足见其代表了唐代官方及主流社会的观点(《晋书》修于唐初)。其实,与阮瞻相类之事,野史中屡有记载。《太平广记》卷三一七《宗岱》条云:

> 岱为青州刺史,禁淫祀,著《无鬼论》甚精。无能屈者。邻州咸化之。后有一书生,葛巾修刺诣岱。与之谈甚久,岱理未屈,辞或未畅,书生辄为申之。次及《无鬼论》,便苦难岱。岱理欲屈,书生乃振衣而起曰:"君绝我辈血食二十馀年,君有青牛、髯奴,未得相困耳,今奴已叛,牛已死,今日得相制矣。"言绝,遂失书生。明日而岱亡。(出《杂语》)

按宗岱(一作宋岱)之事后世提及较少,当是未入正史之故。在我看来,不管宗也好,阮也好,其事皆大有可疑:通名之客何名?未见记述。人鬼相辩,谁作旁观?鬼变异形,又与谁共见?此事如真,传者为谁?难道是宗、阮的自述?如果真是这样,岂非最终作了自我否定?但这一点正史和野史均未记载。看来二人见鬼之事多半是"有鬼论"者向壁虚构的。

而且,同一窠臼的编造尚不止于此,《太平广记》三三〇《崔尚》条云:

> 开元时,有崔尚者著《无鬼论》,词甚有理。既成,将进之,忽有道士诣门,求见其论。读竟,谓尚曰:"词理甚工,然天地之间,若云无鬼,此谬矣。"尚谓:"何以言之?"道士曰:"我则鬼也,岂可谓无?君若进本,当为诸鬼神所杀,不如焚之。"因而不见,竟失其本。(出《玄

怪录》）

甚至还被禅宗拈作话头,《五灯会元》卷六云：

> 昔有官人作《无鬼论》,中夜挥毫次,忽见一鬼出云："汝道无我,聻!"五祖演云："老僧当时若见,但以手作鹁鸠觜,向伊道:'谷呱呱。'"

转念一想,这类事也可能是真的,但所遇之"鬼"为假,好事者装鬼弄人而已。须知抹脸变容原非难事,今日川剧的"变脸",十几张脸谱,转瞬即换,即可取为佳证。人扮鬼吓人之事,历代记载甚多,这里聊举中外二例吧。

纪昀《阅微草堂笔记》卷一云：

> 河间唐生,好戏侮,土人至今能道之,所谓"唐啸子"者是也。有塾师好讲无鬼,尝曰："阮瞻遇鬼,安有是事,僧徒妄造蜚语耳。"唐夜洒土其窗,而呜呜击其户。塾师骇问为谁。则曰："我二气之良能也。"塾师大怖,蒙首股栗,使二弟子守达旦。次日委顿不起。朋友来问,但呻吟曰："有鬼!"既而知唐所为,莫不抚掌。

可见在"有鬼论"的重重包围下,"无鬼论"者很难坚持自己的立场,一个假鬼就足以能摧毁他的理论自信。

近人汪康年《琴瑟寄庐类稿》中《凶宅》一则云：

> 西国不讲风水之道,往往亦有凶宅,雕梁画柱,废而不居,以其不利于人故也。俄国比得堡都城外二十迷当,旷野之间有厦屋甚广,建造尤其精雅,相传乃俄之世爵某旧第。落成后,居人于夜深恒见有白衣二童侍与教士数人歌唱而行,以故居者恒不安,徙避之。一千八百八十四年,俄王阅兵至是处,随行将士甚众,逆旅难觅,有奥国总兵爱

是屋清幽,借居之。人告以故,弗听。粪除入,择楼上一房支床设几,栖止焉。日将夕,有同伴之官兵数人来谒,谈笑甚欢。既而言及此屋有鬼,总兵曰:"我有手枪置床头,鬼子哪敢尔?"众于床头取手枪视之,乃六门子已配在膛中,辗转递玩,后仍置床头,众遂去。入夜寂无他异。十一点钟,总兵已睡,留灯在几上,睡中闻楼下歌吹声甚亮,惊醒起坐,闻有数人踏梯而上。总兵即取手枪在手以待之。既而房门自开,数童子执巨烛入,后有教士数人执铃铎高唱,面色粉白,形容怪异,向总兵喃喃然如咒诵祷祝。总兵见其行近,急开手枪,訇然作响,一教士伸手接其弹子掷地上,而念诵如故,总兵又弹之,又为接掷,六子开尽,教士等无所损伤。总兵骇极而倒,众趋视之,已毙矣。众教士即日夕来谒之兵官所装扮也,当把玩手枪时,枪弹上之子已为所窃,仅馀炮帽贮火药,仍安膛中,总兵不之知,故发枪能响不能伤人。本意与之相戏,讵知总兵即惊悸而卒乎?谚云:"人吓人,吓死人。"信然。

不过只要世上有宗教和民间信仰存在,不管科学多么发达,"无鬼论"多么雄辩,"无鬼"和"有鬼"之争就如郑人争年那样,永远不会停息的。试看自王充作《论死》、《死伪》和《订鬼》诸篇反对"有鬼论"以后,一千八百馀年以来,"无鬼论"依然信者无多,气得提倡德先生和赛先生的陈独秀按捺不住,还写出一篇《有鬼论质疑》来,文章登出后竟还被人一条条予以驳斥呢(均见《独秀文存》)。直到唯物论者掌握了政权,施以武器的批判,"有鬼论"在神州大地才退出了统治地位。

但古代"有鬼论"虽属于占统治地位的思想,却并不用来指导一切,此与儒家"敬鬼神而远之"的主张有关。

《搜神记》卷十六有这样一则故事(《太平御览》卷三九六、八八四云出《续搜神记》):吴兴施续为寻阳督,能言论,有门生亦有理意,常秉"无鬼论"。忽有一黑衣白袷客来,与共语,遂及鬼神。移日,客辞屈,乃曰:"君辞巧,理不足,仆即是鬼,何以云无?"问鬼何以来,答曰:"受使来取君,期尽明日食时。"门生请乞酸苦,鬼问:"有人似君者否?"门生云:"施续,帐下都督,与仆相似。"便与俱往,与都督对坐。鬼手中出一铁凿,可尺馀,安着都督头,便举椎打之。都督云:"头觉微痛。"向来转剧,食顷便亡。

《文苑英华》卷五一一《无鬼论判》,其案由似即根据施续之事加工而成,用作试判的题目:甲执"无鬼论",俄而鬼忽来取,求乞免,鬼云:"谁似汝者?"甲云乙似,而便死。后乙弟知,告甲谋死兄,不伏。案子里多了一个死者某乙的弟弟,出来告嫁祸于人的某甲犯了谋杀罪。

为什么偏偏说某甲是执"无鬼论"者呢?"有鬼论"者不也可能这样做吗?看来不是沿用了施续的故事,就是反映了世俗对"无鬼论"者的反感。书中载有郑绩、张景明、赵不疑三道判词,文字不同,结论却都是一样的。

郑绩判云:"泛详昭典,靡及幽途。让以偷生,方期耻格。抑之谋杀,稍涉淫刑。"意谓法律从来没有涉及阴间的,说某甲贪生怕死可以,那只要加以谴责,使其知耻改过即可。判他谋杀,未免滥刑了。张景明判云:"死同无地,情切于怀;而生乃有涯,欲将谁咎?薄言谋杀,理谓无凭。"意谓人死固然伤心,但生命终有尽期,这能怪谁呢?判其谋杀,于理无凭。赵不疑判云:"告称谋杀,未达幽明。语事虽云代命,至理终当溘尽。舍而不鞫,实谓为宜。"意谓控以谋杀罪,未免昧于阴阳有别之义。虽有替死之说,但依理人固有一死。此案以不受理为宜。

对这个案子的处理,移至当代来看也是正确的,不过某乙之弟如今大概还要受到宣扬迷信的训斥吧?

不过,许多人从心理上还是希望有鬼的,他们不肯相信一个活生生的人,一死居然就灰飞烟灭。再则如果有鬼,那么死去的亲人精爽不昧,有朝一日尚可相见于地下。杨绛先生《走到人生边上》一书中颇多谈鬼之篇,足见其对"无鬼论"的怀疑,想来钱锺书先生所见略同。但真要见鬼,却也大是难事。袁子才写《子不语》,谈狐说鬼,津津有味的,却从未说自己见到过鬼。尝有诗云:"常疑天上仙何在,最恨人间鬼不灵。"(《独坐》)据《批本随园诗话》说,袁母和袁妾曾抱怨随园闹鬼,想来只不过是"疑心生暗鬼"罢了。鬼之难见如此,以致有人戏言若想见鬼,不妨写一篇《无鬼论》来引鬼上钩。不过玩笑终究是玩笑,前乎宗、阮,王充不必说了;后乎宗、阮,刘宋范晔想作《无鬼论》,齐梁间范缜撰《神灭论》,唐代林披、明代包瑜俱有《无鬼论》。从没听说有鬼到他们跟前现身说法,以事实来战胜雄辩的。

"无鬼论"如今虽成为主流思想,但由于宗教的影响,"有鬼论"的痕迹依然处处存在。如今人死了,亲属在佛寺为其超度做道场的风俗还很盛行。即使是"无鬼论"者,在参加一些祭奠仪式时,也"祭如在,祭神如神在",从俗行礼如仪,以告慰某某的"在天之灵"。官员们"去见马克思"的谑语,群众"一路走好"的唁词,这些话还分明带着"有鬼论"留下的烙印。

记得1961年廖沫沙为孟超的新编昆剧《李慧娘》辩护,写了一篇《有鬼无害论》,文中说:"如果是个好鬼,能鼓舞人的斗志,在戏台上多出现几次,又有什么妨害呢?"不意却遭到猛烈的批判。其实,《李慧娘》何害?廖文何害?所加罪名皆无中生有,罗织而成,到头来作者皆获平反,剧与文都重新得到肯定。既然"有鬼论"在戏台上的出现无害于人,那么,它在人脑中的存在是否也无大碍呢?李义山诗云:"莫凭《无鬼论》,终负托孤心。"(《过故崔兖海宅与崔明秀才话旧因寄旧僚杜赵李三掾》)"有鬼论"者凭着对亲友灵魂的敬畏,不致违背自己在死者生前对他的承诺。《红楼梦》十五回写凤姐想接受贿赂,拆散他人婚姻时,对馒头庵老尼说:"你是素日知道我的,从来不信什么是阴司地狱报应的,凭是什么事,我说要行就行。你叫他拿三千银子来,我就替他出这口气。"如果凤姐信鬼,想必不会如此肆无忌惮。

《墨子·明鬼》云:

> 尝若鬼神之能赏贤如罚暴也,盖本施之国家,施之万民,实所以治国家、利万民之道也。是以吏治官府之不洁廉,男女之为无别者,鬼神见之。民之为淫暴寇乱盗贼,以兵刃、毒药、水火退无罪人乎道路,夺人车马、衣裘以自利者,有鬼神见之。是以吏治官府不敢不洁廉,见善不敢不赏,见暴不敢不罪。民之为淫暴寇乱盗贼,以兵刃、毒

药、水火,退无罪人乎道路,夺人车马、衣裘以自利者,由此止,是以莫放。

墨子"明鬼"的目的在于"神道设教",希望官吏、民众因惧怕鬼神的惩罚而不敢贪赃枉法、作奸犯科。不过他想得过于简单了些。"有鬼论"也尽可被人利用来作恶害人,例子举不胜举。装神弄鬼骗财骗色不必说了(这其实是"无鬼论"者所为),竟还有贪腐官员焚香许愿,拜佛、拜祖宗以求不被发觉,好让他享尽"贪运长久"之福。近年更发生邪教认不从者为"邪灵",毫无顾忌地在光天化日下将其杀害之事(从凶手的执迷不悟看来,此案的确是"有鬼论"者所犯)。只要把自己的仇恨对象看成"鬼",什么残忍的手段使不出来呢?

有人说,随着科学的发展,"有鬼论"会不攻自破。此说我大不以为然。"科学"二字如今已经被神圣化,成为"正确"的代名词了,社会各界,人人爱用来自我标榜。正因为如此,世上每有陈腐之物搭"科学"便车的现象。如"科学易"依附高等数学而风靡一时,"六通"伴随生命科学而死灰复燃。最近,还有人兴奋地对我说,科学上发现了暗物质的存在,证明看不到的未必就是不存在的,他认为鬼就由暗物质构成,冥界就在暗物质里。这样看来,"郑人争年"式的辩论真要无休无止了。王充们的"无鬼论",批驳的是有形之鬼之说,尽管显得辩才无碍,但在整个社会的"有鬼论"信仰面前却涟漪不起。那么,对于《中庸》所说的"视之而弗见、听之而弗闻"之鬼,又如何予以彻底否定而使人心服口服呢?即使科学发展不断开疆辟土,日新月异,又如何阻止得了那些纷纷来搭便车之人呢?

(原载《东方早报·上海书评》2015 年 2 月 15 日)

终古佳人去不还
——梁鼎芬与龚夫人

梁鼎芬（1859—1920），字星海，号节庵，广东番禺人。张之洞最得力的幕僚，也是同光间极负盛名的诗人。在近代中国政治史、教育史和文学史上，他都是一位不可忽略的人物。

梁氏的事迹，街谈巷议最津津乐道的，除了弹劾李鸿章、义释黄兴、崇陵种树外，就是不修帷薄了（家门有男女暧昧事）。此事且为小说家言所采。徐凌霄、徐一士《凌霄一士随笔》卷一《吴趼人笔下之文廷式》云：

> 梁鼎芬之妻龚，舍梁从文（廷式），其事世竟传之。吴趼人小说《二十年目睹之怪现状》第一百二回"温月江义让夫人"即演此，谓温月江（梁星海）挈眷赴京会试，寓友人家，"可巧那朋友家里已经先住了一个人，姓武，号叫香楼（文芸阁），却是一位太史公。出场归寓，见拒于妻子，忽然看见武香楼从自己夫人卧室里出来，向外便走。温月江直跳起来，跑到院子外面，把武香楼一把捉住，在护书里取出一迭场稿来道：'请教请教，看还可以有望么？'及至三场的稿都看完了。月江呵呵大笑道：'兄弟此时也没有什么望头，只望在阁下跟前称得一声老前辈就够了。'"可谓形容尽致，然与事实则相违太甚。梁为庚辰翰林……亦即早于文氏十年，实其翰林前辈，何能写作武香楼已为太史公，而温月江犹会试，反希望以前辈称武乎？小说家言不必过于认真，然既显有所指，宜大略有所考信，未可若是之以意为之耳。……吴氏为清末名小说家，笔致谐畅，善状物情，然于京朝故事，

未遑留意,故有此失。

二徐对吴氏所叙不符事实处作了批驳,但对梁、文、龚间三角关系的存在并未持异议。我耳闻其事已久,近来心血来潮,想于此一探究竟,便胡乱翻了一些书,没想到竟有了不小的收获,在此欲与世之同好异闻者分甘。

这件事的另一男主人公文廷式(1856—1904),也是一位赫赫有名的人物。他字道希、号芸阁,江西萍乡人。光绪十六年(1890)进士,殿试一甲第二名及第,授编修,擢侍读学士。甲午战争时主战,参加维新变法,并因此而一度流亡日本。他既是晚清政治斗争中的重要人物,又是近代著名的诗人、词家和学者。当时名流与梁、文有诗酒往还的,皆绝口不提此事,但此事竟纷纷扬扬,"世竞传之",然而却传闻异词,莫衷一是。

梁鼎芬燕尔新婚,在光绪六年(1880)庚辰八月二十一日。李慈铭《越缦堂日记》于该日下记云:

> 同年广东梁庶常鼎芬娶妇,送贺分四千。庶常年少有文而少孤。丙子举顺天乡试,出湖南龚中书镇湘之房。龚有兄女,亦少孤,育于其舅王益吾祭酒,遂以字梁。今年会试,梁出祭酒房,而龚升宗人府主事,亦与分校,复以梁拨入龚房。今日成佳礼,闻新人美而能诗,亦一时佳话也。

又二十五日云:

> 诣梁星海、于晦若(式枚)两庶常,看星海新夫人。

又九月三十日云:

> 为梁星海书楹联,赠之句云:"珠襦甲帐《妆楼记》,钿轴牙签翰苑书。"以星海濒行,索之甚力,故书此为赠,且举其新婚、馆选二事,以助伸眉。

这真可谓是"洞房花烛夜,金榜挂名时",双喜临门了,更何况"才子佳人信有之",令人艳羡。然而好景不长。李肖聃《星庐笔记》云:

> 梁善为诗,王闿运常录其佳作。馀事为联,江湖传诵。故妻龚氏,为萍乡文廷式表妹,龚后通文弃梁,而时来梁所索金养文。梁撰联寄慨,张之郡斋云:"零落雨中花,旧梦难忘栖凤宅;绸缪天下事,壮怀消尽食鱼斋。"龚见而大诟以去。

郭则沄《清词玉屑》卷六云:

> 相传梁节庵与道希凤善,其罢官归,以眷属托之,后遂有仳离之恨。栖凤宅改,迸感飞花,食鱼斋寒,惊心覆水,亦可慨矣。节庵室为长沙龚氏,亦能词。

罢官归,指的是梁鼎芬于光绪十一年(1885)被追论诬谤大臣,降五级调用,遂乞假归里之事。他在前一年上疏弹劾北洋大臣、直隶总督李鸿章骄横奸恣、罪恶昭彰,言其有六可杀,遂遭此严谴。

李肖聃言龚夫人"时来梁所索金养文",而黄濬《花随人圣庵摭忆》则仅提了武昌之会那一次:

> 节庵知武昌府时,其夫人曾来视之,节庵衣冠迎于舟次,住署中三日而去,世所传"零落雨中花,旧梦难寻栖凤宅;绸缪天下事,壮心销尽食鱼斋"一联,即是时所作也。

"栖凤宅"指梁氏在京师的住宅栖凤楼,夫妻俩曾在那里住过三年。王逸塘《今传是楼诗话》说栖凤楼是"节庵当日青庐(结婚的场所),'零落'句有感而发,盖节庵伤心之事","'食鱼斋',则用武昌鱼故事也"。古谣谚有"宁饮建业水,不食武昌鱼"(《三国志·吴志·陆凯传》),斋名典出于此。其实,栖凤楼并不是梁、龚的"青庐",因为他们是结婚后二年才搬进去的,而且在梁辞职回乡后,龚夫人就移居南城米市胡同了(见梁鼎芬弟子一发所撰《梁文忠公年谱》,以下简称"发《谱》")。又据吴天任所撰《梁节庵先生年谱》(以下简称"吴《谱》"),梁氏始任汉阳府知府、署理武昌府知府在光绪二十八年(1902),其时文氏正在南昌,居其二姊家,不知龚氏是否随往。黄濬据陈衍所言说"节庵夫人龚氏,来视节庵,是其署按察使时事",查梁鼎芬署湖北按察使在光绪三十一年(1905)九月(吴《谱》),文廷式已在前一年八月二十四日逝世(《文谱》),龚夫人断了经济来源,想来更需接济,陈说似更为可信。

李慈铭说龚氏"美而能诗",马叙伦先生《石屋续渖》则云:

> 世传芸阁既以一甲第三名及第,即所谓探花也。梁节庵之妻意探花郎必美男子,慕之投诗焉,芸阁遂与之私通,其实芸阁正是"不是君容生得好,老天何故乱加圈"之流也。

马先生说文廷式中的是探花,错了,其实名次还要高,前面已经提过,乃是第二名榜眼。又说龚氏是投诗与文廷式相识的,而不是俗传的与文有表亲关系。两人不是表兄妹当符其实,投诗云云则恐怕是臆想之辞。梁与文交好,其妻岂有不出见文之理?连李慈铭都见过龚氏,更何况文廷式。至于龚氏之诗,我无缘得见,却曾读过一阕据说是她填的词。《清词玉屑》卷六云:

> 梁节庵守武昌日,署楹联云:"零落雨中花,春梦难忘栖凤宅;绸缪天下事,壮心消尽武昌鱼。"盖指龚夫人事也。闻龚夫人非但工诗,词亦甚佳。或诵其《长亭怨慢》一阕云:"甚一片、愁烟梦雨。刚送春归,又催人去。鸥外孤帆,东风吹〔泪〕堕南浦。画廊携手,是那日、销魂处。茜雪尚吹香,怎负了、娇红庭宇。　延伫。〔怅〕柳边初月,又上一痕眉妩。当初已错,忍道是、寻常离绪。念别来、叶叶罗衣,顿减了、香尘非故。恁短烛低篝,独自拥衾愁语。"

郭则沄评云:"缠绵往复,馀情凄黯,词意幽怨,清才漂泊,读者怜之。"宁调元《太一丛话》卷四亦引其词,谓"其蕴藉处颇近周清真"。查文廷式《云起轩词钞》,这首词是素君所作,附在文的和作后面。文词云:

长亭怨慢 和素君韵寄远

听黯黯长安夜雨,那是侬家,放教归去。檠短窗虚,梦魂仿佛到江浦。愁生无定,应是有生愁处。寄远织琼花,浑不省凉蟾天宇。凝伫。只兰红波碧,依约谢娘眉妩。文园病也,更堪触伤春情绪。便月痕不上菱花,尽难忘衣新人故。但乞取天怜,他日剪灯深语。

若《长亭怨慢》原倡确系龚夫人所作,则龚氏的芳名或小字就是素君了。但此词的作者却另有一说。文氏弟子叶恭绰加按语云:"此二首乃误录他人作。"意思是原倡既非素君所为,和词亦非文氏所作。陈友琴师则说:"如《长亭怨慢·和素君韵寄远》,有人说素君就是他(按指文廷式)爱人的小名,这样看来,他的爱人也是能诗文词的了。但我曾听见积馀(按即徐乃昌)前辈先生说,'素君原作实在是程颂万(子大)的手笔',足见这件事,芸阁在好友的面前,竟也不讳言之了。"(《文芸阁〈云起轩词〉与吴趼人小说》,《文章》1935年4期)徐乃昌也是文氏弟子,且是《云起轩词钞》的刊印者。他仅说原倡是程颂万的作品,而未否定和词为乃师所作。叶氏所说有为尊者讳的味道,而徐乃昌则不然。考冒广生《小三吾亭词话》卷三录有程颂万《美人长寿庵词》多首,其中即有这首《长亭怨慢》在,可见其言属实。考程颂万(1865—1932),字子大,一字鹿川,号十发居士,湖南宁乡人,并无素君之号。友琴师言文氏在好友前不讳言此事,故原倡当是程颂万为龚夫人代拟之作。古人如陆机、陆云集中皆有代友人妇赠夫之诗,程颂万当用此故事。故素君为龚夫人当无疑问。

龚夫人奔文似有不顾一切的味道。当时龚夫人则罗敷有夫,文廷式则使君有妇(家有夫人陈氏),龚氏既不能取而代之而为夫人,又不能有辱身份而为侍妾,只能终身做个外室,真是韦端己词所谓"妾拟将身嫁与,一生休"了。钱仲联《文廷式年谱》(《中华文史论丛》第24辑,以下简称

"《文谱》")谓文还有侧室罗氏,可见也不是一个爱情专一之人。《文谱》于妻妾后附上一笔云:"外室龚氏,生子三人:长二佚其名,三克俭,字公直,官陆军少将、立法院秘书。"可见龚夫人还为文廷式留下了骨血。

龚氏为何弃梁奔文呢?若论才,两人都是大才子。若说相貌吧,梁虽然是个矮胖子,但文也是个大麻子(据马先生引谑诗"不是君容生得好,老天何故乱加圈"可知)。除了麻脸外,陈锐《裛碧斋杂记》谈及当时几个名人的相貌时竟还说"文芸阁似屠户"呢(《青鹤》第一卷第七期)。梁后来虽"留须表丈夫",成了美髯公,但仍然不招美人之爱。莫非对男子来说,"情人眼里出西施";对女子来说,就是"情人眼里出子都"了?若说是因为梁热中政治而不顾家庭之故,那么文在这方面也是有过之而无不及。其实,男女相悦相憎的原因,只是一种感觉而已,"外人那得知"?沃丘仲子《现代名人小传·梁鼎芬》说龚是慕文"英妙"之故,"英妙"一词既主观又抽象,说了等于不说,但却不会说错。

还有一个形而下的解释是说梁患有暗疾。刘体智《异辞录》卷二云:

> 于晦若(式枚)侍郎、文芸阁(廷式)学士、梁星海(鼎芬)京卿,少时至京,居同寓,卧同一土炕。人心与其面皆不相同,虽圆颅方趾,而大小各别;三人冠履,可以互易而无不合。人情无不妒;三人中,惟学士如常,侍郎、京卿皆有暗疾,俗称天阉,不能御女。然三人狎游,尽以恣学士一人之淫乐而无悔。……侍郎夫人早死,京卿夫人终身居学士家。盖三人者,皆文学侍从之臣,"礼教非为吾辈设"也。

"天阉"之说,纯属由果推因,捕风捉影。难道须髯如戟,副性征如此发达的梁胡子居然会"不能人道"?民间有"十胡九骚"之谚,难道梁公偏偏在九之外?性生活不和谐,常常是现代女性提出离婚的理由,刘体智的这一"异辞",作为现代作家的高阳当然不肯轻易放过,如获至宝地采入他的小说《慈禧全传》,有一本《晚清悲风——文廷式传》的作者亦然。实际上这全是无稽之谈。

据《梁节庵先生遗诗》所叙,梁氏至少生有两儿一女,天阉之说不攻自破。也许天资刻薄之人会说,安知其子女不出于他人?如果要这样说,那么,近年先师余绍宋先生的日记问世,足为梁氏彻底洗冤辩诬。梁鼎芬的叔母是先师的祖姑母,即祖父的姊妹,据发《谱》,"自太夫人卒后,叔母余太夫人抚先生如己出",晚年即由梁鼎芬赡养。故先师与其家往来甚密,每逢节日及诸人寿诞,均相互拜会致贺,梁氏之死,还是先师送终的,其遗诗也由先师编定。先师《日记》提到梁鼎芬家属处甚多,如:

> 民国十二年(1823)七月廿日:梁三太、四太来,留晚饭。四太忽患头眩。
> 民国十五年(1926)一月六日:梁三太、四太来,留夜饭。

吴《谱》谓梁鼎芬"先后纳妾区氏、王氏",而先师所记的梁氏家庭成员竟有三太和四太,可见吴氏材料搜集尚多遗阙。试想一个连娶了几房姨太太的人,怎么可能是个性无能者呢!

那么,文廷式死后,龚夫人情况如何呢?《晚清悲风》写龚氏不久便在孤寂中忧郁而死,甚至还凭空添上梁鼎芬到其坟前低徊凭吊的情节。如此作文,感则感人矣,奈非事实何!台湾高拜石《新编古春风楼琐记》好谈掌故,其书《三人枕头——梁节庵其人》条云:

> 后来文胖子死了,龚仍住江西,不免拮据,逢年过节,便乘轮溯江武昌找梁要钱;梁也很知趣,便预备好一张银票三千两,放在怀里,等到太太轿到,他公服出迎,彼此行礼。花厅坐定,太太问:"老爷好。"老爷也回问:"太太好。"随把银票压在茶碗下,端茶送客,太太便把银票会心地收下,老爷便也恭送如仪,这种气度,真有他的!

绘声绘影,如见如闻,不知何所据而云然?把李肖聃所说的龚夫人在文生前时来梁所索金养文,说成文死后逢年过节必来作丁娘之索。揆之情理似合逻辑,勘其细节却启人疑窦:难道暗递银票之事是这对前任夫妻自己泄露给别人的吗?齐东野人之语经不起推敲如此。

《钱仲联讲论清诗》则云：

> 梁鼎芬妻子长得很漂亮，被文廷式夺去，梁竟允许。文廷式死后，其妻要归梁，梁竟又复接纳，此人无志节。

钱先生不知何据而云然？先师《日记》提及梁家，最早在民国八年(1919)，距文氏辞世已十有五年。其中未见有叙及龚夫人者。若钱说属实，莫非龚氏当时已经辞世？考《遗诗》卷六有《哭妇一首用唇字韵》诗，系次《壬子春怨五首》之韵而作，其后则列有壬子、癸丑年诗，故其妇当卒于民国元年壬子(1912)。考"妇"之一词，前人皆用以称正妻，而不以称妾。莫非此妇即是龚夫人不成？

否。其实，龚夫人当时尚无恙于人间，此妇另是一人，吴《谱》说梁"终未续娶"似乎不确。那么，龚氏芳踪何在呢？她不在梁宅、不在萍乡，而在故乡长沙，还在著书立说呢！根据为何？我无诗为证，却有书为凭：《文谱》说文廷式与龚夫人所生三子中有名克俭、字公直的一位。考其人颇有文名，写过、编过不少书籍，还是一位小有名气的武侠小说家，1934年，曾与鲁迅为是否采用欧化语法笔战过（见《鲁迅全集》第五卷《花边文学·玩笑只当他玩笑（上）》），持保守立场，大骂鲁迅是"汉奸"，措辞俨与当今的"愤青"一般无二。结果被鲁迅抓住其文中的欧化成分，以子之矛攻子之盾，着实奚落了一番。据《鲁迅全集》之注，文公直其时任国民党政府立法院编译处股长。他文字啰嗦枝蔓，但好也就好在这里，给我们透露出他的不少家庭信息。

文氏所编《曼殊大师全集》序云：

> 编者幼而从军，壮而卸甲；偃蹇蹉跎，退荒遁迹；朔漠归来后，曾一度从胡展堂先生作记室。此外，则惟笔耕砚田，聊全微命。年来读曼殊作品甚夥，感于其凄凉之身世，暨其家世难言之恫；与余实有同然。因而有热烈之同感！余之先人，系反抗时代、弁髦虚荣之斗士。余生乃为家族所歧视。在宗法社会之高压下，历尽难言之惨苦。则

对此因身世痛苦而为万恶污浊社会、穷凶封建族制所高度折磨之阎黎，欲不洒其极痛切之同情血泪，而不可得。此余所以决然广搜曼殊遗著而着手编校之原由也。

这里已隐约吐露出自己的家世之痛了，从中可知他自幼参军，后又解甲从文，并担任过国民党大老胡汉民的秘书。他在所撰《碧血丹心大侠传》自序中又说：

直五岁受经，髫龄读史，每觉吾国之所以为世界文明古国，必有其特异之点。及舞勺之年，北走燕冀，以身长体壮，得增年而入军校，习戎事，得纵览东西诸名著，而独留心世界史事。卒业后，虽置身军伍，日以训练健儿为事，而性之所近，有暇辄取史籍读之，闲则旁及稗官野史，凡力足致者几无不读。厥后，讨袁、护法诸役，身在沙场，领军杀贼。从兹投身革命，南北奔驰，足无停趾，席不暇暖。斯时虽无暇读书，而轮轨承身之际，每以一卷消时日。

从这些自述里可以了解文公直从军校生一直到军官、参加历次著名战役的军旅生涯。在所撰《最近三十年中国军事史》自序中，他又说：

我今年才三十一岁（中华民国十八年）零一个月，却拿起笔来编《最近三十年中国军事史》，这不是太不自量吗？但是我幸喜得是个军人，十五岁就"立正"、"托枪"；到十七岁就"前进"、"杀"。……自从民国十三年，我跳出监狱门，一直在上海过着"书佣"的生活；同时还是看不过那时候的所谓政府，还要和几个同志闹闹革命的把戏。

可知文公直生于光绪二十四年（1898），正是戊戌政变那年，其年文廷式在上海。而前两年则文氏革职，游历上海、金陵、汉口、长沙各地，前一年则在萍乡、上海两地间奔波（《文谱》）。该自序又提到自己"小时干的营生"，他四岁发蒙，上课时偷看《红楼梦》被塾师发觉，拉至桌前欲罚，他恐

被打,遂大声哭喊:

> 这一来,惊动了后堂老太君,马上差人查问根由,调查回报,连我押解到后堂,我母亲问明情由,就说:"这孩子可以教他读史。"好得我母亲原来是研究史学的。从此,我这死了老子的孤儿,就跟着唯一爱我的慈母读史。这才知道"史"也有许多缺点,并不是完全无缺的东西;不能死读,而必须加以研究。

这里透露出,文公直幼时家庭经济情况应该不错,从其所读是家塾可知。使我们感兴趣的是笔底竟带出他的母亲来了,而且提到她还研究史学!这样,龚夫人不但是一位女才子,而且还俨然是一位女学人了。

文氏于所著小说《碧血丹心大侠传》的自序里说得更为详细:

> 湘鄂之役,至长沙省亲,且奉令兴师,乃以历年自习之结果,请训于母。时母方注《道德经》毕,从事于《明史正误》,乃以案头参考之籍授直,且诏之曰:"儿习史,当于廿四史以外求之。"直闻斯语,乃如闻暮鼓晨钟,憬然知前此之但知读而不知考核参之为大误也。

这段记载表明:龚夫人这段时间生活颇为安定,能够从容著述,注过《道德经》,在写《明史正误》,于哲学、史学都有心得,涉猎之广可知,惜其书无缘得见,不知尚在天壤间否,真欲取以一读也。若其著述已经湮没,则文公直之罪也,自己出了那么多书,干嘛不设法给母亲出一本呢?

序文又说:

> 越明年,遭家难,为小人所媒孽,系军狱。铁窗风味,固革命军人所宜尝试。因借此狴犴生活为劳生之休息,且畅读我书。花照眼时,枯寂之狱中,沉闷欲死。母慈兄友,为之向戚旧假得敝书一箧,以金饴狱吏,乃得入。直深感母兄之挚爱。一一检而读之,夜无灯火,则就如萤之看守灯光下,扪撰而翻页。

湘鄂之役在民国十年（1921），第二年是民国十一年（1922）家难云何，语焉不详，但"母慈兄友"数句，至少使我们知道，梁鼎芬死后二载，龚氏尚存。此序作于民国十八年（1929），称"母"而不称"先母"、"先妣"，龚氏当犹"天增岁月人增寿"也。序文又云"家兄公毅更于军书旁午、戎事鞅掌之馀，抽暇为之标点，则手足之爱，更见真挚。心感之馀，并志于此。"文中又称公毅为"三兄"。文廷式正妻陈氏仅有一子公达，而龚氏则有三子，则公毅当是龚氏第二个儿子，"军书旁午、戎事鞅掌"云云，显然也是一个军官。此可为《文谱》中龚氏三子，"长二佚其名"稍补其阙。2012年5月16日，中华文氏宗亲网曾发出一则寻亲启事，寻找萍乡文廷式后裔，谓文氏逝后，其子曾为立一花岗石墓碑，刻"永誉、永谐、永诚、永谛率孙彧徨、彰循、德徽、徕徽等谨立"。所书当是谱名，永誉当是公达，陈氏所生；其余三位当是龚夫人所出，公直既称公毅为三兄，当是幼子永谛。

前引《越缦堂日记》说龚夫人是龚镇湘之兄女、王先谦的外甥女。这两条记载也想考实一下，读者毋以考据癖见讥也。

王先谦编过一部《葵园自定年谱》（以下简称《葵谱》），虽隐匿其事，却仍保留着不少材料，可供我们抽丝剥茧之用。他自记生于道光二十二年壬寅（1842），二姊长其九岁，生于道光十三年癸巳（1833）。"咸丰三年癸丑（1853），十二岁，是岁二月，二女兄适善化候选知县龚运昉"，出嫁时的年龄是二十一岁。如此则王先谦姊夫姓龚毫无疑义。王氏与这位姊夫关系很好，《虚受堂诗存》不止一次提到他，如卷一《姊婿龚运昉绥庵来营共话》诗（1861）卷六《阻风同龚绥庵作》、《赠绥庵》、《新野寄绥庵》、《汴城客舍晓起有怀绥庵》（1869）诸诗皆是。

那么，这位龚姊夫是不是龚镇湘之兄呢？幸好龚镇湘同治七年戊辰（1868）的会试硃卷尚在，可取以一核。龚氏自填："派名运震，字子修，号省吾，一号筱梧。行一。道光辛丑年（1841）九月二十一日吉时生。湖南长沙府善化县增生，民籍。"（《清代硃卷集成》第31册）籍贯、派名的"运"字都若合符节。不过且慢，表格中却有弟无兄，一共四个胞弟，一个注明早逝。龚镇湘排行第一，自不可能有兄。王先谦《虚受堂文集》卷十一为龚镇湘母亲所作的《龚母沈太恭人墓志铭》所记全同。那么，会不会李慈铭误弟为兄了呢？不可能。一是胞弟中无名运昉者，二是龚镇湘小王先谦二姊八岁，其胞弟哪有可能娶这么一个大娘子呢！如此看来，龚运昉只有可能是龚镇湘的堂兄。但砅卷里一气开了九个堂兄弟和六十一个从堂兄弟，竟无龚运昉其人！也许运昉实在其中，而另有他名吧？疑莫能定。不过龚运昉非龚镇湘亲兄这一点是可以肯定的。

龚镇湘后来官至安庆知府，徐锡麟刺安徽巡抚恩铭时，背部挨了一枪，幸未致命（《辛亥革命资料》第3册《徐锡麟安庆起义清方档案》）。此虽匪我思存，却与国家大事有关，聊且赘上一笔。

王先谦的这位姊夫命运坎坷，王《赠绥庵》诗云："龚君龚君世莫奇，抱璞至今犹饮泣。"他到死都是一个候选知县，李慈铭为王先谦的母亲所作《王母鲍太夫人墓志铭》提到他，就系以这个头衔（《虚受堂文集》卷十六附）。

龚运昉身后，其妻带着儿女依娘家为生。《慈禧全传》和《古春风楼琐记》都说龚夫人父母双亡，全是想当然。上引李作《墓志铭》云："祭酒迎太夫人及孀姊寡嫂俱至京师。凡十年，色养甚备。"王先谦为其母编的《先太夫人年谱》说得更为详细：

> 同治十年辛未（1871）：姊丈家贫，姊生一子二女，依倚母家。其幼女甫八月，大嫂抚为己女。不孝请太夫人偕舅母、二姊及子女俱入都，太夫人曰："吾虽怜汝姊甚，然儿家累太重，宜三思。"不孝启曰："儿兄弟姊妹八人，今仅存儿及姊。如不同行，他日数千里外吾母念姊困苦，欲一见不得，儿何以自安？儿惟循理而行，必获天佑。"太夫人曰："若是，听汝为之。"（《虚受堂文集》卷十六）

奇怪的是，王先谦的集子和《葵谱》于姊夫之死却均无一字提及，不免令人不解，其非善终，故略而不记欤？不过，对姊姊的一子二女，王氏文字中倒具体地提到了两个，却偏偏不是我们关心的龚夫人，个中缘由，可想而知。

对于外甥，《虚受堂诗存》卷八有一首《示龚甥》诗（1871）云：

女母依余母,余行女亦行。团栾万里路,骨肉两家情。不独工文事,还期神世程。嶷然头角在,宅相几时成?

读者诸君不要看到诗中有两个"女"字便以为是写给外甥女的了,"头角"历来用于形容青少年男性的气概或才华、"宅相"则是外甥的代称,典出《晋书·魏舒传》:"(舒)少孤,为外家宁氏所养。宁氏起宅,相宅者云:'当出贵甥。'外祖母以魏氏小而慧,意谓应之。舒曰:'当为外氏成此宅相。'"王诗之"女",非女也,乃"汝"耳。

可惜的是,王先谦对外甥的期许并没有实现,《先夫人年谱》同治十二年癸酉(1873)云:"姊子已十八岁,至京后忽病狂,数年死。"此数句前记云:"大嫂所抚侄女兰仪殇,年十三岁。"王先谦另有《侄女兰仪圹铭》(《虚受堂文集》卷十一)云:

兰仪,余姊女也。姊既前有子男女二,家贫又多疾,不自育,而以女于丘嫂。嫂亦乐得为之娱。甫八月以来,食必哺,寝必偕,顾复恩勤,以抵于兹。女娟好闲静,不苟言笑如成人,举家爱怜,嫂重之甚,将为择婿。盖自余兄之没,嫂寡居逾二十年,待余兄弟为立后,久未得,与女共晨夕十二年矣。而卒病以死,悲夫!

同卷《嫂吴宜人墓志铭》说:"兄卒,嫂无出,女吾姊女兰仪,年十五暴病死,嫂悲痛成疾。""十五"当是"十三"之误。据年十三夭亡计算,当生于咸丰十一年(1861),其父之卒,早则咸丰十年(1860),迟则同治元年(1862)。兰仪过继给王先谦之嫂后,谱名佩祖(《虚受堂文集》卷八《先伯兄会廷府君行状》)。其兄长其五岁,则当生于咸丰六年(1856),与文廷式同龄。那么,龚夫人生于何年呢?考虑到女年通常不大于男的婚俗,再据生育规律,龚夫人可能大其妹二岁,而与梁鼎芬同年,也就是生于咸丰九年(1859)。如此推测,想来不中不远。

据记载龚夫人还有一个弟弟。《节庵先生遗诗》卷一有《店中书寄妻弟一首》,诗云:

> 楼居栖凤旧栽花，一箭春韶感鬓华，薄宦无成空说剑，故乡独返尚移家（出郭明日移居米市胡同）。团栾准拟他时乐，笑语惊闻半夜哗。凉露满身知是梦，马棚莝草月光斜。

这个弟弟当是龚夫人之母于儿子死后过继的。王先谦与梁鼎芬之间交谊甚笃，当是政见笙磬同音之故。《虚受堂诗存》卷十一有《送梁鼎芬星海归里》诗（1885），题下自注云："梁，番禺人，官编修，以言事降调。"诗曰：

> 新进敢言吾未见，气排山岳含风霜。老坡文字真为累，小范谪迁殊有光。台阁叹嗟词翰美，江湖沉醉梦魂凉。舌柔鼻塞宁相劝，大厦他年要栋梁。

对梁弹劾李鸿章之举赞不容口，但诗题和小注都没说梁是自己的外甥女婿，当系结集时所改，因与梁已无亲戚关系之故。也有改而未尽的，《虚受堂诗存》卷十二还有《星海欲来相访却寄》（1887）二首，其第一首云：

> 吴越溪山路几千，而今一苇见延缘。莫愁海角风牛马，闻说堂前雨雀鹯。及我息时刚六月，思君见后已三年。更哀老姊头垂白，凝望湘山眼暗穿。

末联把自己的姊姊也写了进去。待到王先谦的儿子编《葵园四种》，就改成"寄园把盏休嫌浅，小语空庭桦烛烟"以灭其迹了。

后来王、梁间戚谊虽断，但交谊始终不变。光绪三十二年丙午（1906），梁鼎芬奏请清廷起用王先谦等人，其中有云："前国子监祭酒王先谦，覃思经术，忠爱敢言。自江苏学政任满后，乞病回湘。表章经术，著书满家，士林奉为模楷。于近日浮薄邪谬之习，最所痛斥，实为一代大师。……以上三员（按指王与陈宝琛、吴兆泰），忠悃未衰，精力皆健，恳请皇太后、皇上特旨敕来京预备召见，听候录用。……及今擢用，尚有图报之时。谠论嘉谋，必不负国。"（《节庵先生遗稿·请追录直臣以维风化折》)对此,王先谦则说:"余读之惭报,自问当今时局,即使圣朝采及菲材,壹志孤行,何能有所补救?且名心素淡,廿载闲居,亦无幡然复出之理。惟良友盛意,致可感耳!"(《葵谱》光绪三十二年)对梁表示感谢,但已无意复出了。王提及梁时,称其为"余门人";梁则称王为师(《遗诗》卷六《寄怀王祭酒师平江经舍》)。可知两人之间断了姻亲关系后,仍以师生关系相处。

但对文廷式其人,王先谦的集子里就绝无一字道及了,于此则深可见王先谦对文、龚结合的反感。我们还在他致缪荃孙的信里读到他怒骂文氏之语:"文廷式狗彘,亦得内阁中书乎!星海比匪,可为切齿。"(《艺风堂友朋书札·王先谦·函四十二》)愤怒之情溢于言表。据《文谱》,文考取内阁中书第一名在光绪十五年(1889)八月,该信写于七月十五日,但这几句话在信末附言里,当是在听到文氏消息后所加。文公直说:"余生乃为家族所歧视。在宗法社会之高压下,历尽难言之惨苦。"其父母的所作所为在当时可谓惊世骇俗,不管是父系家族还是母系家族,对他这个非婚生子女的歧视是可以想见的。

不过,梁鼎芬对文廷式的友谊似乎终身未变,《遗诗》首二卷为其于光绪十九年自定,与文的唱和仍予收入,如卷二《余在家别道希旋遇于海上将归江西赋赠一首》、《戊子重九前一日追忆枣花寺之游书二十字寄文三京师》,即可概见。从往来酬酢看,如光绪十四年(1888)年三月,二人共预长沙曾广钧第宅之宴(《文谱》);光绪十八年(1892),梁有《壬辰二月送文三北上》之诗(《遗诗》卷四);光绪二十一年(1895)五月,二人同入金陵吴船之集(《文谱》)。对龚夫人的思念也是终身未变,从《遗诗》卷二有《谢闺赠剑囊》一首,叙其妻为他的宝剑缝制了一个剑囊,此闺中人当是龚氏无疑。诗中有"三年不见双溪梅,思亲梦绕莲花台"之句。考梁鼎芬光绪七年(1881)回乡葬父于广州白云山双溪寺旁莲花台(发《谱》),则当作于光绪十年。此诗在自定集中留而不削,可见多年后他依然怀念与龚夫人共同生活的日子。这些当代人都做不到的事情,梁鼎芬都能做到。联系到他对清廷超乎寻常的死忠,他无疑是一个爱走极端的人:爱朝廷、爱妻子、爱朋友,已经到了人们难以理解的程度了。

至于梁鼎芬与龚夫人是否生过子女呢？也不妨略考一下：据梁氏门人杨敬安《节庵先生事略》（《节庵先生遗稿》卷首），梁有两个儿子："长卧薪，早殇；次劬，字思孝，今以字行。孙一：崇裕。"《节庵先生遗诗》卷四有《四月朔日哭龙驹四首》，其中有句云："当晓吹阴风，失我两岁儿。"自注云："壬辰十月二十七日生。"龙驹当是卧薪小名，壬辰是光绪十八年（1892），其年梁三十四岁，距其辞职出都已七年，刘成禺《世载堂杂忆》云："梁自参劾李鸿章封事上后，革去翰林，归南海，委家于文芸阁，年二十七，即乙酉岁也。"（《梁节庵之胡与辫》）又云："梁节庵鼎芬，以编修上奏劾李鸿章封事，去职回籍，又以家庭之故，居焦山海西庵，立志读书。"（《梁节庵愿为人幕宾》）离开广东是避李鸿章之兄李瀚章，到镇江而不返京师，则是京师已难栖凤之故。《节庵先生遗诗》卷一《古意》云："共郎上山头，不惜下山早。郎爱合欢花，侬爱苦辛草。"用古诗"上山采蘼芜，下山逢故夫"典，写自己的眷恋、龚氏的决绝甚明。诗置于《丰湖夜泛》后、《初到肇庆口占一首》前，查吴《谱》，梁为惠州丰湖书院山长在光绪十二年（1886），为肇庆端溪书院山长在其后一年（1887），可见自光绪十一年（1885）梁鼎芬离京才一载，这对才子佳人的喜剧就已谢幕了。即使婚变迟至梁入焦山读书的光绪十五年（1889），光绪十八年（1892）出生的卧薪也绝非龚氏所出。那么，梁思孝是哪年出生的呢？据《遗稿》卷首梁氏父子合影杨敬安题云："节庵先生五十二岁遗像，哲嗣思孝随侍，今岁壬寅，亦六十六岁矣。"壬寅是1962年，可推生于光绪二十三年（1897）。只比文公直大一岁，自然更非龚氏所出。梁鼎芬还有一个女儿，《遗诗》卷五有《玉泉山居思儿女》诗，有"阿赘年十二，阿兰长七年"之句。如此当生于光绪十六年（1890），后于梁鼎芬出都五年，由于龚夫人早已"下山"，也不可能为其所出。《余绍宋日记》民国八年（1919）提到一位表小姐，六月三日为其三十岁寿，倒推则生于光绪十六年（1890）。如此则思孝便是阿赘，表小姐就是阿兰了。阿兰病故于同年八月二十九日，梁鼎芬为之伤痛，不思饮食，至十一月十三日，梁亦撒手人寰（吴《谱》）。

《余绍宋日记》民国十三年（1924）九月十日又云：

> 梁表妹来求指点文法,因告以虚字、实字间用定法。

这位表妹,当尚在求学期间,年事尚少,与前叙庆三十寿辰之表小姐当非一人,不知是哪房姨太太所出。根据以上的考证,我们得出如下结论:一、梁鼎芬没有性功能障碍;二、龚夫人的名或字为素君;三、龚夫人不是龚镇湘的亲侄女,但的确是王先谦的亲外甥女;四、龚夫人依靠王先谦生活时,并不是父母双亡,而是母亲尚在;五、龚夫人没有与梁鼎芬生过儿女;六、龚夫人在文廷式死后没有复归梁家,也没有肠断而死,而是在长沙居住,独自抚养三个儿子;七、龚夫人私奔文廷式后,饱受家族歧视,并累及其儿女;八、龚夫人不仅能诗,还是一位女学者,所研涉及子、史两部;九、龚夫人在梁鼎芬身后犹存,至少1929年尚在,年龄当在古稀以上。我们的最大遗憾是没有读到她的诗词创作和学术著作。最后,我们以梁鼎芬的《落花诗》来结束这篇枯燥的考证文章,这首使我们读了无限低徊的诗,表达了梁氏心中的终天之恨:

> 一片斜阳碧水环,送春双板未尝关。有时淡月来相护,终古佳人去不还。翠阁路遥凭断梦,凤巢声涩限芳颜。乘鸾久学飞仙术,吹上蓬莱万仞山。(《节庵先生遗诗》卷二)

永翔按:据文公直《中华民国革命史·沈其权叙》,龚夫人名家仪,然则素君为其字乎?

(原载《万象》2011年1月号)

马一浮与熊十力

熊十力、马一浮二公,夏承焘《天风阁学词日记》提及甚多,今就其所记,证以所闻,略叙于下:

马一浮(1883—1967),原名福田,字耕仁;后更名浮,字一浮,号湛翁,晚号蠲戏老人,别署蠲叟。浙江绍兴人。

一九四三年八月十七日夏公记云:

> 夕与天五过(袁)心粲寓少谈,谓一浮翁二十前治文学,二十后治佛学。廿一岁失耦,即不娶。五十馀,同庄、心粲诸君欲为续弦,旋不果。又谈灵隐慧明和尚开悟事,谓浮翁治禅宗,亦已开悟。

一九四八年十一月三十日又记云:

> 一浮翁则谓如果见逼,可以坐脱立亡。

马翁何自信乃尔耶!迨十年浩劫之临,一九六六年六月,为红卫兵批斗,渠固未能"坐脱"也。次年胃疾加剧,自知不起,乃作拟告别亲友诗云:

> 乘化吾安适,虚空任所之。形神随聚散,视听总希夷。沤灭全归海,花开正满枝。临崖挥手罢,落日下嵫崦。

小儿永翔有《书马一浮先生临终诗后》一文,末云:"此诗虽皆了生死之言,其果能了耶?亦自言其能了而已耳!恐后人读此诗而遂有生天成佛

之传,不能已于言而书此。"(《蓬山舟影》455 页)

顾履霜集霰,物候已明;命厄龙蛇,凶征可见。故前此乙巳年(1965)湛翁即有《豫拟告别诸友诗》云:

> 吾生非我有,正命止于斯。梦奠焉能拟,拈花或可师。优游真卒岁,谈笑亦平时。边界如相见,无劳别后思。

又有《戏拟题告别诗后》二首云:

> 禊日年年例告存,自憎陈腐要翻新。临崖挥手从兹远,且尽生前酒一尊。
>
> 残年留滞已嫌多,何幸须臾出网罗。不待攘蓬相共语,只今打破葛藤萝。

倘作诗后即能"临崖挥手",世俗必谓其已知几了道、成佛生天矣。而丙午年又有失题一首云:

> 语小焉能破,诗穷或易工。百年驹过隙,万事水流东。尚缓须臾死,因观毕竟空。栋桡方欲折,谁与问鸿蒙?

详此诗末二联,必是遭辱后所作。当其时也,何不能"坐脱立亡"、"临崖挥手",而心犹恋恋,"尚缓须臾死"耶?翁一九三八年致弟子张立民书,内有云:"曹赤霞先生已于去冬归道山,吾近得钟山先生书始知之。彼以厌见兵革,坐脱以去者。"窃谓湛翁以为与曹彼此同道,而己为尤胜;彼既能之,我自更易耳。然曹公遽卒,恐系心肌梗塞或脑溢血抢救未遂所致;湛翁误为无疾而终,宜其信念有加,而临危难脱,以其无心脑疾病故也。然受辱至临终近半载,不知湛翁心绪何如耳。想耶稣钉十字架之前,尚信上帝能拯;翁岂亦有所待乎?

湛翁于一九一八年三月,有覆蒋宰棠一骈体长文。文后附记,可见其旨趣：

> 蒋君撰《华严》札记见示，意主和会儒佛，多取《中庸》、《大学》，以证《华严》之理。并准"贤首"、"义海"、"百门"，一一比傅。其豁然处亦若可喜，微憾教相未晰，条理不举；故粗述愚计，聊与商榷，但取解颐，不可为典要也。戊午春二月，浮记。（按全函见《马一浮集》第2册502至505页）

又于一九一八年二月致谢无量书中述及此事云：

> 乡人有蒋再棠者，颇好义学，与共论儒佛异同，强之以笔记，因妄有戏论，至怪谬可笑。新岁多暇，聊复录去，藉资喑噱。（见同上257至258页）

按蒋再棠即蒋麟振（宰棠）也。观此，则湛翁似于己说沾沾自喜。蒋所著后定名为《说华严宗镜》，一卷；又有《补说华严说净密说楞严》一卷。于马说蒋先生终不以为然，而于己则自是而自证之。其《与章一山书》有云：

> 麟廿岁而学文，卅岁而知文章甘苦。四十而自有境界，遂止不作。四十岁而学诗，五年而知其源流正变，十年而自有境界。又遂止不作。以为诗文伎俩，不过如是而已。至北京大学堂，始为日记，廿年来用力较深。平生志事，略见于斯，颇成一家学术。近十年来，亦止不作。以为世无知我，徒托空文；谁为为之，孰令听之？从山左归来，始学佛，亦二十年矣；十年而见佛，又五年而见性。常向马君一浮印证，请其举似，曰："无繁词。请以一语标举。"马君遂举似一义，知其未见性，遂默然。（见《浙江省通志馆馆刊》第1卷第4期）

按蒋先生少年尝有诗云："空诵楞严枉读庄。"又云："说到千秋一搔首，看来儒佛并无成。"而晚岁则自言见佛见性,讵足信乎？鄙意以为,其言湛翁之非固是,而其所自是亦非也。观其临终自顾不暇,尚向其妾发莫名之妒语,此岂见佛见性者耶？曩项士元编纂诋其不明佛理,实则项之佛学,更等而下之。要之,皆各道其所道、佛其所佛、性其所性也。虽有等差,而皆未可与语要言妙道。放言若此,大智识者,得无以我为狂謷乎！

至于熊十力其人(1884—1968),今其书新刊或重印者綦多。原名继智,字子真,后改今名,号涛园。黄冈人。往者与欧阳竟无一重公案,人多知之。友人谈及十力,皆以其好立异而悖师说为非,潘雨廷先生独笑而不言,盖尝投身其门下故也。乃为言熊所独得,云《易》与外来学术接触而变易充实,各朝俱有,此人皆已言之者。而华严盛于唐而影响于《易》者,无人拈出,惟熊先生能补其阙。此其学也,于道则则未有真获,而自视则甚高。夏承焘一九五〇年七月四日日记云：

　　十力翁近住北京西城大觉胡同十二号后院,自号"大觉老人"。自觉已登佛地矣。

其真已成正果耶？据潘先生见告,熊临终前,日夕念往生咒不绝,自谓"文革"中受难,乃旧时辟佛之果报。盖其所著《新唯识论》、《佛家名相通释》、《原儒》等,虽糅合佛典,而多有指摘訾议,至此深悔其盛年之孟浪争胜、出言不逊,故深忏以求解脱。其所悟是非姑不论,其所为则诚而不伪也。

顾马、熊二公虽主儒、佛相融,而皆有取乎道家与道教之修持,虽言"道教修养可以延年益寿,但不能穷性尽理"(见马翁《诸子篇》)。实则于此兴味盎然也。犹忆"文革"前友人宁波才子林炳炜引见其表弟郑道南,至其家观古玩,虽真伪莫辨,亦可谓眼界大开。时得见湛翁墨迹特多,殊以为异。道南问余曰："先生在杭,可知有素负盛名之女道士某师否？"告以不知。道南遂出一女道士与湛翁合影多幅,亦有与十力等名公合影者,笑曰："识此女炼师否？此即近在眼前之内子也！"其夫人遂与余等谈与诸名流交往事,谓与湛翁相交尤密,几无日不见,大抵皆探讨内丹、禅悦,兼及服食事。余问："道士亦谈禅悦乎？"曰："后世佛道均各取对方之长，一而不一，不一而一也。"又自言系孙不二一派嫡传，新中国成立后还俗论嫁。余因问："今尚修持否，抑夫妇双修耶？"则顾左右而言他矣。道南亦能诗者。其家中古物，浩劫后恐荡然无存矣。

后读湛翁《濠上杂著》初集，有示王伯尹云："大凡神仙方伎之书，皆愈古愈精愈难读。今养生家似皆得少为足，莫知其原。古之儒者心通天地，未尝不涉览及之，而不必求尽其术。道有大于此者也。欲学神仙方伎，亦非专精数十年不可。今人既患心杂，又不肯读书用力，欲坐而致之，不能也。贤辈皆体弱多病，能方便学一小法，以求却病，已不胜其劳，更不暇求义理，遑论见性？因感来问，不觉佣笔及此，非欲以此相责也。"（见《马一浮全集》第1册728—729页）此可与熊翁教其酌用丹诀养生参证。马翁虽不以丹道为天下之达道，不辟而反有所酌取，足征道南夫人之言不诬也。

至马、熊两翁失欢事，流传颇广，多以"一山不容二虎"、"教中只许一皇"拟之。据夏公日记，陈仲弘先生于一九六四年十二月三十日政协午宴，临别时"于两翁亦有莫'抬杠'之谑，两翁不以为忤"云。是陈亦习闻其事矣。倘得读其集，则知外间意必之辞，俱非其实，顾亦事出有因焉。今姑就所见，约略言之。

按湛翁论学，壁垒深严，独于十力惺惺相惜。湛翁主复性书院，以"六艺"为统率，设玄学、义学、禅学三科，增设讲座。尝读其覆张立民书，有云："此如三公不求备，惟其人。贤辈所拟，惟熊先生可尊为义学大师，曹先生已逝不论（按指曹赤霞子起）。叶先生专重考据（按指叶渭清左文），对吾所草书院制恐不能赞同。在今日请之，吾知其不来也。所以制定三学名义者，如江南之周太谷派，蜀中之刘芷堂派，并杂以丹道为学。杨仁山之扬净抑禅，欧阳先生之专主法相，疑及方等，似皆不可为训。熊先生自悟唯识，宗归般若，斯乃义学正宗耳。吾所草简章，如熊先生以为未当，有何意见，望尽量提出商榷。在商榷未定以前，此简章不可发表。因书院之成否可以不论，而此简章必须修改尽善。今即不成，可留为后人取法也。"（见《马一浮集》第2册828页）

可见湛翁于熊翁之推重与尊重。而于其为学小疵,则与张立民另书言之,曰:"熊先生新出《语要》,大体甚好,其非释氏之趣寂,而以孟子形色天性为归,是为能见其大。其判哲学家领域当以本体论为主,亦可为近世言哲学者针劄一上。但以方便设施,致多用时人术语,不免择焉未精。自馀立言稍易处固有之,如以虚静为道家思想及贤者所举格致之说一类是。然大旨要人向内体究,意馀于言。圣人吾不得而见之,得见君子者斯可矣。吾取其大者,其小者可弗辨也。"(见同上 819—820 页)

此可谓责人宽以约者。

湛翁于诗文辞达理举,过于熊翁,其代作《熊氏丛书》弁言,要言不烦,当为熊翁心服;又为熊翁所著《新唯识论》作骈体长序,虽于律未谐,而取法魏晋,亦难能矣。中有云:

> 十力精察识,善名理,澄鉴冥会,语皆造微。早宗护法,搜玄唯识。已而悟其乖真,精思十年,始出境论。将以昭宣本迹,统贯天下人,囊括古今,平章华梵。
>
> 其为书也,证智体之非外,故示之以明宗;辨识幻之从缘,故析之以唯识。抉大法之本始,故摄之以转变;显神用之不测,故寄之以功能。征器界之无实,故彰之以成色;审有情之能反,故约之以明心。其称名则杂而不越,其属辞则曲而能达。盖确然有见于本体之流行,故一皆出自胸襟,沛然莫之能御。
>
> 尔乃尽廓枝辞,独标悬解。破集聚名心之说,立翕辟成变之义。足使生肇敛手而咨嗟,奘基挢舌而不下。拟诸往哲,其犹辅嗣之幽赞易道,龙树之弘阐中观。自吾所遇,世之谈者,未能或之先也。可谓深于知化,长于语变者矣。且见睨则雨雪自消,朝彻则生死可外。诚谛之言既敷,则依似之解旋折。其有志涉玄津,犹萦疑网,自名哲学而未了诸法实相者,睹斯文之昭旷,亦可以悟索隐之徒勤,亟回机以就已。庶几戏论可释,自性可明矣。彼其充实不可以已,岂曰以善辩为名者哉!既谬许余为知言,因略发其义趣如此,以竢玄览之君子择焉。

文后附熊翁来书云：

> 序文妙在写得不诬,能实指我现在的行位,我还是察识胜也。所以于流行好处见得恰好,而流即凝,行即止,尚未实到此阶位也。"乾道变化,各正性命",吾全部只是发明此旨。兄拈此作骨子以序此书,再无第二人能序得。漱溟真能契否,尚是问题也。（见同上38—39页）

湛翁序文,推崇备至。熊翁读后,欣喜满怀,大有"天下英雄惟使君与操耳"之感。殊不知正是"悟其乖真"、"平章华梵"之举,导致其临终忏悔,而湛翁则未克前知矣。

马、熊于佛皆有所取。熊虽不以唯识为是,而尚未尽行排斥。马则贯通和协之,故其序熊之书,但云足以使竺道生、僧肇"敛手",玄奘、窥基"拑舌",而未许其超越王弼、龙树也。此其不诋排玄释之证。

然学理既有所异矣,苟坐而论道,挥麈而谈,自可和而不同;而若欲付之施行,一堂共事,则龃龉自旦夕间事也。古之人类此者多矣。

钱宾四先生《师友杂忆》第十二章之五曰:"在复性书院,相从讲学者逾百人,于是各抒其见,乃若所同不胜其所异,睽违终不能免。"其言得之。

读两翁往还书札多通,知两翁之相睽,起于办学主张之互异。约而言之,大要有五:一,熊翁主吸收西洋学术思想、科学方法及各科常识,不主传统学术之尚体认、轻辩智《十力语要》卷二《复性书院开讲日示诸生》。马翁则反是,曰:"科学家可以语小,难与入微;哲学家可与析名,难与见性。"(《马一浮全集》第2册525页)二,熊重事功,而马则言"欲对治时人病痛,亦在教其识仁、求仁、体仁而已。任何哲学、科学,任何事功,若不至于仁,只是无物,只是习气。"(《马一浮全集》第2册504页)三,熊以久在北大执教,熏染蔡孑民兼容并包之旨,遂亦以此期马;马于蔡虽深服其度,而谓其失在无择,如己则断不容新文学诸家与之共事也。四,书院与大学性质不同,且草创之际,经费无多,而熊乃主扩大,马自为难。五,熊颇措意于学子将来出路,马则谓"此乃当官之事,书院实无此权",且于此大放厥词，其论虽高，却远于事情。虽然，固亦可味也，兹节录如下：

> 未闻先儒讲学，其弟子有比于进士出身者。若回之问为邦，雍之使南面，此须佛之授记，祖师门下之印可，纯为德性成就而言，非同吏部之注选。西洋之有学位，亦同于中国旧时之举贡，何足为贵！昔之翰林，今之博士，车载斗量，何益于人。昔有古德，人问之曰："公门下成就得何事？"答曰："个个使伊成佛作祖去。"程子兄弟少时见周茂叔，便有为圣人之志。弟意学者若不能自拔于流俗，终不可以入德，不可以闻道。书院宗旨本为谋道，不为谋食，若必悬一出路以为之招，则其来时已志趣卑陋。所向既乖，安望其能有造诣邪？君子之道，出处语默一也。弟非欲教人作枯僧高士，但欲使先立乎其大者。必须将利欲染污习气净除一番，方可还其廓然虚明之体。若入手即夹杂，非所以示教之方也。今时人病痛，只是习于陋、安于小。欲使决去凡近，所谓以此清波，濯彼秽心，知天下复有胜远，令心术正大，见处不谬，则有体不患无用。然后出而涉世，庶几有以自立，不致随波逐流，与之俱靡。只养得此一段意味，亦不孤负伊一生。不能煦煦孑孑为伊儿女子作活计也。兄意固无他，只是忧人之遇，世情太深。弟所以未能苟同者，一则不能自语相违，一则亦非今日书院地位所许。料兄必能深察此意，知弟非固执己见，好与兄持异议也。（见同上 536—537 页）

熊之去就实决于马之改革与否，复以细故之激，而更速其行。湛翁一九三九年十一月七日覆熊信云：

> 兄所责于书院者，为通讯修金三个月。前以书院方虞匮乏，而兄来教亦多怨词，稍迟未寄。今依命奉去法币三百元，汇重庆中国银行周鹓鶵转交，至希察收赐覆。迟缓之咎，并希原谅。至前掷还之百元，此区区者，本无足挂怀，而兄一再坚却，今亦不敢更以为言，转以触兄之怒。病后率覆，不能多及。临书怅然，敬祝安隐。（同上 551 页）

颇怪湛翁早涉马恩原著,岂不一思《资本论》乎！不然,管子"仓廪实而后知礼节"一语,亦当耳熟能详也。平情而论,熊翁之虑,岂真世情太深哉！设所造就者,非伯夷、叔齐,即原宪、焦先,其将何以恢廓圣贤之道耶？

顾吾尤异者,在力促熊翁赴复性书院时,湛翁尚借术数以劝之：

> 世俗命书,弟亦曾浏览及之。兄甲木日元,木曰曲直,就金方,乃成梁栋之用,非不吉也。若弟为丙火日元,日之西沈,以俗言乃真不利,然弟不以为忧。日之西沈,非真沈也,明日复生于东矣。日无出没,世人见有出没耳,此何足计哉。朋初美才,而偏嗜日者之说,使利害之念日搅扰于胸次,亦愿兄能廓而清之,于朋初将来治学万有益也。附奉关聘一通,依俗例为之,幸勿见摈。（见同上541页）

焉有单凭日主,不论强弱,无视调候,竟如此随心所欲而推断乎！稍知子平之术者,必致失笑。可见一艺之能,亦非草率可获,况其精微者乎？书中欲朋初等不惑于日者之说,而不知湛翁己亦惑之也。其与伯尹一书云：

> 黄先生批鄙造,又为慰长亦批一张,甚劳神虑,容当面谢,若致书时先为道意。昨日胡朗和先生过访,送之过坝,见其行步轻疾,自牛华溪徒步到此,仍由马路欲至八仙桥过江,了无疲劳之态,仆自嗟不及。盖古之仙者养性,今之仙者养形,养形之效犹若此,养性可知矣。形乃气之所成,八字亦是气。理行则气自顺。（见同上976页）

又夏承焘一九四七年十二月二日《天风阁学词日记》云："伯尹谓：徐班侯先生殁后,尝降神杭州城隍山扶乩,与马湛翁商讨生前所著某书,不悉信否,当以询湛翁。"后虽未见其提及,但伯尹仁厚,且为马之颜回,自不致河汉其言。马信鬼神,有其《诗教篇》语为证：

谢无量先生说李义山《贾生》诗云："贾生但知有政治经济，汉文毕竟高超，二千年来帝王，几人解鬼神事耶？"其言超旷玄远。

按此解自与义山诗本意不符，然亦能别明一义。袁枚《随园诗话》卷十六云："义山讥汉文召贾生问鬼神，不问苍生。此言是也。然鬼神之理不明，亦是苍生之累。嗣后武帝巫蛊祸起，父子不保；其时无前席之问故耳。余故反其意题云：'不问苍生问鬼神，玉溪生笑汉文君。请看宣室无才子，巫蛊纷纷死万人。'"是则随园已先言之，可取以相参。称无量之言超旷玄远，于此可知湛翁祈向所在。一九四九年四月三日夏公《日记》云："午后与伯尹过宾虹先生久谈，皆鬼神迷信事，殊无味。"或未悉伯尹之师承有以导之也。

实则前辈学人，大都于怪力乱神未尝厚非。不必枚举，且录钱穆《晚学盲言》上篇《整体与部分》之语：

> 世俗间又以数字推算个人之小生命，其本源亦仍自阴阳家言来。余生平亦不免随俗，偶尔问命相，亦颇有验。事详余之《师友杂忆》中，兹不赘。今人概斥之，谓不科学、迷信。实则此等事果能以近代科学方法细加研寻，亦可辟科学园地，创成为一套新科学，不得尽以迷信二字斥之。父母、兄弟、子女，中国人谓之天伦，命中可算出，相上可看出，则以个人为小生命，天伦六亲为大生命，岂不信而有据。圣贤之出处穷通，为人群大生命所系，亦宜有命。唯中国人虽以象数来推命，终主以德性来定命。言气数，不如言理气，明其理则可以赞天地之化育。张横渠言："为天地立心，为生民立命，为往圣继绝学，为万世开太平。"此其深旨，诚大可玩味矣。

顾宾四先生不知，为马克思、恩格斯深许之法国大文豪巴尔扎克，其状人之容貌性格，往往取诸骨相学而为之。至名著《邦斯舅舅》第三十二章论医卜星相之学，更大放厥词，主张高等学校开此课程，且谓行术者以此行骗，乃其社会环境与夫生活贫困使之不得不然，非其术本诞妄也。是则又不可苛责湛翁、宾四诸先生鹜外，非得如《野叟曝言》中之文素臣排斥异端殆尽而后已也。不然，诸说灭绝，生态链断，其所谓正学者亦自不能就也。若问鄙人旨趣，则四言足以尽之，曰："小道可观，异常宜志。过非为暴，过信则殆。"此大违于俗见，而亦稍异于前贤也。

六

湛翁、十力两大师失欢事，学界盛传。浙江省通志馆同仁以王伯尹尝师从两公，皆喜听渠叙其颠末，余惜未得聆也。今见夏公《学词日记》，其中多有记述，如一九四七年五月十九日日记云：

> 过王伯尹久谈，见其数诗，甚有根柢，多用佛语，似寐叟、湛翁。听谈湛翁、十力学历。谓湛翁二三十岁自美国归，尝欲致力翻译，旋与南京赤山长老之二徒习禅。三十以后，返求之儒书，至老不变。十力父为一课蒙师，家极贫，十力儿时代人放牛，一生只读书二年。辛亥前弃去当兵，后在支那内学院从欧阳竟无学佛年馀。天资极高，以与湛翁出身不同，故风度全异，尝对客裸体沐浴。与湛翁十年不通问，近始来一书，嘱伯尹转。国府赠百万元不肯受，以转赠支那内学院。湖北省府顷为印《十力语要》四卷、《新唯识论》诸书，需费千馀万。伯尹以十力《读经示要》一册见假。

此言两师出身与个性之殊也。其时两翁似已言归于好。

五月廿日记云：

> 阅熊十力《读经示要》，谓清人以考据治经而经学亡，故今世无宏识孤怀、伟度峻节可负继往开来之任之真儒。

十月卅日日记云：

夕，伯尹来谈杜诗，同出步月，因过通志馆久坐，听谈马湛翁。谓湛翁教人，不主博览，见务博而不能体会者，辄加呵斥。其少时遇楚泉和尚，乃学参禅，喜禅宗单刀直入，不以欧阳竟无专重知见为然，以为于心性无益。闻竟无临终，椎心呼其亡子。又谓禅宗参话头不难，保任不走失为难。熊十力不信话头，讥为商谜。湛翁于佛经好《维摩》、《楞严》。又谓学字须笔笔到、笔笔断。到者，无往不复，无垂不缩。断者，转折处皆提笔再落。伯尹谓于此二语甚受益。

此叙二人为学之殊，且兼及尝为十力尝师之而后相违之欧阳大师识见，皆可谓要言不烦。

友人顾康年先生毕身事法相之学，以梁任公之佛学为浅陋，章太炎之佛学为偏隘，唯拳拳服膺于欧阳大师。受其影响，余尝以熊十力之背师标新立异、"欲外我以立名"为非；甚好欧阳之说，熊翁之书，固不屑一顾也。及后知欧阳大师动辄暴怒，且盛气凌人，觉金刚怒目，终下于菩萨低眉。熊辟佛固为叛教，而竟欲逐出教门，其量亦狭隘矣哉！汪东《寄庵随笔》中赞欧阳大节皭然不污，子某以事伏法而无怨，是固足称矣；顾不知临终椎心之呼，其潜意识中仍有父子之私存焉。是固不易言也。

又一九四九年三月廿三日日记云：

　　又谈马湛翁、熊十力二先生异同，伯尹谓十力翁可敬爱处在其率真，湛翁则笃于故旧之情，其平生取友甚严，而亦不肯轻绝。

唯伯尹只言两家之长，有为尊者、长者讳之心，然两家之短亦可以意会之也。夏公尝有意别取他说相参，为文作两家比较而未成。顾日记中散记谈两翁者甚夥，殊有味，今酌取之，参以夏公未及见者，兼取两家著述所言，聊一论之。

窃谓两翁之学，皆儒学中理学之流变、衍义也。宋明道学家皆出入佛老，反求《六经》，转而辟佛，十力翁之进阶亦复如是。湛翁之于释氏，则融而纳之。此其所以为异耳。惟旧儒之说理浅且粗，两翁之敷论深而奥，是以皆能度越前贤,引人注目。盖宋明诸家之探佛学,于最艰深之法相唯识,尚不得其门而入;于释典之著名者,亦未克深究,仅取读其浅易者耳。故纪河间《阅微草堂笔记·滦阳消夏录》有云:"惟汉儒之学,非读书稽古,不能下一语;宋儒之学,则人人皆可以空谈。"然而熊氏之言,则虽同行亦难以置喙;马氏之阐发,亦非一知半解者所可了也。

钱穆《师友杂忆》之十《北京大学》章有云:

> 是年暑假,蒙文通又自开封河南大学来北大,与余同任教于历史系。锡予在南京中大时,曾赴欧阳竟无之支那内学院听佛学,十力、文通皆内学院同时听讲之友。文通之来,亦系锡予所推荐。文通初下火车,即来汤宅,在余室,三人畅谈,竟夕未寐。曙光既露,而谈兴犹未尽。三人遂又乘晓赴中央公园进晨餐,又别换一处续谈。及正午,乃再换一处进午餐而归,始各就寝。凡历一通宵又整一上午,至少当二十小时,不忆所谈系何,此亦生平唯一畅谈也。

> 自后,锡予、十力、文通及余四人,乃时时相聚。时十力方为新唯识论,驳其师欧阳竟无之说。文通不谓然,每见必加驳难。论佛学,锡予正在哲学系教中国佛教史,应最为专家,顾独默不语。惟余时为十力、文通缓冲。又自佛学转入宋明理学,文通、十力又必争,又惟余为之缓冲。

其实该如何缓冲?折衷乎,抑各赞其所是乎?亦难矣哉!夫"辨生于末学",所谓"此亦一是非,彼亦一是非",是当以锡予之渊默为得也。

惟诸大师有一通病,皆以一己之学登峰造极,无可损益,若有异议,即斥为异端,而不知理本多元,势难划一,道固有并行而不悖者。倘能自圆一说,持之有故,何妨各执一端,未必不可相反相成也。因持此意以读两家书,深觉十力翁气质,甚似《水浒传》中黑旋风;马湛翁之风范,则有类《红楼梦》中之妙玉也。

熊翁驳其师说,则"李逵独劈罗真人"也;而与马湛翁失欢,拂袖离复性书院,则"李逵大闹忠义堂"也。其十年后之致书,与夫临终念往生咒之忏摩,皆"李逵负荆"之举矣。顾前二者或可师,后者则徒丛疑讶,难免人讥矣。

先师民国十七年九月卅日日记有云:

> 晨起厉绥之来,遂同往香山洞为熊十力诊疾。绥之谓尚无妨,厉去,与十力谈约两时许,论及中国之民性偏于感情而乏理性,彼此意见极相符。十力大骂胡适《中国哲学史》之不通,语虽激切,实甚得当。

虽未言其详,而激切之口吻,与前夏公摘其《读经示要》中语无异也。倘从经书之本意而论,是诚亦一是非,而"实甚得当"者也。

吾人于此已可见"黑旋风"板斧之威矣。《凌霄一士随笔》卷九有《孙思昉谈近人轶事》条,叙熊十力云:

> 熊十力,字子真,为人介特,与张难先有雅。时张官湖北财政厅长。多求熊为之游扬者,颇不胜其谣诼,乃为启事曰:"无聊之友朋,以仆与难先有交谊,纷祈介绍。其实折节求官,何如立志读书;须知难先未作官时,固以卖菜为生活者,其乐较作官时为多也。仆本散人,雅不欲与厅长通音讯。厅长何物,以余视之,不过狗卵泡上半根毫毛而已!"此启世多见。窃见其与张仲如先生一函,尤奇。以张求为其子论婚,要以二事:一文理通顺,一中学以上学校毕业。覆书曰:"欲求文理通顺于今之大学教授中,几渺不可得,谈何容易!至于女生,往往濡染洋气淫气骄气奢气惰气。不敢当,不敢当!"末为内学院比款库券事,以财政总长陈锦涛不签字,款久之不发,陈始见尚枝梧,后竟不见,书有曰:"陈锦涛岂特亡八蛋,乃亡九九八十一蛋也!"其善骂盖亦黄季刚之亚欤?

顾黄季刚之骂何得称善,常有无理取闹者,但可谓之恶詈而已。而熊翁之骂,则如李铁牛之骂其当骂矣。平居待友诚挚,知无不言,照拂门生学子,又竭尽其力,大有江湖侠客之风。故归道山后,思念感戴者殊众。即以与先师交往而论,其读先师所撰《龙游县志》,即十分认真。姑摘先师民国十七年戊辰九月日记如下:

二日:

熊十力来书,言余所著《龙游志》,体大思精,实不朽之业。惟不宜删文庙配享等仪法,详论其作用。此非余所不知者,大凡著作,必有一定之体裁,不得因其制度之善,概行收入。此种通行制度,在会典、通典、通考、通志及六部则例中,全国一律适用,非一县所特有,如何录入耶?若必录入,则如考试等事亦必尽载,岂成体制!因作覆书,谢其相规之意,仍辨前说。渠来书又言不宜加前后录及正附志之目。此则他日如能重刊,当酌量改之。

四日:

熊十力来书,仍主于县志内应作改制考,谓迎春、行耕、送学宾与乡饮等典制,对于民间有重大意味,为帝制时代州县政治之精神所寄,因以直接造成社会风俗,焉得不载;况学宾、乡饮,揆之周礼,明属州县地方政教大端,保甲编户亦然。历朝以此为各县通行之典制,盖亦因民俗之固然,非由朝廷创此典制以范围乎人民也。今乃以由地方固有精神索产出之典制,而谓不当载于县志,此果据何理乎?弟以为修县志者,于地方政治制度宜有专篇为统系之说明,称之为政制考:如乡镇区市各有长,多由民间公选,举请县官札委,其行政系统厘然不紊;又时因地方利害,有绅耆会议之举。吾黄冈人也,所见如此,邻县亦然,想全国各县皆有相类之乡治,此则各县志所宜详为论述,而前所记通行之典制有宜叙者亦另立一子目于政制考中叙之。凡地方有不成文之公共规约,如森林禁条、各职业行规等,亦宜详访而著之此篇为言自治者鉴观焉。愚者千虑,或有一得,愿兄察之云云。此君热心真可感佩,因作书道谢。他日当补一篇,不负其意。

二十七日：

  熊十力来书，论方志宜注重民风士习。其说甚精，作书覆之。

能如此细读友人之著而毫不苟且，世亦鲜其人矣。钱穆《师友杂忆》之十又曾记一善相人相"十力乃麋鹿之性，当常在山林间"，然渠实不忘世事。先师日记于同年十月初五日记云："与十力论县长任用事，余主回避及久任，皆据历史为言，渠颇叹服，谓当作书与胡汉民言之；又劝余于时局勿过消极，虽然，可与言者谁乎？"

  且不特此也。十月廿九日更有记云：

  访熊子真，偶谈及粤事，始知子真固曾与闻最近陈铭枢与李济深更替事。其谈及此两人事有足纪者，兹略述之：李为桂人，陈为粤人。当十三年陈炯明叛孙文时，陈为炯明之部下，炯明知其才，畀以旅长职。陈以其叛孙不就，避之南京。未几，炯明奄有全粤，势益甚，复欲罗致之，委以师长及全粤练兵之权。陈听子真言，卒不就。及炯明败，蒋中正在粤，渐露头角。时陈在李济深部下为旅长，两人者尚相得，而陈倾心于蒋，屡受蒋命，出师有功。全粤之得统一，实其一人之力。蒋于是始无内顾。陈又为联络唐生智，蒋始得出兵为北伐之计。而李因陈功高，地位亦因之增长，及既得南京，李遂主粤政。去年张发奎到粤倾李，又赖陈为排除，而仍以粤政畀李，以至于今。其让德有可风者。李既为桂人，在粤虽无甚苛政，而其桂军之饷悉取给于粤，粤力渐惫。其初粤中将校各不相下，至是始觉悟，遂有拥陈出主粤政之举。李初不愿让，前此漱溟来浙，即与陈来。李则望子真为之维持，子真则主李宜让，而事始决云。子真并言陈、李二人者虽利害冲突，而俱明大义，不至因地位而兴干戈，粤中暂时可以无事。余日记向不愿记时事，今以粤中曾来相招，子真既告我此中情形，聊为书其略如此。

李铁牛诚一有心人哉！因忆尝与傅紫显先生言，以潘雨廷先生之学养，何必从熊翁学耶？傅比以孙悟空拜唐僧为师。今则知余等实不知熊者也。顾康年先生与潘论学不合，终至相违而不肯复见。后顾从众徒劝，往听潘讲学，与余言曰："今之顾康年，已非昔之顾康年矣。"然终不与之交一语，潘亦然。二人皆不肯求同存异。噫，皆过矣！

至于马湛翁，姜亮夫先生《回忆录》中有《马一浮先生与复性书院》一文，言马尝聘其为书院校外讲座，然访马多次，皆不值。文近末处云：

> 后来我到了杭州，曾两次去拜访他，都没能见到，因此有人告诉我说，要访马先生是不大容易的，因为这位先生好像是一座高大的大岩山，你要想爬上去的话你是爬不上去的！你有脚劲爬上去，说不定脚一软，又要掉下来的。后来我终究同他见了面，但不是在他家里，是在省政协会议室里，他因身体不好，我们未作深谈。所以我最遗憾的是没有同他好好谈过。

湛翁既不回拜，见面亦似浑不知姜尝访之者，即以此论，栊翠庵之妙玉已呼之欲出矣。

钱穆《师友杂忆》之十二《成都齐鲁大学国学研究所》章有云：

> 马一浮复性书院设在岷江对岸山上。一日，渡江来访，要余去书院讲演。熊十力住西湖，与一浮同住有年。及来北平，与余同居。余之知一浮，亦已有年矣。及一浮来此创办书院，十力亦同来。不知何故，龃龉离去。一浮自处甚高，与武汉大学诸教授绝少来往。武汉大学学生邀其讲演，亦见拒。又不允武大学生去书院听讲。及是，闻一浮来邀余，皆大诧怪。余告一浮，闻复性书院讲学，禁不谈政治。倘余去，拟择政治为题，不知能蒙见许否。一浮问："先生讲政治大义云何，愿先闻一二。"余告以国人竞诉中国传统政治，自秦以来二千年，皆帝王专制，余窃欲辨其诬。一浮大喜曰："自梁任公以来，未闻此论。敬愿破例，参末座，恭聆鸿议。"遂约定。

及讲演之日，一浮尽邀书院听讲者，全部出席。武汉大学有数学生请旁听，亦不拒。一浮先发言："今日乃书院讲学以来开未有之先例，钱先生所谈乃关历史上政治问题，诸生闻所未闻，惟当静默恭听，不许于讲完后发问。"盖向例，讲毕必有一番讨论也。余讲演既毕，一浮遂留午餐。

一浮早鳏居，不续娶。闻有一姨妹，治膳绝精，常随侍左右。一浮美风姿，长髯垂腹，健谈不倦。余语一浮："君治经学，用心在《通志堂经解》，不理会《清经解》，然耶否耶？"一浮许余为知言。席间纵谈，无所不及。余盛赞嘉定江山之胜，一浮告余："君偶来小住，乃觉如此。久居必思乡。即以江水论，晨起盥洗，终觉刺面。江浙水性柔和，故苏杭女性面皮皆细腻，为他处所不及。风吹亦刚柔不同。风水既差，其他皆殊。在此终是羁旅，不堪作久居计。"

一浮衣冠整肃，望之俨然。而言谈间，则名士风流，有六朝人气息。十力则起居无尺度，言谈无绳检。一饮一膳，亦惟己所嗜，以独进为快。同席感不适亦不顾。然言谈议论，则必以圣贤为归。就其成就论，一浮擅书法，能诗，十力绝不近此。十力晚年论儒，论《六经》，纵恣其意之所至。一浮视之转为拘谨矣。但两人居西湖，相得甚深。殆以当年两人内心同感寂寞，故若所语无不合。乃在复性书院，相从讲学者逾百人，于是各抒己见，乃若所同不胜其所异，暌违终不能免。因念古人书院讲学，惟东林最为特殊，群龙无首，济济一堂。有其异，则益显其所同。惜乎一浮、十力未能达此境界也。

余与一浮纵谈过晡，乃送余至江边而别，自此不复再面。及今追忆当年一餐之叙，殆犹在目前也。

谈及风水与妇女肌肤，出自断弦后即不再续娶之道学先生之口，尤足令人解颐。宾四先生不自知何以获此殊礼，观栊翠庵之待客，即可思过半矣。至其马、熊失欢之故之说，则似亦一间未达。

先师与湛翁之初交也，民国十九年四月九日日记云：

> 傍晚延华来，遂同往应邀达之约，始识马一浮。往闻人言一浮狷介，不轻与人接，今日相逢乃不尔，欢笑若平生也。

此后遂常相往还，兹录记马之论学数则如次：

同年十二月十三日：

> 马一浮来久谈，论学为多。其论化民成俗之理甚精，谓二十四史除《史》、《汉》外，实皆史料，不得为史。与余意合。

民国二十年二月八日：

> 访马一浮，谈二小时始归，颇有所得。痛论今日破除族制之非，一浮亦正以为余言为然也。

四月六日：

> 鱼占、一浮来谈。一浮欲将余所藏《月仪》、《急就》两帖付影印，云有友愿任资，许之。

今《马一浮全集》尚收其一九四六年二月十七日覆函一件，以无关于学，不录。复观夏承焘《学词日记》所录诸家之见，并摘选其语如次：

一九三一年七月十二日：

> （邵）潭秋以细故与马一浮失欢。谓马翁初面时曰：《皇清经解》可烧；纪昀不学，《四库全书》不足重。其好夸矫情每如此。念马翁在杭负重名，惜无学者态度，不肯奖饰人长，是其短处。潭秋每以小故持之过切，亦一病痛。

以余所见，此绝非夸饰矫情使然也。忖度其心，盖《庄子·天道》所谓已死圣人之言皆为糟粕、白乐天"骊珠既得,所馀鳞角无用"之意耳。与十力翁《读经示要》之论可谓殊途同归,故两人论学能契合少间也。此实湛翁之一贯主张,其《四学》篇最精到处有三。

一曰：

> 玄学当以王辅嗣为祖,义学以肇公为祖,禅学以大鉴为祖,理学以濂溪为祖。其后支派繁衍,得失互见,当各为立传,加以判断。

按此立学之宗也。

二曰：

> 玄学蔽在蹈虚,义学救之,剖析入微,而完全落于语言文字。禅学出而空之,扫荡一切,而鲁莽承当者误认人欲为天理,弊病更大。于是理学出,一切都是实理,诚识禅学之病也。惟禅学之为人铲除己见,干干净净,儒家视之终觉有逊色耳。

所言诸学弊端及其相救之方,可谓剖析入微矣。

三曰：

> 老子判自然、道、天为三,故为佛家所贬驳。吾儒则天即是理、性、命、道、教,初无二致。此乃一真法界,惟华严圆教与之冥符,亦无执性废修之失。(《马一浮全集》第3册963页)

按此乃援佛入儒、纳而融之之道,与宋元诸儒异,亦与十力翁之排诋释氏分途。

以此为准,自以他学为小道矣。即于最看重之三学人即熊十力、谢无量、叶左文而言,亦有所不足于心也。

顾十力翁与其习最相近,故虽有歧异仍引为同调,上文已道之矣,兹述谢、叶。

谢无量，原名沉，著作甚富，儒、释、道、文皆所涉及，自作诗文尤胜。尝忆抗战胜利，各省各界倡议为蒋介石撰寿序，作者甚多，评者以无量所撰骈文为第一。文刊诸报端，今则欲觅无从矣。尹石公述其师王无生语，谓中国文化七百年精神萃于"一沉一浮"。今观无量所著，尚属草创，疏漏实多；而所撰诗文则多可观。湛翁自与惺惺相惜，其《避寇集》中有《无量见枉山中留止旬日，以将如青城遂还成都，别后却寄》诗云：

　　山栖饮露慰凋年，目击忘言在帝先。姑射神游知损益，函关气见得坤乾。还丹驻世应无疾，天眼观身是众缘。芝草琅玕随意长，青城道法定薪传。（《马一浮全集》第2册106页）

其《诗学篇》则曰：

　　谢无量先生胸怀超旷，惜亦有学仙习气，未免以服食摄养为大事，而悉心以求之。故余赠诗有云：'还丹驻世应无疾，天眼观身是众缘。'意为身是四大合成，不妨土木形骸也。谢先生天资高，知吾微讽之意，故答句云："观生何日不乾乾？"此语亦易及，而出句"伐鼓四邻闻坎坎"，以卦名叠字相对，却亏他想得到。

是赞其艺而讽其未能超脱也。

叶左文（1886—1966），原名渭清，浙江开化县人，祖籍兰溪，清末举人。其子百敬，为衢州名中医。叶先生曾任南雄盐道使，辞官后任京师图书馆编纂部主任，后亦辞去，潜心向学。志欲重编宋史，其稿毁于日寇流窜，仍思复作，屡拒礼聘，兀兀穷年，不废寒暑，真可谓道德文章、遯世无闷者。新中国成立后始得任浙江省文史馆馆员、文物管理委员会委员、政协委员等职，或即湛翁推举之耶？内子亲属多人少时皆从之就读，惜余无缘请教耳。湛翁集中多谈左文事，往还信札亦伙。又《蠲戏斋诗前集》上有《与叶左文陈伯冶同游烂柯山，登石梁，相约赋诗，别后却寄》云：

观象贵止止，逐物长滔滔。久要适吾愿，岂曰事游敖。恭怀舍瑟情，万古时一遭。伊昔托仙灵，庶近巢由逃。谷虚心已领，黜此耳目劳。隤然示卑下，孰能见崇高。悟天在山中，九域真秋毫。斧斤尔何施，嘘气为虹桥。凿石者谁子，安知鸾与鸮。众愚竞名字，幻灭同蕉鹿。厚坤夫何言，灵境郁嶕峣。夷险繇人兴，吾欲终蒪莼。归路风雨疾，饮我以醇醪。将忘忽复忆，和歌遂成谣。（《马一浮全集》第 3 册 8 页）

而其《诗学篇》评叶左文则云："惜其溺于考据，读书而不致力穷理，纪游诗中亦暗示此意。"这是湛翁对叶的一贯看法。

又观夏公一九四七年二月十六日日记："谓叶左文尝著《陆放翁年谱》，考证甚详，劫中其家被炸，此稿不知在否。左文又尝作《宛陵诗历》，考其行年。湛翁谓此无益于谈诗。左文遂弃置不为。"

然先师民国十二年四月十四日日记则云："叶左文来谈一时许去。左文笃志好学，诚为吾郡后起之人才，惜其偏于义理，因劝以治汉学，将来成就更无涯也。"与马宗尚不同，于同一人也，而月旦之评竟凿枘如是。以是可知潭秋所转述湛翁之语，就其是丹非素之成见观之，实非妄诞大言。

平心言之，若论诗文，湛翁所作自属上品，然吾知太炎先生必不之取也。缘太炎不以六朝骈俪为是，故以刘师培为不能文，湛翁骈语虽较刘更趋秀丽，其能重之乎？顾太炎似颇重其学，尝举浙贤五人于蔡省长：一为富阳夏涤庵，二即绍兴马一浮，三为绍兴徐仲荪，四则宁海邹景叔，五则瑞安孙仲容。虽然，章、马二人亦不可共处也。太炎时斥程朱，则必与湛翁相忤；又湛翁以太炎史学不及王壬秋（见一九四九年二月六日夏承焘日记），其末谓"论考据，章胜马、熊；若说理，两翁较笃实"云云。但渠不知湛翁等乃不以考据为学乎！及至太炎卒后，湛翁一九四〇年庚辰作《题章太炎文录》一诗云：

汉初儒术亦既绌，黄老刑名天下式。贾生为术良已疏，犹令绛灌无颜色。屠沽刀笔并封侯，经世文章不见收。剩有穷愁传礼议，心怜

博士等俳优。自注：章君有《丧服议》、《救学弊论》，并为时人所不能言。(见《避寇集》，《马一浮全集》第3册92页）

虽具怜才之意，而以贾生为拟，谓其"为术良已疏"，则不以其学为是亦明矣。

其时又有甚多学人，谓湛翁为学为文，远胜乾隆时彭尺木（绍升）。窃以为不可一概而论。湛翁之诗文学识，固有胜于前修者，而其最着力且极自得之哲理诗，实为其诗下驷，以其多理障也。较胜者亦不过《濂洛风雅》之流，不能如尺木《儒林公案》之能发人猛省也。其他诗作，固多有可取者，而敷衍成篇、凑泊不贯者亦复不少，岂贪多之弊耶？

或曰：若如所言，其与妙玉何涉？须知妙玉亦聪慧多才、敏思博学且高自位置者。请看夏公以下日记之摘要：

一九三五年六月十四日：

访（陈）玄婴先生于龙翔桥六桂坊三号……玄婴和易近人，谈半小时，无一语不真。自谓怕见马一浮，彼语中带刺，非真谦执者。

一九四六年四月二十四日：

夕，心叔来谈马湛翁，谓已乘飞机东来。钟山与翁近日意见不合。心叔谓：此时代，真孔、孟、程、朱不能处者，马翁居然能善处。又引顾景范笑讲学人语：小人但知传食诸侯，君子但知明哲保身，今之讲学者皆兼而有之。予意此语太刻。心叔谓：论小人当宽，论君子当刻。心叔真畏友哉！

忆主编《现代作家书信集珍》时，蒋君见元以与湛翁有戚谊，藏翁书札多通，尝惠以供选用，内有上蒋委员长书一封，文以骈体，对属工整，字用馆阁体，与其寻常笔意大异。据蒋君言，人皆以湛翁为耿介拔俗、潇洒出尘之士，实则料理世事，因人而异，与当轴者固极善周旋也。睥睨俗士则有之,傲视王侯则决不敢为也。是则姜亮夫先生之所见,空中之蜃楼耳,心叔则可谓察见渊鱼者矣。今《马一浮全集》出版,其中收有与蒋介石书二通、与陈立夫书五通、与孔祥熙书二通,足征蒋君之言非谬。而蒋君见示之数札,如《上蒋委员长书》等,集中未见。蒋君后移居美国,当挈之彼邦矣。

夫妙玉之为"槛外人"也,为尼而又带发,有三千烦恼丝在,则六根安得清净哉!栊翠庵占大观园之一角,托庇于贾府耳,虽焚香礼佛,抗俗高蹈,而贾母驾到,不能不恭候敬陪。刘老老随贾母而来,虽不乐酬应,亦不能不稍事敷衍。但若周瑞家的或焦大来,则非赏以闭门羹不可也。以是可知,钱宾四之特受殊礼,先师之以为外传非实,皆忘乎己之自有身价在耳。宾四其时在史学界声望已高,又为反对胡适新学者。先师其时虽已罢官,而声名仍盛、三绝犹传,未来升沉,固难预料。纵难上拟宝、黛、湘云之尊,下亦不致如芳官、香菱之贱。若玄婴先生者,知之深矣,其"怕见"之日,正其"开悟"之时也。

《红楼梦》第五回金陵十二钗图册判词,其第六判妙玉云:"欲洁何曾洁,云空未必空。可怜金玉质,终陷深泥中。"正可为湛翁诵之。人或有言:得毋刻薄?曰:非也,此公道持论耳。要之,论学,吾于马、熊两公皆尊之、重之;于文于诗,吾喜马公;于为人,吾则爱如李铁牛之熊公矣。若两公在世,许我持择,吾于马公当敬而远之,于熊公则欣然从之矣。忆查宽之尝以"叩义理于马一浮"自诩,迨马任浙江省文史馆馆长后,查为馆员,而《马一浮全集》中从未一及其姓字,岂查从未一聆其謦欬欤!潘雨廷先生亦尝执弟子礼,多所请教,而集中竟亦印迹全无也。惟夏承焘一九五三年三月廿一日日记有云:"湛翁示无锡薛学潜《超相对论》一书,以科学说《易经》,列数学公式甚多。湛翁谓是今日一奇书,以其不易解也。王驾吾亦在座。"按驾吾名焕镳,亦自称能明《易》理者;薛学潜先生(1894—1969)则潘先生之师,余亦尝往聆其讲说,听者多能"唔唔"相应或点头默契,余则一语不解也。薛公又著有《易与物质波量子力学》、《易经科学讲超相对论》等书,湛翁或未曾见及。此事拙著《寄庐杂笔》三九五至三九六页曾予详述,兹不再赘。综合以观,倘无声名权势者而欲求教于马翁,必有如姜亮夫先生之文所云"滑倒"矣!纵有人为之先容,亦必将鄙恶之如对刘姥姥也。是以在杭时,浙江省通志馆之梅庐虽与复性书院之葛荫山庄咫尺比邻,外出时亦屡得与马翁邂逅,亦终不敢贸然请教也。

忆抗日战争时期的衢州中学国文教师群

人到晚年，常好追怀往事。每当冗事了却，静下心来的时候，小学时代教导过我的陈诉卿、周徐序和江龙年诸师的音容笑貌便一一浮现在我的眼前，继而出现且更为清晰的是我中学时代的国文教师群像。要不是他们的立范，我不会选择教师之业；要不是他们的赏识和鼓励，我不会有从事创作和研究的冲动；要不是他们对我的口传指授，我初出茅庐便到学术机构工作就会一筹莫展。

母校衢州中学校史上的国文教师群是值得大书特书的，他们对学生的直接和间接影响，有时是意想不到的大。前前后后，我有幸受其熏沐的，就有屠伯和、陈康白、陈友琴、袁微子、方光焘、王西彦、曹百川、张厚植、何植三等几位老师。

曹百川、张厚植二师的旧学根基甚好，但他们都没有教过我。何植三老师是五四运动时期的著名新诗人，也没有教过我。但我对三位老师却由衷地尊敬。他们教书育人，一丝不苟，而且以身作则，有古君子之风，在学生中有口皆碑。

方光焘先生是著名的语言学家，王西彦先生是著名的作家，他们在衢中执教的时间都不长，但却影响很大，他们也都没有教过我。不过我听过方先生的演讲，又曾两度乘自修课的空隙去偷听他在别的班级讲授的文学理论，对我启发很大，后来我执教并从事文艺学研究，可以说是由他启蒙的。

但以上几位老师对我的影响大致是间接的。而直接对我施以教诲，使我深受其益的，则无过于屠伯和、陈康白、陈友琴、施维彩和袁微子几位老师了。

就依受教的前后次序来说吧,首先是屠伯和先生。他上课不受教科书或讲义的束缚,喜欢借题发挥,生发开来,抨击政治的腐败,揭露社会的黑暗,开阔了我们的眼界,提高了我们的认识。这是我们最想听也是最爱听的。

晚间上自修课时,我们常向级任请假,托辞说有不解处去向伯和先生请教,实际上却是去听他高谈阔论。每晚他狭窄的房间里总是挤满了人,我几乎一次都不肯放过这个机会。

谁知在学期即将结束时,伯和先生却对我们说:"我下学期不能来教你们了,改完考卷就走,你们不必来送,免得产生麻烦。"原来他竟被学校当局解聘了。同学们表示想搞集体签名留住他。伯和先生笑了笑,说:"不必了,解聘已对我很客气了。"

就在大家准备期考时,伯和先生叫人挑了行李,从石梁步行到城里的火车站去。临别时他对我们略略点了下头,凄然一笑,当时大家的心情都异常沉重。

伯和先生走后,同学们以为再也找不到这样通达世情的老师了,不意接替他的陈康白先生,竟令人有"奇外无奇更出奇"的惊喜。

康白先生思路广阔,讲课生动,写起文章来,嬉笑怒骂,涉笔成趣,书法又龙蛇飞舞。哪个教室笑声最多,哪里就是他在讲课。那时大家听他讲课,总嫌下课铃声响得太早,恨不得堂堂都是国文课。很多同学写字也都纷纷摹仿起"康白体"来。

康白先生对我的偏爱使我终生难忘。记得在初三时,每次作文簿批完发下,我的一本总是留着作为范文来评讲,讲得有声有色,常使同学哄堂大笑。康白先生批改的这两册作文,我把它合订起来珍藏,不料不久即因日寇流窜而毁于兵燹,不但当时感到伤心,现在回想起还是觉得十分痛惜。

正是由于康白先生出格逾恒的奖饰,使我立志做一个像他一样的好教师。后来我曾失学、失业,生活无着。有人介绍我到税务局和银行里去,都被我婉言拒绝。由此有人认为我是个怪人和书呆子,哪里知道我寻觅"孔颜乐处"的执着呢!

康白先生是我们在新文化和新文学领域的领路人。八九年前,同学袁路夫来沪和我话旧,念念不忘的就是康白先生。要不是他,我们的方向和取径也许都会和现在不同。

有次我和表兄罗名钧一起从石梁进城,路上议论起老师来。我说,书教得最好的总要算康白先生了。他却持异议,说不相信谁还能超得过袁微子先生。这不禁使我想去一听微子先生的课,只是一直都找不出机会来:凡微子先生上课的时间我都有课,真不胜怅惘之至。只能在晚间到他房间去聆听他谈论。

微子先生的房间,和伯和先生一样,也挤满了人。但伯和先生说话严肃正经,激昂慷慨;微子先生则沉静幽默,发语耐人寻味。也许和微子先生闲谈,比在他课堂上收获更大吧。

那时微子先生在报纸上发表文字愈来愈多,愈发引起大家的兴趣。同学们私下议论,在这一批语文教师中,微子先生年纪最轻,天分最高,散文写得最惹人喜爱,将来在散文创作上的成就未可限量。

但新中国成立以后,却听说微子先生专门从事教学理论的研究,不大有文艺性的文字发表了。一个人因为岗位和任务的需要往往不能"熊鱼兼得",微子先生的转向,自是教育界之幸,但对于我们偏爱文学的人来说,总未免感到怅然若失。

在高中读书时,我和陈友琴先生的关系最为密切。先生身材短小,曾对同学们开玩笑说:"你们别看我矮,历史上的伟人都是矮子。"随即举例,从拿破仑一直说到孙中山。

起初因为受某先生的影响,我对友琴先生十分反感,同学们也都是如此。我那时特别反对读文言文,但高中的教科书偏偏不仅全是"之乎者也",而且开卷都是先秦两汉,与初中教材衔接不上;未免觉得艰深难读之至。但友琴先生功力深厚,讲课时既字斟句酌,又旁征博引,深奥的出之以浅,枯燥的解之以譬,师生间经过短短的磨合,同学们自然而然改变了成见和偏见,对友琴先生十分倾倒了。我后来能够从事古典文学的教研,实亦拜先生之赐。

友琴先生写的旧诗词都很有情趣,常发于报章,一见发表,大家纷纷抄录，我当然也不例外。

后来，我为了获得一个稍许像样的资格，想到中国新闻专科学校读书。入学条件规定要有大报三年记者的经历，还需要该社写推荐信，这些证明材料，就是陈先生和《东南日报》商量，开具给我的。要不是这样，恐怕我连做个小学教师的资格都还不够，后来怎能在大学授课呢？

友琴先生和我曾经通过许多封信，写《文学概论》时还不断得到他的鼓励。然而通信到一九五七年就戛然而止了。那年被打成右派后，我写信告知其事，但未获复书，知其定有苦衷，于是断了联系。但他其前的来信，我在"十年浩劫"前都还都珍藏着，然而到了一九六六年九月五日那个难忘的日子，却随同我所有的藏书、笔记，已成和未成的著作都灰飞一旦了。"文革"结束后，又恢复了联系。但待我将著述寄呈求教时，却未获回书，当是年事已高之故，思之不胜慨叹。

继友琴先生授课的是施维彩先生。维彩先生口才不太好，讲课没有上述老师生动，但他是陈钟凡、黄侃、吴梅等人的弟子，学有根基，常和我们谈及这些大师的轶事，他是最早使我获知这些大师之名及其著作的人。维彩先生很谦虚，上课要讲那些文章，讲些什么，怎样讲，也常事先征求我和同学们的意见。那时他的妻子已亡故，只身带了一大群孩子，生活艰难，但并未因此而影响在教学上的认真。

我到浙江通志馆工作后，有一天忽然收到维彩先生一封信，告诉我他已与一女同事喜结良缘了，写了一些旧诗来歌咏他们的爱情，并希望我次韵和之。欣闻先生重获幸福，即刻遵嘱写好寄去，随即收到他的感谢信。后来大约是由于他工作变动，我寄到衢中的信被退了回来，从此失去联系。

半个多世纪过去了，回顾我求学时代衢中的国文教师群，大致说来，都称得上各有千秋，值得尊敬和爱戴，而不才如我，则有幸受到他们的哺育，小有所成。不知道现在他们谁存谁殁。但愿逝者安息，生者长寿，作为衢州中学的一名老学生，他们在我心中的形象是永不磨灭的。

一九八九年

（原载《衢州文史资料》1989 年第 7 辑，有改动）

长挹清芬
——与钱锺书先生通信记

钱锺书先生是当代学者兼作家中我最崇拜的一位。对于钱公的著作和创作，我日置案头，读而不厌，有甚于"枕中诊秘"。然而对于钱公本人，我却万万不敢高攀，景行私淑而已。

可是万万想不到，长子永翔的一篇小文，竟会为大匠巨眼所瞥见，并加品题，这大概是释氏之所谓"缘"吧！永翔遂斗胆将和我合著的《文学的艺术》寄呈求教，自觉疏误甚多，未免怀着忐忑不安的心情。

更万万意想不到，钱公竟眼快手勤，读了我们的书，立刻便赐示给我：

衍文先生著席：

　　前与贤郎通问，惊叹其学博词弘，于纷若牛毛中卓同麟角。后乃知家传有自，故根柢深厚。两世长者方可以说诗谈艺，此语足补魏文《典论》之遗矣。顷奉

　　惠赐大著，亟一披寻，言之有物，即事明理，笔舌锋利，能宣妙发微，以匡鼎之解颐，兼严羽之析骨；教化广大。采及荛菲，则汗颜芒背，昌黎不云乎：其荣也，兹所以为愧也。草此报谢，即叩

冬安

贤郎均此

钱锺书敬上

杨绛同候

（1985年）十月廿九日

捧读之馀，真使我喜出望外而又感愧莫名，于是就寄上一书以明原委：

默公前辈著席：
　　　　拜诵
赐示，惊宠失措。我
公不为赵秋谷之掷还，乃
作庞士元之过誉。自惟荒陋，弥觉愧惶，拙稿属草于更化初，事繁暇少，籍阙假难。加以性本善忘，章偏急就，致有误称于宝、错认颜标处。且论多复出，例有未安，尝为识者所哂。论复出者，人老不忆前语，稿成疏于复勘也；例未安者，马经易作，骏足难求，不遇凤鸣，聊寻乌合耳。斯亦无可如何之事。其中尚有心虽知非而改已无及者，如"巧拙"与"浓淡"之当分别，"增减"与"离合"之当补撰皆是也。差堪自慰者，惟曾言所欲言，未尝人云亦云耳。破碎支离，本不敢以污
尊目，惟以小儿尝蒙错爱，兼以苟不依傍
鸿制，几不足成篇，故虽同恶影之犀，仍托寄函之雁耳。人有谓拙著于今古诸贤，俱有所掎摭诋诃，独于
大著《围城》以为毫发无遗憾者，疑有贡谀之嫌（此等处已为出版社删改甚多），实则晚初不识荆，讵期说项？而拙稿成时，永翔亦未受知于
公也。此实平生之好、私淑之诚，有不能已于言者。衰病之身，宁有托足权门之想耶！人之多言，亦可笑也。略述初衷，兼鸣谢意。耑肃，敬叩
著安
夫人均候

　　　　　　　　　　　　　　　晚学刘衍文敬叩
　　　　　　　　　　　　　　　一九八五年十一月十日

这封信是我的自白兼对拙著的自评,信上所提到的缺失,在我们父子合著的《古典文学鉴赏论》中,有的曾加以修正和补充,有的则因二书所论角度不同,无法重新提及,只能引为遗憾了。

大约是对我们赠书的回报吧,1986年2月,我们又惊喜地得到了钱公惠赐的大作《七缀集》,当时感触良多,立即又呈上一信:

默公前辈著席:
　　　接奉
大著,如获拱璧,
垂爱之深,欣感无既。
尊集所收诸文,其旧梓晚皆尝细加研读,受益良多。今
赐本复事增删,足可比照以观,藉窥
大匠日新之德,思其点定之由,则金针之度世,亦在个中矣。沪埂尚
　　未见售,先睹之快,
长者之赐也。敬谢,敬谢。
公之著述,晚少年时初读即如受电然,蔡邕之好《论衡》,未足喻也,
　　后即广事搜求,所得虽片言只字,皆视同至宝,物聚于所好,凡已公
　　诸世者几已大备,惟《新文心雕龙》(友人见告)、《文学小史绪论》
　　及《论中国文评特色》诸文(均《谈艺录》中提及)遍求未得。恨丁
　　赤马之灾,已获者一旦与寒斋数十年所积同化秦灰,思之令人痛
　　惜。更化后
大著新版陆续问世,遂得一一购之。曩读
尊著《旧文四篇》,恍若有得,尝与小儿论及义山《无题》,赏其"卧后
　　清宵细细长"之句,末三字之妙,以锺伯敬之专探幽微,纪河间之善
　　为密察,而于此皆失之交臂,似眼披金屑然。夫细长本状物之词,
　　未有取以状时者,而独义山为之。语似不通,盖夜谓之长可也,谓
　　之细可乎?然此实具妙理。缘细者狭之至,物愈细则愈见其长,相
　　形之道也。长之为义,既兼指时空,今欲极言清宵之长,他词似皆
　　凡下,独状物之"细细长"三字不妨借用耳。盖"细细"二字,不特

可明此意，且与"清"字意极相谐，读之直觉既韵且新，欲唤奈何矣，得不谓之神来之笔乎！窃谓此亦通感之一类；盖物之纤洪，目可接而辨，身可触而知，而时之久暂，则惟意能知之，然意若舍他五识亦不能独知也。然则此岂非以念虑之根通之于视、触乎？上说倘有穿凿之处，祈

大雅有以教之。忆

高文尝讥人有万事善忘，而于作回忆录时记功偏好者，读之不禁解颐久之。客岁尝作记先师　越园先生文一篇，或不免躬自蹈之而不自知矣。然此中固有真我存焉，且亦小具掌故，想亦

公所乐闻也。今敬附呈。又小儿欣得

尊著，喜赋四绝，自以钉铰之体，不敢上呈。晚则以为渠既非诗人，则言之工拙，自可略而不计。至其诗所述，则实合鄙意；天下公言，亦复如是，故亦命其另纸录呈，我

公或不以为渎也。专肃，敬叩

道安

杨公均候

晚学刘衍文拜上
一九八六年二月二十八日

寄去的两封信，因怕过于打扰，我均请不必费神作复。其中所说的回忆先师越园先生之文，即指刊于"余绍宋研究学会"所编的《余绍宋研究·通讯》第二期中的一篇长文，正题为《未开花独赏，久屈蠖应伸》，用的是袁枚《荐鸿词北上辞别桂林中丞》中句（见《小仓山房诗集》卷一）；副题是《追念恩师余越园绍宋先生》。第二封信中谈李义山"卧后清宵细细长"一段，曾摘引入我们合著的《古典文学鉴赏论·炼字》章中。有不少人见到，都以未见全信为憾。其实，若在论著中插进一些不相干的话，未免不伦不类，现在借此机会抄出，聊以附骥，并以示世之不我遐弃者。

吴戬毂附识：

曩余读义山"重帷深下莫愁堂，卧后清宵细细长"之句，颇有味于"细

细"形容之妙，然究其妙在何处，实亦懵然也。后得读衍文先生《古典文学鉴赏论》，恍有所悟。尝闻先生衡文论艺，每不欲依傍古人、苟合时贤。"人居屋中，我来天外"，随园《续诗品》固言之矣。今诵是书，而先生之持论，亦仿佛似之。盖其识也，必力透百代之纸背而后已；其学也，虽蓬阁兰台未足以该之。而先生之解义山也，初亦见于是书，盖论"细细"之"极言清宵之长"亦"通感之一类"，理固如是，足补钱氏《谈艺录》之阙。然人各有悟入处，先生亦屡言之矣。暇尝思而笔之云：

"细细"也者，盖承上言之，谓"清宵细细"也。试思清宵卧后，万籁俱静，而往事如烟，此时惟诗人思绪如抽丝之纷然游走，则此情此境非"细细"不足以体之味之，舍"细细"亦不足以状此境此情之清尔。只着此二字，而清宵之境、诗人之情，读者亦体之味之矣！连下读之，"细细"亦以概清宵之"长"并愁思之"长"也。常言曰：愁人夜长；又情人误约，其时间感受之细之微，亦惟此二字足以当之。常人一日，愁人则"一日相思十二时"；常人一分一秒，愁人则"似将海水添宫漏，共滴长门一夜长"矣。盖时间单位之分割愈细，主观之心路历程之所感则愈形其长，海水之添于宫漏，如数学之微分趋于无穷大然，则时间之特定单位分割至于无限，非"细细"而何。舍"细细"二字莫能喻诗人愁思之长，亦莫能味愁人清宵之长焉。更进一层而言，诗人之心路历程于以下六句历历现出，细数而概言之，则此"细细"二字直可统领全篇矣。然谓此二字为全诗之眼，犹未为过也！意"细细"初未必定是状物，恐伤诗味故耳。

初，余以无缘识先生，复以文学非己之所业，恐所言为识者笑，故不欲出之。后以机缘所聚，得识先生矣，偶言及之，先生闻而喜，且督余作文，意欲公诸同好。余敬谢曰：奈未得牙慧，先拾唾馀何。然固辞而不获，非敢续貂附骥，特用志先生爱异量之美，与余向之受知受启之感云尔。二〇〇〇年一月。

衍文按：

近获读《管锥编》第五册《修订》二七三页论及义山"卧后"之句，云："'细细'者，逐秒以待寸阴之移，愈觉长夜之漫漫无尽，犹《庄子·天下篇》所谓'一尺之棰，日取其半，万世不竭'也。"是钱公不以拙说为然也。

而戬毂兄之说与之暗合，亦可徵其颖悟已。儿子永翔则谓余说及钱说皆过于深求，实则"细细"者，缓缓、冉冉之谓也。老杜《江畔独步寻花七绝句》之七云："繁花容易纷纷落，嫩蕊商量细细开。"又《宫亭夕坐戏简颜十少府》云："老翁须地主，细细酌流霞。"味诗意皆"缓缓"之义。又《严郑公宅同咏竹》云："雨洗娟娟净，风吹细细香"。较以《狂夫》诗之"风含翠篠娟娟静，雨裛红蕖冉冉香"。则"细细"自与"冉冉"同义也。余谓诗无达诂，"作者之用心未必然，而读者之用心何必不然"，况误解亦往往有助于创新乎？故三说并存之可也。

（原载《寄庐杂笔》，上海书店出版社2000年版）

读《余绍宋日记》话旧

夏君希虔来电告诉我,《余绍宋日记》(以下简称《日记》)简体字标点本即将付梓,并说余先生长孙子安先生要我写一篇序。我说,今日能全面认识理解越公之为人为学及其交往者,非能干蛊的子安世兄莫属了。由他来写,不是更亲切有味吗?希虔兄说:子安先生已有一篇关于《日记》的保存、整理以及影印出版始末的文章,附于书末,不好再写,于是就想到了忝忝入越公门下的不才。我自忖眼花手战,握笔为艰,写的字,往往转眼之间自己也不能辨认,遑论他人。本思请人代笔,但其人必须是通读过《日记》且熟悉晚清民国史事及掌故者,而仓促间亦不易寻觅。倘只是翻空作论,那又有什么意义呢?思之再三,还得由我勉强承担,以报夏君之命。

那就依据《日记》所叙,结合自己的所知所闻,择要写一点掌故轶闻,聊为谈助吧。不过,要称此文为序,是万不敢当的,只是读后感而已。

其实,写读后感我也不是合适的人选。我自小虽好文史哲,但由于研究的需要,厚古薄今,不甚关心近代史;虽爱好清代文学,而于龚定庵之后的诗文也不大关注。数年前为《万象》写有关钱锺书《石语》的文字,涉及晚清和民国时代的一些文人,大多与先师有过交往。若早年能爱读这些人的诗文,并时时向先师请益,也许会为我今日的文字增色不少吧?

记得当时《日记》影印出版,友人即惠送我一部。于是夜以继日,一气读尽,遇到感兴趣的,又翻过来反复诵读,读时仿佛又回到了在先师座下听他娓娓话旧的日子。

《日记》内容包罗万象,读之令人目不暇接。其中有关方志修纂者,已由劳君乃强辑出;谈论书法绘事的,子安世兄亦已辑得《余绍宋书画论丛》,并由国家图书馆出版社梓行。皆大有裨于学林艺苑。而我最关注的则有两个方面,一是谈艺论学,一是人事交往。兹就所知,分类疏记一二如下,权当与后辈话旧吧。

一

我最感兴趣的是先师对两部著名日记的评议。

一是李慈铭(1830—1894)的《越缦堂日记》,先师对每一册都作了提要(当然,其中为樊增祥借去未还,直到1949年后才幸而发现的两册,不在其列)。越缦写日记四十年未尝间断,一向被誉为日记之王,所谓"日记百年万口传"者是也。因篇幅浩繁,翻检为难,遂前有由云龙所辑《越缦堂读书记》(有上海书店重编补订本),后有张寅彭、周容编校《越缦堂日记说诗全编》(2010年4月凤凰出版社初版),均便查考。先师的提要,则从另一角度入手,以便读者关注和检视,而所下评语都能公允持平,且时有剖析入微处,实大可供读者玩味。兹录其总评于下(民国十一年六月十七日《日记》),以见先师品藻之公。

  越缦博通群籍,故言皆有本,而每读一书,必能撷其英而指其缪,所论极无门户之见,亦无偏激之谈,自是善读书者,今日无此好读书者矣。

  所记朝章国故皆有本原,可资考证者甚多。

  随笔记载,吐属尔雅,尤长于记事之文。其骈文甚自诩,其实格不甚高。

  寻常琐屑如通谒、馈遗、物价、工值等类记之甚悉,亦可窥知当时社会情形。

  越缦人品高洁,无做官人恶习,自是上等人物。惟牢骚愤激处太多,动辄恶詈丑诋,稍欠学者气象。

  诗词遣词工稳,颇有天真。若论诗格,亦不甚高,而自夸太过,恒以为上跻李杜,当世无复能读之人,不免狂矣。

越缦于小学致力颇深，故偶说训诂名物，皆甚精当。

越缦动警人有头巾气，其实彼纵论时事、臧否人物，亦恒不免。

按越缦与先师表伯梁鼎芬（星海）同为光绪六年庚辰（1880）进士，梁年二十三，李已五十有二了。是年《越缦堂日记》八月二十一日、二十六日、九月三十日，都有记其贺梁新婚、看新妇，以及为书楹联事。先师友人蒋麟振（宰棠）先生亦与李相识。越缦卒于光绪二十年（1894），先师仅十二岁，自不及见，然既重其日记如此，且与星海频繁往来，言谈中亦应涉及其人，何以《日记》中并无这方面的记载，诚为不解之惑。假如我早知先师与梁星海交往之密，当面请益那该多好。不过先师虽未及一见越缦，而已知其心，读其书胜于识其人矣。

一是孙宝瑄（1874—1924）的《忘山庐日记》。宝瑄字仲屿，浙江钱塘人。其书论学、论政、论人、论事，多有自己的识见，其中虽也有局限和欠缺；但毕竟大醇小疵。今其书已出，颇为各界注目，尤以研究近代文史者所重视。先师所借读原稿七册，尚未得其全，迨翻检对照，见先师所曾过目的光绪二十一年乙未（1895）、二十二年丙申（1896）日记皆已佚失，则先师《旧记》所叙及所摘录者，当可为是书补阙矣。先师借阅此书，还是仲屿亲兄慕韩（宝琦）亲自送来的，而慕韩与先师同寅，曾是先师的上司兼好友。仲屿颇尊爱其兄，孙氏日记中屡屡及之，但不知何故，于先师却无一语道及，这又是我的一个不解之惑。

其次，我对《日记》中所录的诗文颇感兴趣。特别是《梁格庄会葬图》的题咏，我大致都过录在《雕虫诗话》后编中，或记其逸事，或稍作简要赏析。最可贵的，就在于各家的不同风格与各自观感的表达。还有些见于《日记》的诗作，或为作者集中所失收，或集中虽收而已作改动。如《梁节庵集》与黄节《蒹葭楼集》中就有这种情况。又如所录江叔海（瀚）诗，皆其《慎所立斋诗集》刊行后所作。朱汝珍（1870—1943），字聘三，号隘园、玉堂，广东清远人。光绪三十年甲辰（1904）榜眼。民国十一年（1922）七月三十一日《日记》中录其《题梁格庄会葬图》一诗，其诗文集则未见有目录书著录，故此诗弥足珍贵，兹录于下：

种树庐前月,嘘唏忆共看(汝珍乙卯四月恭谒崇陵,寓文忠公种树庐)。崇冈望葱郁,老干慨凋残。血化知成碧,心盟敢便寒。几回桑海泪,还洒故人棺。

会哭悲行路,相因况近亲。大难来日事,乃见有心人(越园理文忠身后事,无微不至)。胶漆情犹昔,丹青妙入神。他年陈迹耳,吾意重酸辛。

其他著作则有《词林辑略》、《词林姓氏韵编》、《清远县志》、《阳山县志》等尚存天壤,这不由想起家乡宋代的状元刘文靖公(章),其所著《非〈非国语〉》、《刺〈刺孟〉》两书,据朱彝尊《经义考》说"已佚"。先师有《游寺下村吊刘文靖公》四首,其三有"太息仅存诗两首,吟馀凭吊益低回"之句,古今情况,一何相似乃尔!相传朱汝珍原定状元,慈禧以其姓为朱,为明之国姓;名有"珍"字,同于珍妃之号;又是广东人,联想到康梁及孙文皆粤人;时值大旱,而刘春霖之名讨彩,且其籍贯为直隶肃宁,有"肃清安宁"之兆,乃改定刘为状元。其说恐是齐东野人之语,但朱、刘名次互易则实有其事(见金梁《瓜园述异》、《光宣小记》,商衍鎏《清代科举考试述录》)。据说,犹太富商哈同身后神位牌,曾请三鼎甲,即状元刘春霖、榜眼朱汝珍、探花商衍鎏同来"点主",此亦旷古未有之盛事。朱汝珍曾到香港任香港清远公会会长、香港大学哲学、文辞教习及香港学海书楼主讲,1933年接任香港孔教学院院长。后回大陆,卒于北平。先师与其往来亦密,日记中或称聘三,或称隘园,或称朱师傅,以其曾为南书房行走之故。朱与梁文忠、陈弢庵往还甚密。先师颇有意将各家所述晚清掌故,兼及闻之于太师母及梁太夫人者录存一书,但似未曾落笔,《日记》涉而未及,颇感缺然。

我读至《日记》中专谈王渔洋诗作之处,感慨尤深。先师有《与客谈诗漫成二十绝》,我与永翔曾为之作笺,今收于《寄庐茶座》。其论渔洋云:"本无寄托漫成章,应让渔洋胜擅场。绰约风姿流丽句,千篇一律便平常。"记得我在云和大坪时,曾就此诗与先师小有争议。师谓自己并不完全否定渔洋,"绰约风姿",岂非赞许之辞?我说,结句如此写法,不是把前语全部推翻了？师云："要分别观之。"但我总不甚以为然。今见《日记》中于渔洋有全面评判，方觉先师对神韵一派实有深许。论诗绝句之体固为读者所喜爱，亦为评者所喜为，但区区二十八字只能大处着眼，易于以偏概全，令人滋生误解。若持此诗与《日记》所论合而观之，那就圆融无憾了。兹录先师对王渔洋诗之总评如下（民国二十八年九月十七日《日记》）：

  所拟乐府，于组织中见流走，于雅洁中见古朴。确有不可及处。
  渔洋才力本雄放，而每为风调所掩。袁子才谓其"一代正宗才力薄"，不可信也。要当究其本领，不可袭其皮毛。
  渔洋生在承平时，故无噍杀之音，即间有悯时之作，亦极有分寸。不得以杜陵之悲壮淋漓律之也。
  渔洋以《秋柳》四章得名。然不过使事不板，风韵极佳，于当时独开门径，不落小家咏物诗窠臼，必不能为全集压卷也。全集中，自以《蜀道集》为上乘。
  古体诗每于结处擅场，起笔多不经意。
  《蜀道集》中，凡吊古论古诸作，皆有独见。
  《南海集》中多平调、半客气，虽面目未尝改观，而才力已减。盖风调犹存，而丰骨稍逊矣。
  晚年五七律深厚雄浑，深得杜陵家法。
  喜用僻典，是渔洋好奇处，亦是其可议处。

先师对王渔洋《秋柳》诗的评价虽不甚高，但仍予以充分的肯定。按此诗作于顺治十四年（1657），渔洋时年二十有四，不唯当时和者甚众，后人用其韵作诗者亦夥，不仅名噪一时而已。但我对此却有不同看法，在拙著《雕虫诗话》卷二中有"唯《秋柳》四首，实非佳作，堆满典故，几无一句道着"之评，且言："'他日差池春燕影，只今憔悴晚烟痕'之对，以'他日'对'只今'，早已成套；而'新愁帝子悲今日，旧事公孙忆往年'，更是笨拙之至。又何可称道耶？"并对神韵说有所阐发与考订，惜当时皆未及就正于先师。

记得有一次与先师谈及祭文，我说："世多推刘令娴《祭夫文》、韩愈《祭十二郎文》二篇，其实二文各有所失。刘文名句'雹碎春红，霜凋夏绿'，艳而不哀；而韩文则专在段落和虚字上费心思，大掉花枪，如玩杂耍，易使读者忘情别骛。皆不如袁枚的《祭妹文》自然自如，出自至性，感人至深，当为千古第一祭文。先生菲薄袁简斋，不知于此文观感如何？"先师则转问我："你看过我的《祭妹文》吗？"我初以为所祭之妹为嫁与内人外祖劳恭震（曾任浙江省审判厅长）之二弟恭寅者，后读先师《日记》，方知所祭为嫁与罗家的小妹。其文我数十年后方在重新出版的《龙游县志》中读到，确实写得不错。

其三，我觉得先师《日记》中涉及名胜游览的文字，详尽生动，大可辑出别行。诗要"状难写之景如在目前"已难，而为文尤其不易；诗可以概括浓缩而言，文则时间、地点、方位、路径，以及沿途景色，需要一一点清，而又不可如地图方志般枯燥无趣。先师写起来却能随景敷色，不拘一格，引人入胜，这与先师善画山水、贯通画理不无关系。

二

再说人事交往。这得分两类来谈：一与谈艺论学有关，一与故乡亲情有关。第一类中最引起我注意的有：

陈宝琛（1848—1935），字伯潜，号弢庵，又号菊隐，晚号听水、沧趣。是末代皇帝溥仪的太傅。其著作《沧趣楼诗文集》已由长子永翔及其门人许全胜博士校点并由上海古籍出版社出版。读先师《日记》，始知陈还是先师留日归国参加殿试时的房师，我尝戏言，照这个师承关系，陈太傅已是我的太老师，至许全胜则是第五代的"封建馀孽"了。永翔生于戊子（1948），恰晚太傅一百年；全胜则生于戊辰（1968），恰晚太傅两甲子，于听水亦似皆有缘。太傅之诗，几乎没人说不好的，而林琴南尤为推崇，但太傅于林却不甚许可，民国九年（1920）四月九日《日记》说陈"谓其自负太甚，其实所作文不脱小说习径，又不明时事，不谙掌故，实不足取。又论

其所画亦甚恶劣"。关于林"不明时事,不谙掌故"之例,江庸《趋庭随笔》记其父江瀚(叔海)之语云:

> 林琴南为梁星海作《种树图记》云:"德宗之崩,梁入都欲叩谒梓宫,为袁世凯所阻。梁乃于旅馆中寝苫枕块,举哀九日,哭天子之礼也。"是文殊失实。梁官至按察使,本不能叩谒梓宫,况此时孝钦既丧,袁方自危,何暇问此?且内外官哭临初非袁所能禁抑。至以"寝苫枕块,举哀九日"为哭天子之礼,似亦无据。是年大丧多不循制,三品以下理应在景运门外行礼,乃京朝官咸集于乾清门,梁独匍匐景运门外,且号哭有声。惜琴南未见之耳。

琴南之负气好争,且形之于小说,如《荆生》之骂胡适、陈独秀,《马公琴》之斥章炳麟,尤以《江天格》影射陈石遗,认为是"吾所最恶者"。如果林知道他所崇仰的陈太傅在背后还这么说他,岂不要气得半死!可见平常的客套应酬,是认不得真、作不了准的,倒是"谁人背后无人说,哪个人前不说人"这句俗话,却道出了真谛。

陈太傅是以写奏折、攻八比、作诗词名世的,他的律赋也值得郑重一提。律赋起源于唐代的科举取士,几经改定,格律愈来愈严,束缚愈来愈大,可谓是赋中之赋,此体之作当以清代最为出色。我觉得最可称道者有三家,一是陈沆的《简学斋馆课赋存》、《简学斋馆课赋续存》。他是嘉庆二十四年(1819)状元,翰林院修撰。才学虽优,可惜天年不永。所著《诗比兴笺》誉之者虽众,实不免穿凿附会之谈。但赋实在写得好。二是何栻的《悔馀庵文稿》。尝选其《梁夫人桴鼓助战赋》于拙著《古典文学鉴赏论》中,认为这是律赋中最有代表性的佳作。这两家诗赋,晚清科试者皆作为范本研读的。三就是陈太傅的《沧趣楼律赋》了。他往往有一题依同韵连作两篇者,如《富郑公书座屏赋》两篇,都用"守口如瓶防意如城"为韵,《必逢佳士亦写真赋》两篇,均以"文采风流今尚存"为韵,甚至《唯道集虚赋》用同韵"虚室生白吉祥止止"连作三篇,均见其文思敏捷思路宽广。因此,当推太傅为律赋作者的殿军,后来者已无能为继了。太傅八十八岁谢世,卒前一年,《日记》记先师拜见时,陈还行回拜大礼。记得名诗人陈三立,太傅壬午年江西所得士,年仅少太傅四岁。也在太傅八十七岁时拜见时行三跪九叩礼,太傅辞之不得,乃勉强接受。这均可从中看出太傅的谦谦君子之风。

梁鼎芬(1839—1920),是张之洞最得力的幕僚,清末以尽忠王室闻名于世。他双亲死得早,是由叔母余太夫人抚养长大的。余太夫人是先师的祖姑母,所以先师称梁为表伯。先师与梁关系密切,《日记》中涉及最夥,而不解之处亦最多。特别是梁的婚姻问题,流俗各有不同的说法,令人莫衷一是。以前我涉笔此事时尚未读先师《日记》(见《寄庐茶座》),及读毕《日记》,则记祖姑母之言,多清末掌故,而未及家事,殊有缺憾之感。转思此事乃当今所谓个人隐私,姻亲间自不会提及。因此。遍考史料,前后竟达四年,方写成《终古佳人去不还》一文,谈梁鼎芬与龚夫人之事,并于2011年1月号《万象》刊出,颇受读者注目,兹不多赘。且记拙文未及者三事于此。

陈灨一《梁鼎芬之泄愤》(见《睇向斋秘录》)云:

> 梁星海廉访(鼎芬)由武昌府知府洊擢至按察司,恃张南皮之宠任,大权独揽,同僚切齿。某君戏拟一联一额以讽之,联云:"一目当空,开口便成两片;念头中断,终身难免八刀。"额云:"梁上君子。"梁见之怒不可遏,欲得其人而甘心。旋探悉系门生尹亚天所为,报以一联一额。联曰:"有心终是恶;无口岂能吞?"额曰:"伊内偷人。"造句两皆佳妙,然皆谑而虐矣。

徐凌霄、徐一士《凌霄一士随笔》有《梁鼎芬妒才》一则,仅据陈石遗年谱,谓"最可笑者,陈尝声言欲去,梁即赠联以坚其意,并为饯别。而张(之洞)旋以加委差事留之,梁复致笺慰劳,谓不应去"云云。谓如此反复,盖"梁患夺其宠,故利其去,既又笺谓不应去,则所谓欲盖弥彰欤"。恐怕当是石遗自视太高,遂疑心而生暗鬼了。须知当时张香涛广招幕客,才彦如云,梁何不排妒他人,而偏对陈如此?即以诗文而论,陈岂得与樊增祥、易顺鼎相颉颃乎？梁既能与彼等互相推服，而独忌陈一人，何耶？则二徐立论，未免偏听偏信矣。

《日记》中记祖姑母余氏多处，今特录易顺鼎《琴志楼诗集》卷十八《节庵叔母余太夫人七十有二寿诗》，以见其懿德云：

> 吾友少孤露，名家能中兴。得于从母教，夙以女宗称。成就宫花早，流传谏草曾。朝阳一声凤，霜气九秋鹰。璞采荆山玉。壶盛鄂渚冰。安车依绣斧，直节励朱绳。圣后知苏轼，邦人重李膺。不惭青史笔，端赖绛纱灯。中悃倾葵日，孤怀蓄蘖冰。姓将疑作仇，名亦讳言征。天竟娲皇缺，城同杞妇崩。忧深鲁漆室，泪洒舜黄陵。义不他君事，欢仍孺子承。巴清应仿佛，梁节共峻增。绵上甘泉画，芦中汐社朋。犹堪补莱舞，岁岁寿诗增。

叙余太夫人抚养教育梁星海事甚明。诗为排律，对仗极工，非龙阳才子不能为。惜一时失于检点，重了两个"冰"字。

梁启超（1879—1929）。按梁任公与先师的交往，知者甚众，《日记》中所记亦多。但有一件梁筹划未果之事，涉及先师，先师本人也未必知道。《吴宓日记》民国十四年（1925）十一月十二日有云：

> 晚八九时得柬招，谒梁任公。梁甚愿就校长，询校中内情甚悉。但拟以余绍宋任机要主任。又云，此事如决办，宜得仲述同意。又云，胡适可聘来研究院云云。

其时适当北伐成功，政府派罗家伦长清华大学，颇有违于众议，张歆海、庄泽宣、陈达、钱端生、叶企孙等曾共商校长事，欲呈文上报推梁为校长，梁亦屡次表示愿意。然而当局如何容得下教授治校、民选校长！"书生挟策成何济"，其不为采纳可知。但于此亦足征任公于先师人品、才干的信任。

汤涤（1878—1948），字定之，别号白芋道人，名医家汤贻汾曾孙，江苏武进人。先师绘事师之。我读《日记》，深感先师在北平服官酬应，实为苦事,惟在宜南画社与诸社友作画论艺最为乐事。尝在聚会时观汤先生作画,继而抽签而得其作,《日记》笔之以志欣喜。马叙伦《石屋馀渖》有《汤定之节概》一文云:"丈善姑布子卿之术,自谓平生所长,相法第一,隶书次之,画又次之。此则怀才挟艺之士,每每不肯自以所长为长。"云云。但汤在先师面前却从未论命谈相,当亦知先师接触善相同寅多人,且时有验例,劲敌在前,遂深藏若虚耶?马文又云:"往年居窘,汤尔和任伪职,数以书招,促其北上,终谢不应,几濒于饿死。"故以是高之。又谓其自南来,"仍以卖画为生,而此间习尚,画喜吴待秋,或模吴昌硕、王一亭,如丈之宗其先德者,格不能行,故月人不足赡养。……至其山水不先作轮廓,信笔而成,转得黄山、雁宕天胜之境,世不易知也"。《石屋馀渖》又有《吴待秋画》一文,盖言其画皆率尔而为,致巨富而艺则日下,可知真赏难得云云。

《日记》中又记汤定之欲求先师义女香莲为妾,而为先师婉拒。香莲后嫁祝鸿逵(子孚)先生为继室,我亦尝记其事于《寄庐杂笔》。又尝见一书记载,陈叔通于新中国成立之初欲影印汤定之、余越园两家画卷而未果之事。而马叙伦《汤定之节概》则记陈叔通调汤定之续弦三绝,亦可资谈助。诗云:

  喜星偏照茗闲堂,遮却双于似玉郎。绕膝儿孙齐拍手,争看彩牒署鸳鸯。

  画梅楼易画眉楼,时样偷从眼底收。益信老夫真善相,女师好处是温柔。

  明年报长紫兰芽,哺乳宵深错认耶。稍碍衾绸甜入梦,晓妆催起弄咿哑。

"茗闲堂"、"画梅楼",皆汤自署居室之名,双于道人则以己之多须而自号。

又近出陈巨来遗著《安持人物琐忆》,有《记梁众异》一文,也说到汤定之的"善相"。说"梁自为汉奸后,尝以小恩小惠施与友朋",而"独武进画家汤定之分文不给",因汤"背后告人,梁众异将来必惨死,应过铁云云,被梁所知,遂恨之入骨"。若据前引马叙伦之言,纵梁有厚赠,汤亦必拒收也。汪辟疆《光宣以来诗坛旁记》中亦有《爰居阁》一文记黄秋岳与梁众异事,则说梁亦精于"相法",梁谓黄"君定不免",后又对镜自审,叹曰"我亦不免"云云。可知梁已有自知之明,又何以于他人之断耿耿于怀耶?

说到绘事,《日记》中对齐白石之画颇有微词。我初甚感困惑,后读诸家之论白石画者,均不甚首肯其早年以模拟为尚者。不过,白石晚年有了己独创的风格,情况就为之一变了。先师所论当是针对其未变法前的作品,即孟子所谓"苟为不熟,不如稊稗"之意也。先师对另一画家王梦白,虽菲薄其人,对其画作却颇称许,并不因人废艺。两相对照,其意大可玩味。

三

《日记》中所记人物我曾与之结缘者甚多,亦颇可一谈。

第一位是林烈敷(竞)先生(1892—1980),浙江平阳人。不知何故,《日记》中对他的印象极差,言其为"官僚而欲附于学问者,谈论殊无可采"。这也许是误会吧。我在《雕虫诗话》中提到过林,他是我的忘年交赵明止(舒)先生的学生。越公与明止公也相识,《日记》中多次提及,但交情似乎不厚,我则于其有知己之感,烈敷先生就是他介绍我认识的。烈敷先生曾为我谋到一个好差使,而我却立志于教学和著述,无意在其他方面发展,竟辜负了他的一番好意。数十年后我认识了苏渊雷教授,问起他的这位同乡。苏说与其极好,自己还是林公千金的干爸呢,然而再叩其详,好像苏也不甚了了。后来我从一些资料上才知道林公年轻时,郑海藏、熊十力已目为天下奇才。马一浮也有好些诗相赠,如《林烈敷见枉山中谓将行边索以片语为赠因题短句赠之》诗云:"忠信能为礼,蛮夷亦可行。长卿方喻蜀,三老莫相惊!"足见赏识之深。可惜越公后期的《日记》有许多失落了,或许印象有所改变也未可知。

第二位是王梅庵(荣年)先生。梅庵先生早年留学日本，所学亦是政法。他诗字皆妙。《日记》上说，林风眠校长聘越公任国画系教授，还是梅庵为之先容的。他酒后每与我谈笑风生，却从未提起他与越公的这一层关系。梅庵谈艺妙喻甚多，如评马一浮字"斜肩侧背"之语，纵酷好马书者听来也必会解颐。乐清市诗词学会副会长张炳勋先生尝来信问我有无梅庵的遗稿和遗墨，并告我说，梅庵新中国成立后不幸惨死。

第三位是瞿宣颖先生（1894—1973），字兑之，号蜕园，清末军机大臣瞿鸿禨的三公子。他是掌故家，诗文亦善，声名籍甚。张增泰兄见告，周炼霞女士亲闻瞿云：其父以貌似同治受宠。这从冯煦挽瞿鸿禨联中亦可得到印证，其联曰："寤寐念周京，逸社诗成，每集遗臣赋鹃血；音容疑毅庙，旧朝梦断，应追先帝抱龙髯。"瞿后为庆亲王奕劻与袁世凯排挤去职。瞿兑之曾在北洋政府国务院做过秘书，汪伪时落过水，新中国成立后仍得为上海市人民政府参事。先师尝为其所著《方志考》作序（序文为民国十九年十一月二十八日《日记》载录），凡一千六百言，对其推崇备至，这在先师殊为少见。序中有云：

  兑之乃能举人所不敢为、不能为、不愿为、且并实斋所未为者而毅然为之，不数年间，成斯巨制，发愿之宏、成就之伟，度越寻常，殊堪惊叹。不图今日乃有斯人，其沾溉于来世，功岂在实斋下耶？读者若仅以寻常目录之学视之，则浅之乎视此编，浅之乎视兑之矣。余是以不容已于言也。

今其书《甲集》为《民国丛书》影印收入，当不会泯灭于天地之间了。只是如今介绍瞿兑之的文字很少提到此书，亦可见方志之学尚未为大众所重视。

《日记》民国二十二年（1933）五月十七日云：

  瞿兑之顷任河北省府秘书长，兼主修《河北通志》，以义例来商。即就所见略与论之。此君于此学甚有所得，倘能修成，必大可观也。

可见先师对其期许之深。

我与瞿曾同过三次饭局。初见时，友人向他介绍我是余越园先生的弟子，他只是默默地点了一下头，后两次也是微微点头，仍不交一语。他每次只与我认识的某君低声私语，对同桌的他人都视若无睹。我以为他与越公并不相识，今见《日记》，方知越公尝为其所著书作序，可见交情匪浅。瞿后来在十年浩劫中被人检举，判刑十年，保外就医而死，据说检举人中即有某君在内。某君曾检举多人，受到公开表扬，称其戴罪立功，特予减轻处分。瞿与其交好，未免有失知人之明。

瞿氏著述，世人颇称道其所作《汉魏六朝赋选》，其实我看并无多大特色。但他的《李太白集校注》、《刘禹锡集笺证》，则均用力至深，的确做得好，足以传之不朽。

第四位是陈巨来先生（1905—1984），他是篆刻家。我和他，还有他的同父异母弟左高，都比较熟悉。陈巨来新出遗稿《安持人物琐忆》风靡海上，虽行文粗率，而掌故可观。我读《日记》，才知安持先生曾以刻印为贽拜见过越公，越公亦报以画幅。我以为《琐忆》或许会写到越公，然而却一字未提。倒是写了我的友人尢彭熙和另外几个熟人。但过去他和我谈天说地的时候，却从来没有提起过这些人，而这些人同我一起时，也从未提到他。因此在未读《日记》之前，我也以为他与越公互不相识呢。安持先生是大词人况蕙风的女婿，起初与其夫人况绵初（1902—1983）关系并不太好，后两人同入上海市文史馆，才相互融洽起来。在此之前，记得在一次饭局上，忽忿然作色地对我说："我告诉你，讨老婆别讨广西人，广西女人没有一个是好的！"我说："我老婆在家里好好的，你怎么说这种话？"他说："也许你老婆以后先你而死了呢，我是先告诫告诫你呀。"同时在座的友人就对我说："这人怎么这样讲话，真是天下少有！"《琐忆》记了许多名人，大致以绘画界为主。至于陈本人的情形，我所知道的，就是张大千画的印章，十九都是他刻的。其画上题诗，凡是集杨诚斋句者，也都是巨来精心结撰的。陈被打成右派后，在安徽劳改，当地某高干的公子要跟他学治印，想将他保释而未果，就索性住到劳改农场，陪在他身边。听报告时则有公子扶持，干活时则有公子在旁，一天只让陈干一小时活。剩下的时间，不是教公子读书治印，就是休息养身。这样轻松的劳改生活恐怕无人可比了。

《日记》中还提到杭州裘吉生、董志仁两位名中医。这两位皆杭州人，因避难而至龙游。裘架子甚大，诊金甚高，人们非重病不敢求诊。而重症上门，裘却回天乏力，一连死了好几个病人。有一天裘门口忽然出现一副对联："未必逢凶化，何曾起死回。"横批是"集腋成堂"。隐去"裘吉生"三字，讥其庸医杀人。裘、董两位，先师都请他们看过病，对裘的印象还不错。民国三十年（1941）一月十日《日记》说他"并无江湖习气，或人之言不可信也"。董志仁其人是我认识的，他曾写了一本《龙游风俗趣谈》，要我给他作序。相熟以后，我对他提起裘家门口的那副对联。他问我写得好不好，我说写得工巧贴切极了，继而若有所悟，斗胆问是不是他写的。他笑笑说："你觉得好就好呗。"后来这副对联居然不胫而走，成为名联了，见收苏渊雷先生主编的《绝妙好联赏析辞典》。但《辞典》不详本事，不悉主名，且漏去横批，甚为可惜，谨于此补之。董的岳丈善相，尝说我两颧发红，三十三至三十六岁有难，宜注意。对别人则叹我有才无寿，那几年要死的。其言虽未应验，但我果于那段时间遭难，成为"丁酉进士"了。

四

最后再谈几个于先师较有关系的人物，先说两位当过县长的。

一位是周俊甫县长。他在龙游前后做了好几任，与县人的关系还不错。在日寇流窜之际，换了一个军人叫陈谟的做了县长，而升任周为专员。陈莅任后不断摊派搜刮，弄得民怨沸腾，县人就想起老县长来，于是请越公撰文，立了一块去思碑。不料此举惹恼了当局，不但把碑砸了，还假我之名在杭州的《和平日报》登了一篇《难为了一块石头》的通讯，友人居然还以为真是我写的。于是我投函报社，交涉澄清，而不得要领，只得登广告，发表声明。然而不多久，周俊甫宁可不做专员，仍回龙游，重当县长了。越公为此写了《闻周县长复任喜赋》绝句一首，云："呻吟声里笑颜开,借寇原非百里才。十万部民齐拍手,居然还我使君来。"(《寒柯堂诗》卷一)故乡父老都说周是桂系一派中人,因黄绍竑主浙,故得任龙游县长。以前我亦深信不疑,及读《日记》及有关资料,始知周与熊十力为同乡,是熊在北京大学哲学系的高足,学养相当不错。熊十力与胡汉民交好,周之出任,当由于熊向胡的推荐,实与桂系无关。听说后来周县长到了台湾,在某中学教书以终。

另一位是本县人孙永年,曾在各地做过多任县长。我认识他是在云和大坪浙江省通志馆工作时,他在馆中住了半个多月"孵豆芽",等候派用。几乎天天晚上与大家围坐闲聊,人很随和,不讳好色。他说在北大读书时,假日里常和同学到窑子去"打茶围"。窑子姑娘身价很高,卖口不卖身的,有时连口也不轻卖。打茶围时,满桌子的水果点心,只摆摆样子而已,客人是不吃的。而他们这些大学生就老实不客气了,每次都吃得精光。至于窑子姑娘,竟是千呼万唤难出来,及至出见,对大家都视而不见似的,只对几个年轻漂亮的说上几句,还正色告诫学生:"这儿不是你们来的地方,应当好好读书,为强国强种着想。"说完就返身离席了。这番话真出乎意料,使学生们抱惭不已。孙又说,以前在江西、福建做县长时,当地土匪出没,而且消息灵通,常将新任者用轿子抬入寨中,好酒好肉款待,保证不在县长所辖境内作案,威胁不要多事云云。听来真不由得毛骨悚然。孙又一再称道福建女子美貌,说:"你们没有结婚的都去找个福建女子成家吧。"说者、听者已无年龄身份的隔阂了。抗战胜利后,有一天我正在街头闲走,忽有人招呼我,穿着一身粗布衣裳,乍看以为是农夫,定睛一看,方知是孙永年。今读《日记》,越公说他是"模范国民党员",这真出乎我的意外,因为在我看来,他与一般的党棍形象沾不上边。据说,他后来也去了台湾,也曾在一所中学任教。

此外,《日记》也曾提到一个"荡妇"和一个"泼妇"。所谓"荡妇",乃是指其堂弟铁斋的情妇。铁斋原来也是一个荡子,自己有妻室,却丢下不管,一直与情妇在外面瞎混。妻子寻夫不见,诉之于族中长老,长老也找不到其踪迹。其实,情妇待铁斋并不好,非打即骂。民国十八年(1929)十一月十五日《日记》曾说铁斋"迷于荡妇,甘受其凌虐而不悔"。抗战胜利,我复员到杭州不久,忽有两个高挑女子来浙江省通志馆驻地梅庐找总务课代课长张天放和罗馀生,说是要他们作保与铁斋复婚订约。同仁见她们一身珠光宝气,都侧目而视。不久铁斋来了,衣冠不整,形容枯槁。后听张、罗说,铁斋情妇抗战时在重庆赚了不少钱,现在想叶落归根,和铁斋重修旧好,帮她管理财产,钱可以让他化,但不得干涉她的行动自由。这事当然不会让越公知道,馆中同仁于是听了也只作没听见,也不知他们是如何分手的。嗣后故乡传来消息,说这个"荡妇"一个人到了龙游,警局竟以奇装异服有伤风化将其拘留。一审之下,发现原来竟是余老先生的"弟妇",于是大小官员忙不迭地赔礼道歉,一连数日摆宴压惊。结果如何收场,就不得而知了。至于这"荡妇"的来历,老人们都一清二楚,她本是衢州水上妓院茭白船上颇有名气的"招牌主",艺名"绿牡丹"。"招牌主"者,船头招牌上书名之妓也(关于"茭白船",如今考证者不乏其人,兹不赘述)。当时与她齐名的还有一个"白牡丹",后来嫁给曾当过绍兴警备司令的衢州人徐某。徐嫌其走路姿态不大方欠气派,不像个司令太太,于是派人专门教她"邯郸学步",学不好便施以鞭扑,终至被虐郁郁而死。徐新中国成立后被镇压。凡娶名妓者非达官即富豪,铁斋什么都不是,不知何故会与绿牡丹结成"露水姻缘"。

再说所谓"泼妇"之事。《日记》中只说到祝康祺夫人来诉说,言其新娶媳妇是个泼妇,无法同她生活下去,决意要回开封娘家,特来辞行云云。至于个中情形,《日记》语焉不详,殊不知这婆媳不和的事溪口镇路人皆知。原来祝老先生之子季方,娶的是劳恭震四弟劳恭寰之女秋葵,她自幼父母双亡,由祖母带大。秋葵过门没几天,婆婆走进新房,见儿子坐在床沿,媳妇躺在床上,却把一只脚搁在儿子肩上,于是便大吵大骂起来,还一直闹到媳妇的娘家去兴师问罪。一时弄得观者盈门,四邻不安。看来,这件事还是老太太自己多事。季方卒后,秋葵带了二子二女上余府来,说不把他们的生活安排好,就一头撞死在门前。后来,在杭州解放的那一天,秋葵的长女和通志课员游章辉的三弟志刚在越公的寒柯堂喜结良缘,结果总算是圆满的。

拉杂写了这一些,无补文心,只言稗趣,然绝非捕风捉影之谈,仍不失实事求是之旨。当否,尚祈方家与知情者的匡正。

二〇一一年四月草于上海市钦州花苑之寄庐

(本文为《余绍宋日记》之"代序",中华书局2012年10月出版)

《寄庐杂笔》后记

社会上流行一句俗谚:"文章是自己的好,老婆是别人的好。"可是我却适反其道:老婆是自己的好,文章则不敢自信,稿成也厌于复看。

内子傅咸宜,是在我生着重病的时候嫁给我的。我出生以后就一直为"造化小儿"所弄,好些医生都估计我是活不长的。结婚前夕,病尤沉重,但她却不顾一切,嫁了我这个"上无片瓦,下无寸土"的穷小子。婚后生活又一直动荡不安,特别在我陷身为僇民的二十三年中,几乎没有一分钱的收入,还要天天受监督劳动和批斗、陪斗的折磨。她的极其微薄的工资自然养不活我们一家八口,全靠她到处去暗中乞讨张罗,以一个弱女子的纯真和坚强的毅力,抵挡住极其猛烈的政治压力和社会多方面的凌辱,茹苦含辛,勉强支撑了下来,侥幸家中没有一口成为饿殍。

即使不提这些特殊情况下的严峻岁月吧,在比较平静的日子里,为了照顾我的身体,尊重我的兴趣,从不让我操劳些微的家务、分担烦琐的事务,使我能一心向学,潜心著书。再说,虽"吾少也贱",但由于是独子的缘故,素来缺少各种锻炼,故没有"多能鄙事"之可夸,自己连生活也不能自理。要是没有我的妻子,我是一日三餐都会成问题而不能好好生活下去——不,应该是生活不下去的。我的书稿虽全数抄走成为劫灰,而目下尚能凭借几分记忆来追逐"书影"和"文影",有从容的时间让我这么做,纵写出来不大像样,而倘没有这股强大的后勤力量的支持,也是一切都会成为泡影的。

正因如此,就我来说,的确"老婆是自己的好"。

至于写文章呢,我从小就有一个坏习惯,写文章不大愿意打草稿,落笔写好就算数,没有耐心去复看检查。觉得自己说了一些什么话,哪有自己不晓得之理,既已写好,再看一遍等于再炒一次冷饭,这该有多乏味啊!

除了上述的这种想法外,稿成后有人为我复看校改,则更养成了我的依赖性。

少时写作投稿,有父亲为我修改,到浙江省通志馆工作后,文成有余越园师、宋墨庵师可以请教,所以心安理得,不复思适。及至转入教育界,不意竟是"吾徒寥落","独学无侣",虽然也写了一些书和文字,却缺少真能"疑义相与析"之师友。及至长子永翔长成,与我却有同好,于是父子合作著书,时相磋切。外间都说这个儿子是我教出来的,我不能说最初没有我的影响和作用在内,但最主要的,还在于他凭自己性之所好自学以底于成。我们父子间是互为师友的,但他所益于我的,实比我有益于他的为多。合著之书,最后都是由他统稿完成的。纵作小文,成稿后亦悉由他是正,这是不一而足的。但现在他的工作委实太忙,身体也不好,刘毅强仁棣催稿又急,我更因年老病多,精力不济,遂恳请吴戬毂兄来代劳审定,蒙其俯允所请,殊快老怀。

戬毂兄是不久前才退休的高级工程师,原是我多年的难友和诗友、曾任上海佛教协会副会长的吴企尧丈的堂侄孙。虽学的是理工科,却于诗文造诣极深。好几年前就想来看我,我见其诗工力深厚,由于当时我挂名上海诗词学会常委兼秘书长,便想聘请他来帮同编辑《上海诗讯》,不过那时他尚未退休,又因家事抽不开身而未果,没有碰头。我迁居后,吴老又屡屡提起戬毂兄之雅意,说他已经退休,我说请他有便直接来好了,大家是老朋友了,何必拘泥礼数,一定要您老陪着呢。于是戬毂兄来了,一谈之下,不意他的中文、外文都相当出色,而且文史哲各途皆博览有识。最初但以其只擅写旧诗而已;能写好旧诗者目下已极少见,纵有之亦不见得就有学养,能才学两兼者就难乎其人了。与之商略,益我实多,真是相见恨晚。老得良朋,素心论学,乐在其中,为我离开浙江省通志馆后所仅得者。袁简斋《谢苕生校定拙集》诗有云:"姓名敢作千秋想,得失先安一寸心。"(见《小仓山房诗集》卷二十)实可移用其语而赠之。而我于文章之不敢自信,于此也可见一斑了。

曾有人问我:为什么要称"寄庐"?这要从我们刘家的渊源说起:刘

氏的郡望以彭城郡的为最多，据说是汉高祖刘邦的后裔，这我们高攀不上。家乡龙游还有一支称中山郡的，倒不说是中山靖王之后，而是奉刘备和孙夫人生的儿子名箕斗者为鼻祖的，落户在龙游的荷川，这在史书上没有记载。这两处高门，皆非寒族所从出。家乡南宋时曾出过一个状元刘章，我们也搭不上边。家谱现已难觅，我们这一支相传是在金兵入侵，与曲阜孔子的奉祀官一道南迁来衢州落户的，且曾世代联姻。在衢州，孔、刘二族，我们已无一相识，只知道我们的郡望为洺阳，然山东无此地名，洺水则在山西，其详不得而知了。先大父在时，就梦想自己有一庐可寄，先父念而怀之，却都只是空中楼阁，欲寄无方。虽古人已有"人生如寄"的感触，但总不能真的"以天地为栋宇"，岂能脱离现实如蜉蝣般寄于天地。不意现在真盼到有这么一庐可寄了。写随笔、写杂笔，编者命取一名，遂皆以此报之，借以告慰祖先的在天之灵。

或又会有人问我：为什么要称"杂笔"？谨对曰：我这里所谓的"杂"，绝不是《易经》中所说的"物相杂，故曰文"的"杂"，而是杂七杂八之杂也。走笔书之，厘为三类：第一类，所议的诗文杂；第二类，所作的序跋杂；第三类，所记的人物亦杂。各类文字，长短不同，方面不一，各行其道，各异其趣，拼凑在一起，极不匀称。且信手写来，每当逸兴神驰之际，常好东扯西拉，只想贪多，偏吝割爱，其笔遂亦随之而杂，故名之曰"杂笔"。但笔虽大杂而特杂，而个中寄寓的我的魂魄却从不会与他人相杂。今虽老迈，尚觉不是尸居馀气，也绝不想"夺舍""还魂"而苟生，宁可作"游魂"之到处飘荡，今则暂居于此，这又是"寄庐"之别一义谛了。故总名之曰"寄庐杂笔"。是为记。

2000年3月10日记于上海市钦州花苑之寄庐

(《寄庐杂笔》，上海书店出版社2000年9月出版)

《中国中学生古诗文导读大全》序

这本由钱汉东君主编的《中国中学生古诗文导读大全》的问世，我相信一定会对当今中学的古典文学教学以及古典文学自学者的入门，带来莫大的方便；足以启迪心灵，开拓眼界。所谓"大全"之义，乃是指囊括全国有代表性的新教材中所有古诗文作品而言。除收入原文和注释外，新加白话译文、参考理解、对作品精要的分析导读，以及有助于学习文言文知识的练习及参考答案。

钱君曾从学于我，为学勤奋，教学认真，在语文教学方面颇有影响。今虽改弦易辙，从事于新闻事业，而对长期积累的教学经验仍不忍弃之不顾。佛氏有云："空山不三宿，三宿必留情。"这部《大全》的问世，想来必有此缘法在内。

此书的编成，引起了我的不少感想。因为我也曾长期从事过中学的语文教学，接触过各种各样的教材，因而也思考过有关的、各种各样的问题。后来虽离开中学教学岗位，但与中学教学仍有不解之缘。在担任中学教师期间，1948年，曾编写过《中学国文教学法》讲义。1954年12月，作为语文组的代表参加了中央教育部教育工作者汇报会议。调入高等学校后，1955年，参加过中学语文教育参考书的编写。1956年，审订过上海市编写的全部中学语文教学参考用书。1986年到1987年，曾受国家教委委托，主编了供高中语文教师《专业合格证书》考核用的《中国古代文学》，书中订正了若干通行文选、特别是原有教科书入选作品注释中的陈陈相因而又以讹传讹之处，曾引起不少读者的注目。这虽与编写中学语文教材情况不同，但却仍与中学的语文教学有着密切的关系。

提起中学的语文教材，我的感触尤多。建国以来的各种教材，其中要算语文教材最不稳定了。这当然是由各种社会因素交汇所致,这里不遑细论。以每次的改编而论,虽有或多或少的改进,但整个框架结构,其科学性、系统性和目的性似仍不够明晰。如与小学语文课本如何衔接和循序渐进,每个年级的听、读、说、写究竟基本上要达到怎样的程度,与大一语文的关联与界限又当如何作有机的贯通,这一切,似都缺乏统一的、全盘的和认真的考虑。姑举入选之文为例吧,《木兰辞》是小学、中学、大学都重复入选的课文,这还可以用各个时期、各个阶段各有各的读法和教法来解答;但如鲁迅先生的《药》,曾先后出现在高中第一册、第二册、第三册、第四册之中,也有选在初中第六册的。如此飘忽不定,编写者的意图委实令人难以捉摸。

要是我们反观自"废科举、开学堂"以来的国文教科书的编写,似不无借鉴意义。当时教育部只略定一些原则,而由各大书局聘请专人编写。诸书竞出,当然一半也是受商业利益驱使,但却出现了一些异彩纷呈的局面。就鄙见所及,其中就有四种教科书较有特色。

一部是商务印书馆出版的《高等小学国文教科书》四册,全是文言文。依稀记得第一册基本上以寓言、故事为主,辅以少量的浅近诗歌;以后各册,文选的篇幅逐渐加长,但总的来说,皆取短小浅显、内容健康的诗文。此书的最大特点是课文后的说明:有解题,有白话注释,又有白话译文,还有关于字法句法章法篇法的剖析。编选者以他们深厚的学力,广博的知识,细心、耐心地为小学国文教材付出了巨大的劳力和精力,狮子搏兔,必用全力,这是值得我们肃然起敬的。随后世界书局也出版了一部相类似的教科书与之争胜;比较起来,说明要简要一些,尚有可观之处,但总体来说,似还谈不上后来居上。

一部也是商务印书馆出版的、由蒋维乔和许世瑛合编的《中等学校国文教科书》四册,原为旧制四年制中学教本。所选自然也是文言文,但只选文、赋而无诗;入选之文也是由浅入深、由短趋长的。其特点有二:一是重视比较,足以开拓读者的思路。如选了欧阳修的《纵囚论》,这是立论观点上的比较。又如选了苏舜钦的《沧浪亭记》后,下面又选一篇归有光的《沧浪亭记》;这是表现风格上的比较。这已开郭绍虞先生编选《学文示范》的先河了。二是圈点和夹评：圈点很认真，夹评要言不烦，有很多都超过了《古文观止》的评点水平。但略显总评浮泛寡要，注释也较为简陋。

一部是朱自清、吕叔湘、叶圣陶三人合编的《开明文言读本》，另有吕叔湘写的《导言》。以素负盛名的作家和语言学家来编写，自然格外引起海内外的重视。其书运用当时的新观念来选材和说明，所选文字不限于文学，文选后列作者和篇题、音义、文法、讨论及练习。说明和注释都用语体，用语简洁得体，堪称学习文言文最好的入门书之一，到今天仍有一定的影响。

一部是商务印书馆出版的、由傅东华编写的《复兴初级中学国文教科书》六册、《复兴高级中学国文教科书》六册、《复兴大学国文》一厚册。这套书的最大特点是有一个完整的体系，而且脉络分明，每一学年甚至每一学期都有特定明确的教学要求。如以高中课本来说，第一至第四册全是文言，第一学年以文章体裁为主，辅以文言文法。第二学年以文学源流为主，编排采取溯时代而上，而辅以修辞学。修辞学则采取美国专家的新说而加以改编，例证则取用所选的课文。第三学年五六两册以学术思想为主，而辅以逻辑学。各册中的辅助读导，若将其另辑成书，也有相当的参考价值。其缺点是所选文章有时显得过长过深，特别是高中第四册，似超出了学生的实际接受水平，且也不大适合中学的课堂讲授。其简介和注释又未免过于疏陋，及不上《开明文言读本》的精要。但初级中学六册的编写，所选文字及各年级的辅助读导，就当时来说，却大体都是恰当可取的。

这几套书本皆为寒斋所藏，但在抗战的兵燹中已损失了大半，残存的也在"十年动乱"中籍没无余。所以现在只能凭记忆就印象最深刻者略具一二。由于历年来的不断折腾，有许多档案资料都以难以寻觅，像这些历代都为人卑视为"兔园册子"的教科书，也许很少有藏书家肯为它们保留一席之地，就是最大的图书馆恐怕对它们也会不屑一顾吧。所以这些各具特色的好读本，新课本的编写者未必能够一一寓目，从而于参考借鉴中得到新的启发。我在这里提及诸书并无要求我们的教材"率由旧章"

之意。当今古异时迁,选文自当有所更替,但也不能没有相对的稳定;更不能不顾"上承下接"和"左邻右舍"的关系。

鉴于这种种理由,我相信,中学语文教材的编辑方针还会有不断的、更切合实际的改进和充实,入选课文的编排必然会按一定的体系作适当的调整。但就目前而论,钱君主编的这部《中国中学生古诗文导读大全》,博采全国教材之长,的确当得上"大全"之号,不唯就课文而言是"大全",即就导读来说也是"大全"。大而且全,对学生或自学者来说,可一编在手,不假外求。对于教师来说,却未免会有乐中之忧。所乐者与学生同而所忧者异;忧的是,过去的教学参考书,只供教育专用,大可作为"枕是秘书"来对待。如今宝库公开,人我共享,教师便不能照本宣科;如无新见异闻,学生必欠伸思睡。然而这只是问题的一面,从另一方面来看,这一种压力反而更可引起教者的慎思明辨,即如本文开头所说的启迪心灵开拓眼界。《礼记·学记》云:

> 虽有佳肴,弗食不知其旨也;虽有至道,弗学不知其善也。是故学然后知不足,教然后知困。知不足,然后能自反也;知困,然后能自强也。
>
> 故曰:教学相长也。《兑命》曰"学学半",① 其此之谓乎!

这些古人有得之言,敬为读此书、用此书者诵之。是为序。

1995 年 6 月序于上海田林新苑寄庐

(原载《中国中学生古诗文导读大全》,上海远东出版社 1997 年 10 月出版。该书初版 4 万册,累计印量 20 余万册。)

---

① 注:《兑命》即《尚书·说命》,《礼记》引文都作《兑命》。"学学半",《说命》原文作"唯教学半"。敩,童效,即教也。这是说教人只居学之半,因为不论自学或教人都是在学。

《文学鉴赏学》序

积土成山,风雨兴焉;积水成渊,蛟龙生焉;……故不积跬步,无以至千里;不积小流,无以成江海。

——《荀子·劝学》

（一）

自拨乱反正以来,对文学作品的鉴赏,就成了风靡一时的热门,别的不提,各种按文体分类的鉴赏辞典应运而生,风起云涌,至今尚兴而未艾,就说明了这一点。综观这些已出版的鉴赏之作,大都成于众手,质量参差不齐,其中固然不乏湛然独到的见解,但恕我直言,总的来说,却是泛泛之谈居多。而且,用同一模式、相似用语来剖析不同作品的赏析文章,几乎俯拾皆是。

然而这样说并不是要故意贬低他人的心血,事实上,鉴赏不是一件容易的事。我国历代的文学批评虽大都以鉴赏为主,但真能做到如匡衡说《诗》之善解人颐,终是代不多觏的。至如严羽自负谈诗能析骨还肉,也未免有些夸张。因为鉴赏需要会心,而"会心不远"毕竟不是常有的事。

不过,在鉴赏时,我们如果过分强调会心,那也会走到另一极端,变成漫无尺度的天才决定论者或唯灵感论者。我认为,"不以规矩,不能成方圆",工艺是如此,鉴赏也是如此,方法还是不能不讲的,只要讲方法而不为方法所拘,用方法去开拓思路,把各种思路加以归纳提高,就能举一反三,从各个层次对作品进行全面、完整、深入和细致的剖析了。

至今,进行鉴赏和指导鉴赏的文字几乎到处皆有,而把鉴赏的要义进行总结,并探索其全过程,从而指点人们去把握鉴赏之钥的书却未曾出现。现在张冰隅君《文学鉴赏论》的杀青,恰好填补了这个空白,预计将会对文学的鉴赏,甚而至于艺术的鉴赏,都将产生较大的影响。

当然,我们还记得,在十九世纪,世界上就流行过所谓"鉴赏批评"的思潮。英国的亚诺德开其端,约翰·拉斯金继之,稍后普列查特的《文艺鉴赏论》,还曾一度对我国产生过影响。不过,观点的片面性不能不使这些立论随着时间的消逝而成为明日黄花。接踵而起的是由现象学、阐释学演化而成的"接受美学"。"接受美学"给文学鉴赏带来了新观念和新理解,即更加重视各个不同的时代、社会、环境、个人的素质、修养和爱好对作品鉴赏所起的不同作用。换句话说,它把广大读者的鉴赏提到了与作品同样的地位,认为这种鉴赏要比作品的作者和专业的批评家的意见重要得多。

显然,张冰隅君的《文学鉴赏学》主要是受了阐释学和接受美学的影响,当然还包括诸如结构主义、形式主义、心理分析等等的启迪。但张君能融会贯通,最终根据自己的设想和构思完成的却是他的一家之言。

(二)

在1986和1987年之际,张冰隅君和我几乎同时承担了"鉴赏学"的选修课程,他唯恐我们之间会有重复和冲突之处。我说,这是没有关系的,各人可以各说一套。重复,不见得就是互相抄袭;分歧,也不见得就是互不相容。仁智之见,本可并行不悖。何况既称选修课,自当"毋剿说,毋雷同",必须各具特色,才有可供选择的余地。要是大家讲的都是同一模式、同一设想灌注出来的千篇一律的内容,那还有什么学术性可言呢!

这时,张君即已在构思他的《文学鉴赏学》的蓝图并着手撰写了。就我来说,我对我国传统的文论和文评,向来就有极大的兴趣。我发现其最大的特征,便是倾向于鉴赏。最好的文论和文评,都是以鉴赏始而又以鉴赏终的。我不同意一般的文学理论著作把文学鉴赏与文学批评截然分开之论,故于著《文学的艺术》之余,同时着手探索鉴赏的艺术。其间继续迤逦,迨至全书写成,欲交手民,张冰隅君的《文学鉴赏学》恰好同时完稿。在此之前,张君曾把他对全书的设想和我说过一次,当时我就情不自禁地为之击节。但后来他并不曾把稿子给我看过,也不曾要我把已写成的文字给他参考,其原因并不在秘藏独得之珍,而是唯恐一有先入为主的想法,反而会遑惑起来感到落笔之难。陆机《文赋》曾经说过:"虽抒轴于予怀,怵他人之我先。"若反过来说,要是他人的先见之明我能拒而不见,则"抒轴于怀"的"胆识"就能无所顾忌得多。

但张君撰述甫一告竣,就立刻把全稿交给我,要我读后写一篇序言,因此,得以成为他最早的读者,获得了先睹为快。

除了对稿中把文学鉴赏与文学批评一分为二持有不同的看法而外,我大都同意他的分析。即就"异量"之美来说,也觉得他对鉴赏与批评之间的界限与过渡的说法,不唯言之成理,持之有故,而且比一般的文学理论书说得更为完密,更为细致,也更为熨贴,几乎像一部心理小说那样描写得淋漓尽致,虽然他用的是逻辑思维的方法。我相信,作者一定在写自己的经验之谈。要是作者没有经过创作的实践,或对创作缺少深切的体验,那是无论如何写不出来的。陆游《冬夜读诗示聿》曾说过:"纸上得来终觉浅,绝知此事要躬行。"(见《剑南诗稿》卷四十二)的确,只有通过创作实践,才能对鉴赏和批评有更深切的体会。拉斯金(Ruskin)在《现代画家》(Modern Painters)中更明确地指出:"无论怎样的作家,除了与他具有同等水平甚或比他还要更优秀的人以外,是不能鉴赏他的。"钱锺书先生甚至认为:"盖不工于诗文者,注释诗文亦终隔一层也。"(见《谈艺录》订补本 22 页中华书局 1984 年版)须知鉴赏和评论虽然要以逻辑思维为主,而也仍然不废形象思维;同样,创作虽然以形象思维为主,但有时也会交织着逻辑思维。因此有很多人赞成创作家兼写一些鉴赏和评论,鉴赏和评论家也尝试写一些创作。其实古今中外许多著名的作家和鉴赏评论家,都是创作和评赏两皆擅长的人物。

至于张冰隅君这部著作中的形象思维,并不在其行文的穿插、交织和相互转换,而在于内在的总的鉴赏序列的心理体现。这也可以简单地概括为是外呈逻辑思维而内蕴形象思维的一种笔调,几乎与我国旧时的"赋"体有异曲同工之妙,这是他这部著作的最大特色。

此外,这部书又能多学科、多角度、多层次地来着眼鉴赏,无疑这是它的又一特色。这样就不致拘泥于"就文论文"的框框,诸如结构严密啦,层次井然啦,对比显明啦,起伏照应啦,乃至什么文情并茂啦,语言精炼啦,思想性、人民性、阶级性、局限性啦,这些空洞、抽象、到处可以套用的陈词滥调,皆一扫而空之。当然,并不是说诸如此类的词语一律不好用或不准用,但如果缺乏具体生动的鉴赏说明,或没有深入透辟的见解,单用这些程式化和概念化的词句来敷衍和妆点,那将是乏味和令人厌倦的。如果有人要问,究竟如何来避免这许多泛泛之谈?或究竟如何使用这些词语而使之推陈出新呢?我觉得,要是我们能把这部书多读几遍,体会其如何落笔,如何着墨,是必然会对我们有所启迪、有所收获的。至于"个中三昧"到底有哪一些,却要视各人的现量"方等"没有而异,实在是不可言说的;这里不说,绝不是我在故意卖关子。

(三)

我是在错划右派得到改正,于1980年复职后始认识张冰隅君的。大家一见如故。随后与之论学谈文。当时就给我"敏而好学"的印象,故一向以畏友视之。后来接触了校内外的一些人,其中也有不少赏识张君的人,居然也尚有对他发生误解者;或说他只能写些杂小文章,成不了大才;或说他编书尚能见出一些小慧,却写不出有分量的论文。现在张君这部《文学鉴赏学》的出版,则是对这许多闲话的最好的回答;似乎已用不到我来"丰干饶舌"了。可是,还有几点不能已于言者:

第一,那些轻视"小文章"的人,不知专门的学术著作,就是由一些"小文章"日积月累而成的。历史上最有名的著作,如宋王应麟的《困学纪闻》,明末清初顾炎武的《日知录》,近人如胡适的《藏晖室劄记》,难道不都是从一点一滴积累起来的吗?这些材料,就是撰写专著的准备,甚至有的分类汇集起来,就是一部专著。胡适的好些论文,就是他的《藏晖室劄记》打好的底子。

第二，文学的学术价值不一定以字数或篇幅来衡量。记得过去清华大学研究院先后有三大导师：王国维、梁启超和陈寅恪。陈寅恪是梁启超推荐的。当时校长问起陈有何著作，由于陈尚年轻，许多煌煌巨著都未问世。梁回答说："陈没有著作，也没有什么论文，只有几篇小文章；但是，这几篇小文章，凭我梁某的能力是无论如何写不出来的。"于是，陈氏之聘就因梁氏这数言而定。这是近代学人的一段有名掌故。可惜的是，到现在还有不少人斤斤于一个人是否有大部头著作或长篇论文发表。而不管这些"宏文巨著"的质量究竟如何。

也许又有人会说，张君书中所举的实例，皆是一般常见的作品，其中并没有什么奇书异帙。这不由得又使我想起二次大战时有关情报的趣闻来。当时最使纳粹头子希特勒头痛的是某一民间情报组织，举凡希特勒的各种内情，如军队的部署调动，官吏的升降调迁，重大的集会决策，这个组织都一一了如指掌。一见秘密公开，希特勒不禁大为光火，以为一定有许多重要骨干潜入其心脏。但疑神疑鬼，还是找不着一点线索。于是希特勒下定决心，非得设法把这个情报组织的头子某教授绑架来不可。他费尽心机，终于如愿以偿。希特勒以为从此可以把内部蕴藏的神出鬼没的间谍一网打尽了。不料经过"盖世太保"的严格盘问，才知那个民间情报组织所知的一切原是从德国官方公开发行的报纸中一滴滴汇集与推究出来的，这个组织连一名在德国本土的联络人员也没有。这才使纳粹头子恍然大悟，啼笑皆非。

这件事在二次大战时，凡留心国际新闻者几乎人尽皆知。我们这里不妨拈来喻学谈艺。

最好的作品，往往不会有奇事和僻典；好的例证也不必求诸秘籍和孤本。即"以通神明之德，以类万物之情"的"八卦"来说，也不过是"近取诸身，远取诸物"（见《周易·系辞下传》），而用不着"上穷碧落下黄泉"地去求索。看来是常见的书籍和常见的文字，倘若一一分散开来，自然不惹人注意，也毫不足道，这正像分散开来的是一个个的字，一句句的话，或一点点的信息，可是当它们按某种方式排列组合起来，按某一种特定的体系表现出来,那就奥妙莫测、神乎其神了。

谨序。

(原载《文学鉴赏学》,上海教育出版社 1991 年 12 月出版。本书作者署名张炳隅)

时誉撼言

呕心沥血　独树高标
——刘衍文先生、刘永翔先生《文学的艺术》读后

杨　明

刘衍文先生、刘永翔先生父子所著《文学的艺术》,享誉学林,乃是一部极有价值、独具个性的文学理论著作。早在六十多年前的1956年,衍文先生便完成了《文学概论》一书,不胫而走,先生却精益求精,决心重写。不幸成为儌民,而于艰难竭蹶之中,明知无从问世,却仍以惊人的毅力,重新写就一百三十万字的巨著。不幸又在"史无前例"的"红羊劫"里化为乌有。劫后重生,乘改革开放的东风,先生以历尽磨难的病弱之躯,重新执笔,但终因体力已衰,只能与哲嗣永翔先生一起,先写就这部《文学的艺术》奉献于读者。同时还共同撰写成《古典文学鉴赏论》,可谓《文学的艺术》之姊妹篇。前后三十年的著书历程,颇令人想起谈迁著《国榷》的故事。

一百三十万字的书稿分五个部分,全面论述文学的思想、艺术等各个方面,为何重写时首先论艺术呢?《文学的艺术·后记》说,那是因为艺术性问题,向来是一般文学理论书籍谈得很少很粗疏的部分,也就是其薄弱环节。但其实艺术性、技巧对于鉴赏和创作是极端重要的。确实如此。在笔者看来,一般书籍之所以少谈艺术,固然有种种缘由,而著书者的修养不够,也是一个重要原因。二位刘先生不但精于鉴赏,而且擅长词章,沉思翰藻,自有亲切的体会,那是一般空谈理论的作者所难以企及的。

重视艺术性,是我国古代文学批评的一个传统。我们试看魏晋以来的诗文评著作,包括后来的诗词话、文话以至评点,虽然不乏明诏大号标

举"载道"大旗的,但毕竟以谈艺术者为其主体,也以谈艺者最为丰富多彩。只是古人谈艺,零碎者多,有条理成系统者少,《文学的艺术》则秩序井然,而且除大量引证我国古典作品和文论之外,还结合外国的作品和批评,融会贯穿二位先生自己的心得,上升到理论,形成一部面目全新、独树一帜的著作。笔者拜读之下,深感获益良多。而限于水平,这里只能谈一些片断的理解。

首先,关于什么是文学、什么是"形象"的问题,这部著作给我们很多启发。

我国学界,在一个很长的时期内,凡言及文学的特征,就总要突出所谓"形象"。《文学的艺术》指出,那是源于俄国十九世纪的评论家别林斯基关于艺术的论述。别林斯基说,艺术与科学的区别不在于内容,而在于处理内容时所取的方法;文学家是以"形象和图画说话","运用生动而鲜明的现实的描绘,作用于读者的想象,在真实的画面里面显示"现实。这样的观点有其合理之处,衍文先生在《文学概论》里也采用了。该书给"形象"下定义道:"文学的形象乃是具体的、感性的、综合的人生图画;这种人生图画,借作家的生活经验和想象创造出来,给人以一种鲜明的、印象一致的美学上的感受"(刘衍文:《文学概论》,上海:新文艺出版社,1957年)。但是,到了《文学的艺术》里,却对别林斯基的观点表示异议,把这个定义也自我否定了。《文学的艺术》认为别林斯基的说法嫌片面、简单,似乎文学是表达某种观念的,只不过采用了"形象化"的表达方法而已。这可能使人以为文学艺术只要根据某种思想观念甚至政治意图来具体化、形象化一下就行了。事实上文学艺术虽然可能表现某种观念,但它是那样丰富、多样、复杂,绝不仅仅只是表现观念而已,也绝不是根据观念来创作的。刘先生的这一改变,想来和对于某种极"左"文艺思潮的反思有关。在那种思潮鼓荡之下,"主题先行",使得文艺花园一片黄茅白苇。至于对原先"形象"定义的否定,则是因为那个定义仅仅强调画面感,那便"把文学或文学作品的范围,弄得越来越狭隘了"(刘衍文、刘永翔:《文学的艺术》,广州:花城出版社,1985年,以下该书引文皆出此版)。这一点颇为重要。

今天我们讨论"文学"的定义，或许可以拓开一些，不一定将"形象"列为文学的必要条件。但是当年学界的情况，如上所述，是深受别林斯基的影响，以"形象"作为文学的首要因素的。《文学的艺术》也是这样，但是却对于"形象"作了十分宽泛的定义，不像一般著作那样，强调其画面感。书中这样说："反映生活而能够综合地给人的思想和感情以新的感受和印象的，就是形象。"又说，文学作品是以"具体的、富于联想的或者是概括的、合于修辞法则的、充满情绪色彩的语言"作为工具，来完成形象的创造的。这里强调的是"感受"和"印象"，而不再提画面感；又强调语言对于形象创造的重要性。"概括的、合于修辞法则的、充满情绪色彩的"与"具体的、富于联想的"相对而言，就是说，即使不是具体地写，不描写细节，但是只要具有语言文辞之美、鲜明地传达出作者的心态、情绪，那也是"形象"。这与一般对"形象"的理解迥异，也就大大拓展了"文学"的范围。

书中借用《文心雕龙》的话语，进一步作具体的阐述："文学的形象化或形象思维的进行，是通过形（色）、声（音）、情（性）三方面来完成的。而这三方面，既可各自独树一帜，也可彼此结成一体，而其中最主要的，还应该是情（性）的多种多样的表现。其所谓理，应即寓于情之中，而情乃由性感物而发。"这就是说，在作家构思过程中，形色即画面感不是最重要的因素，作家本人感物而发的感情、情绪、感受、心态才是最主要的，其表现是多种多样的，甚至说理也可以包括于其中，只要其理是通过情表现，亦即与情结合着，就也属于形象化或形象思维。

书中举出许多例子，让我们拈出数例体会一下吧。

杜甫的《蜀相》，前四句写诸葛亮祠堂的柏树、草色、鸟声，很有画面感；后四句"三顾频烦天下计，两朝开济老臣心。出师未捷身先死，长使英雄泪满襟"则并无画面，"三顾"二句高度概括，"出师"二句长言咏叹。若依通常的"形象"概念，后四句是缺乏形象性的，但其实后四句体现了诗人深沉的感喟，"千载以来，最感动人的、最能起作用的，却莫过于最后一联"。按照刘先生的定义，后四句也是形象化的，也可说是形象思维与逻辑思维的有机结合。

又如高适的《咏史》,咏战国时须贾、范雎之事:"尚有绨袍赠,应怜范叔寒。不知天下士,犹作布衣看。"出之以议论,并无具体画面,但议论中体现了诗人深深的感触,暗含着怀才不遇的愤激和抑郁。因此,"不失为较好的形象思维的产物"。

《文学的艺术》借用《周易·乾》孔颖达疏的"用象"一语,强调形象思维也可以是高度概括性的,关键在于这样的概括以感触、感受为基础,表现出作者的感情色彩、心理状态,而不是纯粹理性的思考。如刘禹锡的《蜀先主庙》:"天下英雄气,千秋尚凛然。势分三足鼎,业复五铢钱。得相能开国,生儿不象贤。凄凉蜀故妓,来舞魏宫前。"此诗首联、尾联颇有感情色彩;而中间两联,特别是"得相"两句,具有高度的概括性,又体现出深深的感喟和惋惜。看似议论,但议论中实含深情。这样的概括,仍然是"形象"的、文学的语言。刘先生对此首评价很高。

不仅诗歌如此。《文学的艺术》指出,我国古代许多著名的散文、骈文,属于应用、实用的文字,如诏策、檄移、章表、奏启、书记、铭箴、颂赞、碑诔、吊祭等,它们不合乎今日一般所谓"形象"概念,但我们不应将它们排斥在"文学"的范围之外。此点很值得深思。我们知道,不少实用性文章,是具有比较强烈的抒情性的,如唐人骆宾王的《代李敬业传檄天下文》、韩愈的《祭十二郎文》、清人袁枚的《祭妹文》等,那当然属于"文学",而有的虽不具有浓厚的抒情色彩,却还是能让读者感觉得出某种心理、态度,某种活跃生动的神情语气,我想那也还是属于"文学"。试举一两个例子。汉武帝的诏书:"盖有非常之功,必待非常之人。故马或奔踶而致千里,士或有负俗之累而立功名。夫泛驾之马,跅弛之士,亦在御之而已。"诵之不难体会那种对人才的渴求和居高临下的自信。魏徵的《十渐不克终疏》,读来深感那种剀切陈言的鲠直和忠悃:"陛下贞观之初,砥砺名节,不私于物,唯善是与,亲爱君子,疏斥小人。今则不然,轻亵小人,礼重君子。重君子也,敬而远之;轻小人也,狎而近之。近之则不见其非,远之则莫知其是。莫知其是,则不间而自疏,不见其非,则有时而自昵。昵近小人,非致理之道;疏远君子,岂兴邦之义?"对比鲜明强烈,环环相扣,步步逼近,不说太宗当日,就是今天,读来都感到凛然悚惧。举此二例,不难三反。这样的文字,如刘先生所说,很好地表现了作者的情绪、心理,给读者以鲜明的印象、感受,我们应该置之于文学之列。

从《文学的艺术》的论述,我们也可以明白:要说什么是文学,不该拘泥于作品的体裁,而应该看作品的性质。即使是实用性、应用性的文字,只要符合上述情况,便也该视之为文学;即使是押韵的文字,如果毫无美感可言,不能让读者感受到作者的心理、情绪,那也谈不上是文学作品。近年来有的学者认为现代的"文学"概念只是包含诗歌、小说、剧本和抒情写景的文艺性散文等等,不能笼盖那些实用性的散文、骈文,也不能涵盖历史、哲学等著作里的篇章,于是以为现代的"文学"概念不符合我国的传统。其实若不拘于体裁,而是从性质着眼,就没有什么扞格之处了。现代的"文学"观念,体现了文学的独立性;运用这样的概念,是学术的进步。

所谓"从性质着眼"的"性质",便是指上文所述《文学的艺术》里所说的那些特征。说得更笼统一点,可以说就是具有美感,由语言文辞所体现的美感。昭明太子的《文选序》说,《文选》的收录标准,乃着眼于作品是否"综辑辞采"、"错比文华",亦即是否很好地运用、组织美丽的文辞。如果作者在这方面很用心,"事出于沉思",那么就"义归乎翰藻",符合他的收录标准了。因此《文选》是收录了许多应用性文字的。我国传统的许多文章选本,都是这样做的。这样的文章,从体裁、从写作目的说,是实用的,但照萧统的说法,它们也都是"入耳之娱"、"悦目之玩",是具有审美观赏价值的。

上文说过,《文学的艺术》将"形象性"亦即文学性概括为形、声、情三个要素。值得注意的是刘先生对于"声"给以高度的重视:"声音与形象表现关系重大","形象思维的途径之一,就是通过声调来完成的"。甚至说:"文学的形象思维……不一定有形有色,但却会是'音'和'性'的某一方面的特殊表现。"声音的地位甚至在描形摹状之上。又说:"说到声文,当代的人似乎不十分注意……但在我国的文学传统上却最为重视。"这是非常正确、完全符合我国传统文论的实际的。《文心雕龙》有《声律》篇专论作品的声音之美,且置于论各种修辞手法的篇目的最前面。《神思》篇说:"吟咏之间,吐纳珠玉之声;眉睫之前,卷舒风云之色。""玄解之宰,寻声律而定墨;独照之匠,窥意象而运斤。"构思的过程,也就是"刻镂声律"的过程。这不就是刘先生说的,形象思维通过声调来完成吗?刘勰是骈文家,后世古文家也莫不强调声音之美。韩愈说"气盛则言之短长与声之高下者皆宜"(《答李翊书》),桐城派主张从字句音节以求神气(见刘大櫆《论文偶记》),都是如此。王安石《读孟尝君传》有句云:"卒赖其力以脱于虎豹之秦。"一般都说"虎狼之秦",王氏却说"虎豹",就因为"豹"字更响亮,且"豹"与"秦"一仄一平,有抑扬变化。(参高步瀛《唐宋文举要》引曹致尧语,上海:上海古籍出版社,1982年。)笔者曾读一文,说鲁迅《伤逝》的开头:"如果我能够,我要写下我的悔恨和悲哀,为子君,为自己。"两个介词结构倒装在后面,长短错落,而且"够""哀""君""己"四字,仄平平仄,抑扬顿挫。以上声字"己"结末,传达出压抑的情绪;若说"为自己,为子君",结束在高而平的"君"字上,就没有那样的效果了。优秀的作家,是一个字一个字考究的。这是我国古来文章家的好传统。《文学的艺术》将声音提到如此重要的地位,完全符合我国传统文论的实际,这大约在当今各种谈文学原理的著作中是绝无仅有的吧。

从上面所述,该可以见出:《文学的艺术》关于形象性、文学性、文学范围的思考,是与我国传统诗文的创作、鉴赏实践紧密结合的;与一般的文学理论书籍相比,是很富有个人色彩的。

《文学的艺术》的大半部分,是具体地论述作品的艺术技巧、表现手法,占了全书十分之七的篇幅。其所取材料,大多来自传统的诗词话、文话、评点之类,也注意与外国的、现代的文艺理论著作相比照,同时列举大量诗词、散文、小说、戏剧作品加以阐发。此点十分重要,因为谈艺而不结合具体作品,便很容易流于虚浮,也很容易郢书燕说,产生误解。

我国古代的诗词话之类,多结合具体作品,且多真知灼见,体现了鉴赏者艺术感觉之敏锐,颇富于启发意义。但常是点到即止,明而未融,又多漫无统绪。二位刘先生的工作,首先是从浩如烟海的资料里沙汰提炼,获取有意义的材料,然后予以解释阐发,最后分门别类,纳入"语言"、"描写"、"结构"、"情节"等项目之下,使之有条不紊,具有一定的系统性。又往往抓住古代文学批评中常用的语词概念,如炼字炼句、夺胎换骨、宾主、疏密、虚实、方圆等等,探究其涵义,融入自己的见解。这样的论述,结合具体的鉴赏和批评,落到实处,可说是对于传统谈艺资料的发掘整理、归纳总结,而又提升到理论的高度;不事空谈,而以有利于鉴赏和创作为鹄的。这也是本书不同于一般文学理论书籍的鲜明特色。二位先生本精于赏鉴,而且本就是诗人作家,自然不同于纯粹从理论角度思考问题的撰述者,所谓"纸上得来终觉浅,绝知此事要躬行"。(二位先生的《古典文学鉴赏论》之作,材料更多,分析更细致。上海教育出版社1991年出版。)下面不揣浅陋,略举数例,谈谈笔者的点滴体会。

王安石"春风又绿江南岸"之句,"绿"字几经改换始得,其事传为佳话,其诗也因此而备受赞誉。本书则指出:前人早有"回风动地起,秋草萋已绿"、"东风何时至,已绿湖上山"、"春风已绿瀛洲草"等句,都是将风与"绿"相连,故王诗实在算不得十分新创。而细究之,毕竟有所不同:"绿"字在"秋草萋已绿"之中,乃用作自动词,在王诗中却是他动词;在"已绿湖上山"和"已绿瀛洲草"中虽也是他动词,但"山"和"草"与绿色的关系比较直接,容易联想到春风吹绿,"岸"字则不那么直接,"春风"与"岸"之间多一层转折,一时就不易想到用"绿"字。因此,王安石此句还是有一些新鲜感的。这样论述,颇见用心细密。刘先生又说,这首诗也算不上王安石的上乘之作。若不是熟稔王集,确有会心,是下不了这样的断语的。

崔颢的《黄鹤楼》,刘禹锡的《西塞山怀古》,浑成一气,今古传诵。而本书指出,崔诗八句之中,开头用了四句,只在一个仙人乘鹤的传说里翻来覆去打滚,显然比重失调。刘诗也是一半篇幅只写了王濬伐吴之事,后半首也嫌空泛落套。又说李白拟崔颢的《登金陵凤凰台》,在内容比例上实胜于崔,但若以后来日趋精严的诗律论,则还未免有率意、松散之感。(笔者体会,此首失粘姑且勿论,其颔联、颈联较为落套,尾联"总为浮云能蔽日,长安不见使人愁"似与前三联不够融会。)又举出宋人郭祥正次太白韵和施迓《感钱王战台》与崔、李、刘之作加以比较,认为郭、施之作构思严密紧凑,有胜过前人之处。这些论述,让读者扎扎实实地体会到篇法、结构中应该注意的问题。

论篇法比重时还举出王昌龄的七绝《出塞》为例,认为王夫之"未免有头重脚轻之病"的批评"独具只眼"(见王夫之《姜斋诗话》,丁福保编《清诗话》,上海古籍出版社,1978年)。王氏此首为其名作,但我们试看,起句"秦时明月汉时关"何等莽莽苍苍,给人以阔大雄浑的历史感,次句"万里长征人未还"也感喟深沉,而"但使龙城飞将在,不教胡马度阴山"却意思平平,显得空泛。这也是一种头重脚轻,比重失调,不过不是句数比例的问题,而是气势方面的问题。

"方""圆"二字,是古人评说作品时常用的语词,钱锺书先生曾举出大量的实例。《文学的艺术》在论篇法时专列一节,从句圆、声圆、语圆、体圆四个方面加以阐发,又阐明"方""圆"对举时的特殊意义,非常细致周到,让读者得到具体扎实的理解。黄庭坚的"换骨夺胎"之说,历来未见有人作过中肯的解释,只是笼统地说是"点化"、"敷演"前人诗句,往往举例差池,令人迷茫。本书则指出"换骨"、"不易其意而造其语",属于炼句;"夺胎"、"窥入其意而形容之",属于炼意;又各自举出恰当的例子。前人于"换骨"所举例子多不恰当,本书则以黄庭坚"管城子无食肉相,孔方兄有绝交书"当之。这样,便把二者的区别说清楚了。凡此都可见用心之细密,理解之准确。类似情况,书中所在多有,于读者极有助益。

论篇法时,有"疏密"和"虚实"两项。刘先生说此二者"同属于我们民族特有的美学观"。这一判断也来自对于古典文学和批评的真切体会,一般文学理论书中是见不到这样的论述的。

关于疏密,指出不仅文学,古典书画、园林等也都十分讲究。文学上的疏,作为一种美学风格,主要因作家的生活、气质所造成,但是与构思用笔也很有关系。疏的表现,是用笔放得开,似乎任意任情,不甚经心,有时宕到别处,有时似不大连贯,而不是拘泥窘束,一步不敢离开。但是,又自然合宜,绝不是松散繁冗。书中举出司马迁、韩愈的文章为"疏"的典型,又说《庄子》之纵恣,《离骚》之反复,李白之飘逸,"忽离忽合,忽断忽续,忽起忽落,忽往忽复",都是"疏"的表现。这样,读者就颇能体会"疏"的含义。又论疏密相间,指出同为桐城派,方苞谨守"义法",能密而不能疏;刘大櫆颇具才气,略有浪漫主义气质,贵疏贵变;姚鼐则觉得二人各有所偏,遂变而通之,能做到疏密相间,交相为用。三人的创作如此,理论主张也是如此。这确是很有见地的,也是刘先生独特的心得。

关于虚实,刘先生说其概念与疏密有些接近,却又完全不同。在列举、分析古人关于虚实的种种说法之后,指出传统中属于正宗的美学观之虚实,乃是"以叙写为实,抒情为虚;推理为实,翻空为虚;直陈为实,假借为虚";并举昔人评论杜甫《缚鸡行》、柳宗元《桐叶封弟辨》和《小石城山记》的话作为例证。

刘先生特别提出清人唐彪《读书作文法》的观点:"文章非实不足以阐发义理,非虚不足以摇曳神情,故虚实常相济也。"实意既尽,似可"言尽而止",但是"体裁神韵之间,犹似未可骤止",故不得不长言咏叹以"虚衍"之。"文之动人,反不在前半实处,而在此虚处矣"。刘先生对此甚为欣赏,说:"这种'虚'再往前推进一步,就能做到言有尽而意味无穷,有所谓'弦外之音'和'象外之旨',真能使'虚室生白',笔未到处,包孕无穷。这种趣、韵、味和神,它所潜在的力量,决不是'含蓄'的概念所能概括得了的。"

唐彪的虚衍以摇曳神情之说,使我们想起《世说新语·文学》所载的一则佳话。桓温命袁宏作《北征赋》,赋成,在桓温座前诵读。叙及孔子泣麟故事云:"悲尼父之恸泣,似实恸而非假,岂一物之足伤,实致伤于天下。"接着便转韵述他事。座上有人提出意见,说"于写送之致,如为未尽"。袁宏应声揽笔,添加两句:"感不绝于余心,泝流风而独写。"众人皆称善。这正是以虚写足其神韵的例子。

刘先生说言有尽而意味无穷,其趣、韵、味和神,乃是"含蓄"的概念不能概括的。笔者以为这是深有体会的话,非常重要。所谓"含蓄",指作者欲说还休,半吐半吞,让读者自己去体会捉摸那未直接说出来的意思;那意思还是实在的,可以说明白的,只是故意不说而已。钱锺书先生《管锥编》曾提醒我们须明白寄托与含蓄的区别。而刘先生这里更进一层,所说的趣、韵、味和神,该是一种难以言说的虚的东西。宋人周辉《清波杂志》称秦观《踏莎行》、毛滂《惜分飞》"语尽而意不尽,意尽而情不尽"。按秦词结末云:"郴江幸自绕郴山,为谁流下潇湘去",可说是"假借为虚";毛词下片云:"断云残雨无意绪,寂寞朝朝暮暮。今夜山深处,断魂分付潮回去。"可说是"抒情为虚"。周煇体味到难以言说的一片深情,故有此评。永翔先生在其名著《清波杂志校注》的《前言》里特地指出:"'意'外拈出'情'字,可谓中的。"(《清波杂志校注》1994年由中华书局出版。其《前言》收入作者《蓬山舟影》。其考证云:"'语尽而意不尽,意尽而情不尽'二语发自李之仪,见其《姑溪居士集》卷四〇《跋吴思道小词》,乃李氏形容晏殊、欧阳修、宋祁小词之语"。见《蓬山舟影》,上海:汉语大词典出版社,2004年。)

对于文学作品的虚灵的情味、神韵,古人也是早有体会的。如东晋阮孚读了郭璞的两句诗"林无静树,川无停流",便说:"泓峥萧瑟,实不可言,每读此文,辄觉神超形越。"林逋的"疏影横斜水清浅,暗香浮动月黄昏",朱熹说:"这十四个字,谁人不晓得?然而前辈直恁地称叹,说他形容得好。是如何?这个便是难说。须要自得他言外之意始得,须是看得那物事有精神方好。"朱熹说的"言外之意",其实就是那种难以言说的韵味,只是他还只是笼统地说"意",没有如周煇那样有意识地将"意"和"意外"之"情"加以区别而已。周煇之后,元人郝经《与撒彦举论诗书》说"有言外之意,意外之味,味外之韵",明人陈子龙说"五七言绝句,盛唐之妙在于无意可寻而风旨渊永",他们所说的"意"都指比较质实的意指,"味"、"韵"、"风旨"则指虚灵的美感。欣赏此种虚灵之美,确实是我国传统文论的一个特色。其实唐人司空图的"象外之象"、"味外之旨",宋代严羽的"兴趣",以至近代王国维"意境"、"境界"说的"言外之味,弦外之响",都是这种美感的表述。严羽《沧浪诗话·诗辨》云:"(盛唐诗)惟在兴趣,羚羊挂角,无迹可求……如空中之音,相中之色,水中之月,镜中之象,言有尽而意无穷。"用了一连串的比喻,无非就是形容其"无穷"之"意"——也就是"兴趣"之虚灵、难以把捉罢了。

《文学的艺术》强调"这种趣、韵、味和神,它所潜在的力量,决不是'含蓄'的概念所能概括得了的",这便将古人的一些明而未融的表述说得十分地明白透彻。而在强调这是我们民族一个审美特色之时,又指出不应该以为只有这样的作品"才算得诗家的绝诣,才是最高的境界,才是最合乎艺术的形象"这真是通方广恕,十分宏通的见解。

以上是笔者学习二位刘先生这部大著之后的片断体会,不揣浅陋,希望得到刘先生和读者的指正。

(本文作者为复旦大学教授、博士生导师。原载"澎湃新闻·上海书评"2021年10月20日)

衍文先生散记

胡中行

永翔兄嘱我写篇关于衍文先生的文章,我当然是欣然受命的。我与衍文先生年龄相差近三十岁,交往却也有三十年了。我一直把他当老师,而他一直把我当朋友。某次他看了陈允吉先生为我的诗集写的序言,其中提到衍文先生,说我是"承刘衍老之薪传",他笑着"纠正"说,你不是学生,是朋友。我也笑着说,若如是,永翔怎么摆?

其实,衍文先生当然是我的老师,正如我在一篇"自序"中所言:"刘师衍文,学泽醇厚,为沪上学界之大家。好交友,又善提掖晚进。故其宅学子比踵,门庭若市焉。余亦常过而受教,得益多矣。"

之所以会造成我与衍文先生是"忘年交"的假象,那是因为我们的初识是在审批由衍文先生主编的一套教材的会议上。此事要追溯到二十世纪八十年代的后半叶,会议邀请的原本是陈允吉先生,但他正好有事,便委托我代他参加了。也是有缘,渐渐地,我成了衍文先生家的常客,由此认识了师母,认识了永翔、永明、永吟,认识了他的许多朋友和学生。

我在酝酿写作"海上学人"组诗的时候,第一个想到的便是衍文先生。那首诗是这样写的:

龙游海上寄庐叟,无欲从心得忘年。
幸入高门宗橘隐,贫居陋巷类颜渊。
文通两汉厅堂大,诗达三唐韵律全。
更有玄机窥造化,只参天道不参禅。

其下注曰：先生号寄庐，浙江龙游人，从心而无欲，已臻忘年之境也。早年师从名儒余绍宋，绍宋之师为清末"宣统帝师"陈宝琛。宝琛号橘隐，先生尝戏谓余曰："橘隐、越园（绍宋）、余及余子永翔，一脉已历四代矣。"先生一九五七年遭厄，经二十余年始得平反，故用"颜渊陋巷"之典。先生学识渊博，且深且广，贯通古今，堂庑之大，余不敢窥矣。又精研易学，是不奉佛而信天道者也。

要评价衍文先生的一生行迹，窃以为可用两个字来加以概括，那就是：学问上的一个"博"字，和人格上的一个"真"字。

说衍文先生博学是一点都不夸张的。王运熙先生曾亲口对我说："刘先生很博。"有次吴中杰先生去拜访衍文先生，进门便说"我是您学生"，他解释说，早在读大学时，他就深受过衍文先生的早期著作《文学概论》的影响。陈尚君兄是位大学者，他的学问重在对文献的考究，而不大重视对作品的赏析，甚至认为赏析一路是算不上学问的。但在看了衍文先生的《古典文学鉴赏论》之后，也不由得连连称赞，认为衍文先生是把赏析做成了学问。

衍文先生的学问远不止于文学，他对经学、史学、玄学等等均有很深的研究，所以他的学问之博，在现今学界几乎无人能及。可以这样说，某位学者在某个领域可能做得比他深，但综合起来却不可能比他博。所以我当时特别喜欢去他家，听他无拘无束的谈天说地。比如他对"四柱"之法造诣极深，蒙他厚爱，曾经对我从五十岁到一百岁的运程作了详细的推算，这份"档案"成了我的珍藏。他还根据《四字经》为我的命运总结了四个字：盆葵向日。我喜欢这四个字，曾经写道："葵之向日，幸矣；盆而栽之，小矣。盆葵也者，是谓小康。余知命也，亦知足也。"这便是我的斋名"盆葵精舍"的来历。

二十年前，衍文先生把他精心批注的《子平萃言》送给我，嘱我好好研究，现在想来，那是有点"传衣钵"的意思的。可惜我太愚钝，至今不得其门。这也说明了一个道理，如衍文先生之博，是非常人所能学得的。

至于说到衍文先生为人之"真"，相信熟悉他的人对此一定深有体会。记得我们初识不久，我就写了一首诗送给他，想不到他一看便说："你这首诗写得实在糟糕,你写,你没面子;写我,我没面子。"对他的直言不讳,我既羞愧又吃惊,已经听不见他当时是如何点评那首诗的了。对此我有好长一段时间不能释怀。三十年后回头看,衍文先生说得一点没错,如果没有他当时的醍醐灌顶,我的诗想必到现在还是停留在"实在糟糕"的水平上。

几年前央视《诗词大会》摄制组曾来静安诗词社找我,我正好在点评学员们的作品,事后一位导演问我,你如此严厉地批评学员,他们怎么受得了?我回答说:"点评的价值就在于一个真字,受不了的可以走。这是我从我老师那里学来的。"

我每次去衍文先生家,带的礼物一成不变,那就是巧克力。这是有一次我带了营养品去看他的时候,他对我说:"你把这些东西带回去,今后要带就带巧克力。"从这个细节,让我感受到的也是一颗真诚无瑕的童心。

(本文作者为复旦大学中文系教授、《诗铎》丛刊执行主编)

我心中的刘衍文先生

沈惠乐

自从"文革"结束,1978年上海教育学院复校以后,刘衍文先生恢复教职,回到中文系。我有幸同刘衍文先生做了同事,一直到他退休。他退休之后,直至今日,我们之间还时有往来,关系非常好。说是同事,其实在我心里,刘衍文先生是我的老师,也是我的父辈,因为无论是在专业上、在工作上、在为人处世上,这么多年来,我都在他的亲炙和熏陶下,得益良多。

刘先生满腹经纶,知识极为渊博。无论是经史子集、唐诗宋词、我每次叩问,他都如探囊取物,随口便能作答。二十世纪八十年代初,我在复旦中文系进修时,我的导师就说过这样的话:"你们学校刘衍文先生的学问,其实要胜过我校的某某某先生(是一位名教授)。"

刘先生著作等身,在此我不一一列举。总之,既有文艺理论方面的专著,又有对作家作品的研究著作,无不阐述精微,独具卓识。然而刘先生除了苦心孤诣地撰写学术著作外,也编写了专供中学教师进修的教材。这固然同他任职的教育学院的性质有关,但他不是奉命为此,而是出于对中学教育的关注,对提高中学语文教师专业素养的重视。刘先生认为编好这类教材,直接关系到对下一代的培养。在他领衔主编供中学语文教师进修使用的"中国古代文学"时,不像有的主编那样只挂虚名,不做实事,他从编写体例、选篇到作品的注释、说明都一一亲自参与,最后加以修订。在该书完稿送出版社前,根据有关方面的规定,还需送外校专家予与审阅。

当时我就推荐了我在复旦进修时的导师一位教授来审阅,并得到了刘先生的首肯。但当我向导师提请时,他却推辞了,说什么都不愿接受,弄得我十分尴尬。我告诉刘先生后,刘先生要我陪他到这位教授家中,亲自去请他应允此事。我觉得刘先生的年龄、资历等各方面都要高于这位先生,他既然不愿意也就算了,不如另请他人。但刘先生地处南京西路和延安西路交界处的家中,到复旦大学教工宿舍,要换乘二、三条公交线路,需耗时两个多小时。那时刘先生已是花甲之年,但他硬是顶着炎暑,到了复旦教工宿舍,这位先生住六楼,我比刘先生要年轻十八、九岁,登楼时也觉步履艰难,气喘吁吁,刘先生却一步紧接一步,奋力上楼。到达后,那位先生一开门,刘先生就向他双手作揖,一躬及膝,也不通报自己的姓名及来意。那位先生因为见到了我,当即明白了是怎么回事。先是面露惊愕之色,随即请刘先生入座并奉上香茗。不用多说,审稿之事就这样解决了。复旦这位先生终于被刘先生身为长者不惜屈尊枉驾,诚意相请的风范感动了!他无法再拒绝刘先生。刘先生为了工作不计个人得失认真负责的精神于此可见一斑。

刘先生不同于一般高校教师重科研而轻教学,他亦十分重视教学方法的研究和改进。他总结出了一套"深者浅之,浅者深之;繁者约之,简者衍之"的教学方法,身体力行,取得了非常好的效果。曾有学员向刘先生请问汉学与宋学有什么不同,刘先生当即回答:"汉学就如微观研究,宋学就如宏观研究。"那时正是学术界在探讨宏观研究和微观研究的时代,刘先生用当时流行的话题言简意赅地揭示了汉学以重考据、训诂的微观研究见长,而宋学从经书的要旨、大义,义理着眼,从宏观上把握的特点。这种深者浅之,繁者约之的解释是需要精湛的学养来支撑的。

刘先生也关注中学语文教学,并能提出中肯的意见。有一次系里组织我们到一所中学听语文课,当时上海中学语文界正在讨论语文课堂教学改革,要求教师在课堂上调动学生的学习积极性,要让学生自己学。然而有的教师对此理解偏了,忽略了教师在课堂教学上应有的启发、引导作用。我们那次听的课,教师就犯了这样的毛病。整堂课气氛相当活跃,学生此起彼伏地向教师提出问题,而教师没有根据这些问题作出必要的归纳,然后加以解答。一堂课下来,学生未能掌握课文的意义。评课时,刘先生直言不讳地指出:"课堂教学是要讲究方法的,但教学法不是变戏法,教师也不是节目主持人,不能只顾表面热闹。"一语中的,切中了这堂课华而不实的弊端。

我经常听刘先生说为人处世也要修佛法,也要修世间法。我至今尚不能洞悉佛法和世间法的深刻内涵,但能从刘先生的生活态度中有所体会。刘先生确实是两者兼修的,为我树立了榜样。刘先生用佛法律己,不存执念,不计得失,从容自在,一切随缘;生活简朴,素食为主,不穿华服。但他对待工作,对待同事和朋友,用的是世间法。他不避俗事,不怕麻烦,也不怕得罪人。

我在刘先生的举荐下,当了多年的上海教育学院中文系的系主任,碰到过不少棘手的事情,尤其在评职称时,往往因粥少僧多,名额不够而引起纷争。这时刘先生就会以他中文系学术委员的身份以及在教师中的良好声望,秉公办事,仗义执言,帮助系领导化解矛盾,排难解纷。上海教育学院并入华东师范大学以后,两校教师间的关系总有些微妙。刘先生这时已经退休多年。有一次他因病住院,我去探望他,恰好华东师范大学中文系的一位很有声望的前领导也在这医院治疗,我却并不知情。刘先生见到我后,旋即建议我去看望这位前领导,并亲自陪我一起前往。刘先生总能自然地利用一切可以利用的机会,创造和谐的人际关系。

刘衍文先生其人温润如玉,即之蔼然;同他相处,如对青山,如沐春风,令人心旷神怡。岁月不居,人生苦短,倏忽之间,刘先生已登期颐之寿,我亦跨入八秩之年。回首前尘,此生我有幸得识刘先生,在他的栽培下我小有所成。若有来生,我愿意再续今生之缘,以他为师,视他为父。

(本文作者为华东师范大学中文系教授)

亦师亦友四十载
——忆刘衍文先生

张冰隅

2021年8月17日,华东师大退休老教授、上海文史馆员刘衍文先生,在沪上郊区的一养老院中驾鹤仙去,享年101岁!

《内经》上说,"上古之人"因懂得"天人和谐"而能"度百岁乃去"!而今人还能当"百岁寿星",也应属国人中之佼佼者!所以这已是中国人所说的"喜丧"了,还有什么可遗憾的?但我依然有一种特别的"痛失"的感觉!这并非因为我与他亦师亦友四十载,感情上舍不得他离去;而是在理智上判断:以刘先生的学识和才华论,应是当今天涯无处可觅的"国宝级人物"!

但不知这判断能否在文化界获得多少赞同?有人不同意,也没有关系。我可以不代表任何人,而加四个字——"以愚之见",如果仅是我一个人的评价,那就更好了!君不闻:"人生得一知己足矣!"陶渊明有诗云:"亲戚或余悲,他人亦已歌;死去何所道,托体同山阿。"现在的"公墓"都在平地上,已无"山阿"可"托",也只能说是把这可爱的老头的形象永留在我的心里了!

二十世纪五十年代,刘先生曾在上海教育学院任教,讲授《文学概论》。1957年因直言获祸,被"错划"成"右派",然后劳动改造,然后开除公职,在里弄干部的监督下过穷困生活!1980年,得到"平反",回到上海教育学院中文系任教,教授古典文学。

我在1957年江苏宜兴一中高中毕业时,曾因起草一封宜兴县全体高中毕业生写给中央教育部的信,而因此被取消高考成绩,回乡务农("文革"中被"工宣队"查到底细,曾指我为"漏网右派",未得逞)。1958年生肺病,来沪投亲看病后留在上海。1959年报考上海师院中文系,被录取。于是认认真真读书,"夹着尾巴"做人。学习成绩优秀,且乐以助人,但不入团、不入党,生怕被调查出1957年的事。毕业时,班主任认为是个"优秀生"但不符留校条件,就推荐给了上海教育学院。于是在1963年秋,落实分配到上海教育学院师资培训部任教,教现代文学。1971年秋,进五个高校合并的"上海师大",在"艺术系"工作6年。1978年恢复上海教育学院,又回到上海教育学院中文系任教,仍然教现代文学。但我一直喜欢古典文学,并且从小家学渊源,跟从父亲接触过一点"易学"。

1980年刘先生重返教坛后,我们二人一见面就觉得好像是前世就认识似的,真的十分投缘!我常想:是否一个"漏网右派",遇到一个"摘帽右派"后有一种天然的"亲切感"?

我与刘先生同事数十年。我太喜欢他的个性了!永远坚持实话实说,是个乐观开朗、机智幽默的老小孩。当然,在四十年前,他已是老教授,而我还是"青年讲师",我们的交往属于两代人之间的"忘年交",他的博学多才而有问必答,诲人不倦,使我顿感找到了一位真正的导师!

我们都希望用"文学鉴赏"来替代文学评论中的"政治标准第一"。所以他先是出版了《文学的艺术》,继后又写了一本厚厚的《古典文学鉴赏论》。我也写了一本二十万字的《文学鉴赏学》,几乎同时在上海教育出版社出版。我的书(用的是笔名"张炳隅")请复旦著名教授贾植芳先生与刘衍文先生同时写了序言。

刘先生在序言中说:"我是在错划右派得到改正,于1980年复职后始认识张冰隅君的。大家一见如故。随后与之论学谈文,当时就给我'敏而好学'的印象,故一向以'畏友'视之。""显然,张冰隅君的《文学鉴赏学》主要是受了阐释学和接受美学的影响,当然还包括诸如结构主义、形式主义、心理分析等等的启迪。但张君能融会贯通,最终根据自己的设想和构思完成的却是他的一家之言。""这部著作中的形象思维,并不在其行文的穿插、交织和相互转换,而在于内在的总的鉴赏序列的心理体现。"

我在写这本学术著作时,就全书的结构酝酿许久,花了不少心思——

而这点小心思被刘先生概括为"外呈逻辑思维而内蕴形象思维的一种笔调,几乎与我国旧时的'赋'体有异曲同工之妙。"——知我者,刘先生也!

我于1988年被评为副教授。想进一步评正教授,学术著作和论文已经具备,在教学上也已被评为"教学先进"。唯一担心的是外语考试难以过关(过去学的俄语已忘得差不多了)。于是刘先生一心要帮助我解决问题:一是向系里建议以"破格"的名义往上送批(批准后就可逃过外语关)。系里同意了。但市评审组认为我可以"正格"送审,没必要占"破格"名额!二是在系里开设选修课《易学文化研究》,然后设法把我从现代文学教研室的编制改为古典文学教研室(可以在评"正高"时免考外语)。与此同时,还由系里评我为"学科带头人"而送院里审批。不料事与愿违,在院里有人反对,说我开的《易学文化研究》选修课"不科学",如让我当"学科带头人"是"方向问题"。总之,"上帝"那"命运之手"给我关闭了"正高职称"的"大门";却又鬼使神差地给我开了个"老虎天窗"——放弃《现代文学》的专业教学,而一心研究《周易》以及由此衍生的"易学文化"!——而在这个方面,刘先生又成了我最好的引路人!

从二十世纪九十年代初开始,我把现代文学方面的《现代文学体裁发展史》、《十八家现代诗风研究》、《现代文坛丹心谱》、《许钦文研究资料》、《胡也频研究资料》等近200万字的未出版书稿统统打包后束之高阁!然后埋头于《周易》及"易学文化"研究。

1999年底,从华东师大中文系退休后曾到社会上担任过一些大公司的高级顾问,后也曾经染指过影视行业。从2006年开始又回到教学讲台,一直在上海的各老年大学任教《养生文化》、《民俗文化》、《周易讲读》,至今尚未退休!

在这期间,也一直与刘先生保持密切的联系。在他的具体的指导和鼓励下,我又有了一大堆的写作计划并且顺利地出版了8本养生书(第一本是《养生札记》,第八本是《天地人和,生命如歌》)、一本解读老黄历知识的《农历与民俗文化》。另有一本《周易讲读》120集录像稿,正在制作过程中。

还有一本《我是黄帝第一百六十一代孙——寻祖归宗》已经完稿。

还有几本书稿，只管写，暂且不考虑出版：计有《冰隅谈易》、《冰隅杂谈》、《百年回眸》、《民间灵异实录》等书。

人算不如天算：2021年，我犯严重眼疾，做了三次激光手术后，把两眼的眼底毁了，目前左右两眼的视力均为0.02。过马路看红绿灯已有点勉为其难，电脑打字要同时用放大镜。所以当有朋友邀我一起编一本纪念刘先生的书稿时，我除了帮助打打电话联系组稿外，已难以尽力。

在组稿中，较多写稿人为40后、50后的学人。不仅与刘先生同时代的20后学人难觅，就是30后与刘先生有过交往而还能执笔写点回忆文章的学人也已经如"孔乙己的茴香豆"——"多乎哉？不多也！"。我生于1939年，如参与撰稿，当然就是30后，而事实上，我有丰富的材料足以呈现刘先生鲜为人知的超越常人的能耐，遗憾的是，我的有限视力已无法用酣畅的文字来直接表达了。

唯一的办法是借用我已经写就的现成稿。在我的《冰隅谈易》中，计划写四位"易学界"的"高人"——刘衍文、潘雨廷、陶斗元、邵伟华。其中，有关刘先生的部分已基本写就，而对其他三位的回忆和分析研究尚未动笔。

现在，我把《冰隅谈易》中的部分文字附录于后，作为对刘先生的纪念。

附：

海上易学"高人"

中国有本最奇异的书叫《周易》。自从有了《周易》就有一大批研究《周易》中阴阳哲学的专家，称"易学家"。因为"易道广大"所以又可以由此派生出许多文化研究项目。又由于"易学"的神奇深奥，至今难以一一做科学上的解读,这就成就了中国文化界的许多特别的故事。今天我把我一生中遇到的奇异人事进行真实的回忆,做一些真实的记录。以免我年事一高,脑子糊涂,把许多好听的故事都带到非现实的世界里去,有点可惜!

在我的一生中,遇到过很多"易学高人"!

刘衍文——华东师大中文系的退休教授,上海市文史馆员。我与他亦师亦友,密切交往了四十年。

年轻时有人给他摸骨,说他38岁死。如按1920年出生算,1957年被划成右派,的确很凶险,但并无生命危象!后来他自己能掐会算了,经常对我说没有几年可活了!可是这话从退休之前一直说到现在,至今已近百岁!是因为在阎王的"生死簿"上已找不到真实档案了呢?还是他有秘密的养生妙术始终没有公开?还是因为他平时待人真诚,诲人不倦,助人为乐而不知不觉改变了这一世的命运走势?他身上有太多的谜,有说不完的故事……他发表过很多学术著作,写过许多奇异文章,凡是他文章中提到的内容以及别人采访他的记录都有案可查,我就不在这里重复了。我只说我自己与他的交往中所了解到的和体会到的情况。这些情况,如果我不说,恐怕很少有人知道,包括他的亲属。

一

在教学之余,我与刘先生一直是在"中国易学"的研究上保持密切的交往。从《易经》到"易学文化",我已潜心研究几十年了。刘先生给了我很多很多的具体指导和帮助。也使我真正感到十分幸运地遇到了生命中最大的"天乙贵人"!同时也非常近距离地看清楚了刘先生的真实面貌——他的确是目前上海滩上最奇异的"易学文化"的"高人"!

他对《周易》有很深刻的理解,有很多见解在潘雨廷先生之上。但他仍觉得潘雨廷先生研究《周易》、研究《道藏》、研究国学文化史的学问之深,在当今首屈一指!所以他经常说,在做学问方面,始终只佩服两个人——一是钱锺书,一是潘雨廷。

1980年，他把潘雨廷先生推荐给上海教育学院中文系。当时我们中文系的正主任娄博生先生表示非常欢迎！但一位姓张的副系主任极力反对，张认为，我校主要是培训中学教师和提高在职中学教师的教学水平，现在开的课程均与"易学"无关，中文系也没必要养一个没有实用价值的"易学大师"。于是刘先生只得把潘先生转而介绍给华东师大的古籍研究所。我得知潘先生留不住的消息后便去找娄主任商议：能否让潘先生在去师大前，给我们上海教育学院中文系的中青年教师开一个《周易》讲座？娄主任同意了！于是我又有幸直接聆听了当代最了不起的"易学大师"潘雨廷先生（曾任中国易经研究学会副会长）连续十次的《周易》讲座。

听课的人很多，他们听后得到哪些启发和教益，没有座谈交流。我是确确实实被打开了自己的"灵性之门"，并从此暗下决心，要研究中国的"易学"！我本打算请刘先生介绍去当潘先生的弟子。后思虑再三，觉得有繁重的教学任务在身，在没有解决高级职称之前还是不能完全放弃"现代文学"。要在业余时间去跟随潘先生学"易"，有很多现实问题。不如紧紧抓住刘先生，请这位好好先生当导师，既十分便利，又十分宽松，还十分有趣！

的确，研究《周易》及"易学文化"应该是很有趣的事。兴趣，才是最大的动力。我一不是为了出名当什么"易学大师"；二不是想懂了"医、卜、星、相"后去走江湖赚钱！之所以想学，一是从小受父亲影响有点基础，有点颖悟，于是觉得自己可以学有所成的；二是，越是大学课堂不教的内容，越是有好奇心的驱使想探其究竟！兴趣越来越浓，这也是我的个性特点。

二

刘先生给我们青年教师看相时说：凡是手上食指的指根下没有"田字纹"的，不可以从事"玄学"的研究！而我居然左右两手的食指的指根下均有很明显的"田字纹"！于是我找刘先生聊这事。刘先生听我说要跟他学"易"时，先是愣了一下，接着二人有一段很精彩的对话。其情景十分类似《少林寺》影片中小青年决心皈依佛门，接受剃度时的对话。老和尚摸着小和尚的头，大声宣布各种"戒律"，然后问："能持否？"小和尚肯定说："能持！"——刘先生说决心学"易"，要学很多东西，既要花功夫，更要有颖悟，走的不仅仅是"专家"的路，还应是"杂家"的路。给你一个池塘，别忙着去钓鱼吃鱼，要耐着性子在池边舀水，等到有朝一日把池中的水舀得差不多时，池中的鱼会自己跳出来……除了鱼，还有虾、螃蟹，还有蚌壳珍珠……他说，有些古代易学家的著作是必须看的，但不必全信！又说近代许多国学家都懂《周易》，而且有很多相互传承的线路……

他拿了张纸写近代"易学"传承，也与"佛学"的传承密切相关的线路：

诺那上师——唐婉音、陈光幻

唐婉音——王瑞平、费志平、尢彭熙、阮玲玉、刘衍文

尢彭熙——顾毓琇、吴广洋、蒋锡康（蒋锡康先生于1963年从松江三中调到上海教育学院培训部，与我住在同一宿舍同一房间，复校后任我们中文系的古典文学教研室主任。吴广洋先生则在1980年由交大附中调到教育学院，也任教古典文学。现在二位老先生均已作古）

陈光幻——乐幻智、刘政明

刘政明——陶斗元（后来经刘先生介绍，我曾随陶斗元老中医学中医、气功）

刘先生还说有另一条线是：

杨文会——欧阳渐——章太炎、汤用彤、梁启超、任继愈、黄理仁（我在大学里的文字学老师王乘六先生是章太炎的关山门弟子。）

还有王闿运——廖平——马叙伦、蒙文通

刘先生还说：潘雨廷的师承，有唐文治、熊十力、杨践行、薛学潜诸人。其中薛学潜曾任国会议员，写过《政本论》，草拟过《中华民国宪法草案》，还著有《易与物质波量子力学》，出版于1937年，鉴于当时国人没几个听说过量子力学，1946年再版的时候简化，定名《超相对论》。潘雨廷先生可能受其影响也对宇宙学很有研究。但刘先生认为当潘先生给我们讲《周易》时，夹些科学的论说是多余的。是他第一次给高校教师讲《周

易》，怕有所议论而有意加点科学色彩（1980年，虽然"文革"已经结束，但"极左思潮"依然存在，许多学者"心有余悸"，可以理解。而刘先生是实话实说，快人快语）。

总之，刘先生没有直接给我解读六十四卦的卦辞、爻辞，而要我去读书、自学研究。但他给我指示了学习的方向和途径。最难得的是，他除了陆陆续续给我介绍了许许多多易学文化的名人、气功大师、易卜能人、特异功能者……还要我研究风水必看《沈氏玄空学》，学中医应研究气功，研究命相时要参以佛学逻辑。还直接教我如何看手相、面相、人相、骨相；如何排八字学子平术……

在二十世纪八十年代末，上海社联的哲学研究学会中另立一个"人天观研究会"，把上海市内那些研究《周易》的、研究风水的、研究气功的、研究心灵感应的、研究命相的、研究占卜的……都集中起来交流探讨。平均每月搞一次活动。刘先生是主要人物。他介绍我加入后，令我大开眼界。

还有个奇怪现象：在那段时期里，全国各地的气功大师、特异功能者，凡是想到上海来搞活动的，总要先打听上海的刘衍文先生住在哪里，然后预约上门拜访。当刘先生一旦与他们约定见面后会立即电话通知我届时去他家。我当然会欣然前往……但我一直想不通：刘先生的名声何以会如此之大？

我父亲年轻时曾与一些"易学高人"交往，在"医、卜、星、相"各个方面都"有点懂"。他还谈不上是"易学家"，但作为我的"启蒙老师"，对于我的影响还是很大的。俗话说："师父领进门，修行在自身！"家父曾把我一生的命运算了个大概，没有算得很细，但准确率已超过80%。所以我对中国传统文化中的"玄之又玄"的"预测学"始终保持着浓烈的研究兴趣。

《周易》中的"一阴一阳之谓道"有三种表现形式：一是"图画易经"，二是"文字易经"，三是"数字易经"。潘雨廷先生是标准的"学院派"。听了他的讲座和读了他的著作后，在"文字易经"方面得益匪浅。而在"图画易经"与"数字易经"方面给我较多启示的是刘衍文、陶斗元、邵伟华三位"易学高人"，其中刘先生与我"同事"几十年，"亦师亦友"，有许多精彩的故事鲜为人知。

三

譬如说"医"。刘先生从来不说他在阴阳平衡学上有何独特体会;从来不说他是如何练密宗功的。可是他承认当年诺那上师曾内定他为"接班人",希望他舍弃眼前的工作去跟随上师练功……他放弃了这个机会,但在那个"圈子"里已经广为人知。所以这就可以解释为什么上海社联"人天观研究会"成立时,大家拥戴刘先生为"核心人物",为什么外地的一些"特异功能人物"来沪时都要打听刘先生的住所而登门拜访。

我们都没有见过刘先生练功的镜头,但都注意到他那始终白里透红的肤色,也看到了他在职在教时的精神抖擞,和退休后成天接待各种登门拜访者,有问必答,侃侃而谈,也看到了他不吃任何保健品而能祛病延年,成为"百岁寿星"的事实。其实,秘诀就在于他已掌握最上乘的晚来静坐吐纳功。"吐纳",可以解释为大家熟知的"呼吸",最正确的动作是用嘴巴"呼气",用鼻子"吸气",好像人人都可无师自通。这在白天,人人可以做到,可是,晚上睡着时几乎无人可以自然而然地鼻吸嘴呼!有嘴巴紧闭"鼻呼鼻吸"的;有张大嘴巴"口呼口吸"的——只有平时练过上乘"吐纳"功而进入"自由王国"的"高人"才可以进入到养生保健的高级境界——刘先生无疑正是平时不露声色的"高人"。

原上海利群医院的中医主任医师陶斗元先生,精通"易学",自创"西游记气功"(也称"会元功")。把《西游记》当气功书读,然后把心得体会用古体诗词的形式来表达。他的医学水平,他的文学造诣,都使我认为属于当代"泰斗级人物"!但他自认年龄虽比刘先生大得多,而辈分却在刘先生之下!所以刘先生介绍我去做他"学生"时,连说"不敢当","我要向刘先生学习"。

四

在"易卜"方面,刘先生也很精通。他可以随口评说别人的"易卜"水平,却从未在我们面前露过这手绝活。但他把当代一位"易卜"高手阎立贵先生请到了上海教育学院,为中文系十多人当场用铜钱占卜。"辟一静室",大家分别入室问卜。当时,我已对"易学四道——理、象、数、占"有所钻研。但自己占卜自己的事情因有"先入为主"的情感干扰,可能影响其准确性。同时也想试试那位"高手"的水准。所以那天也很虔诚地向阎先生问卜。

我自从评了高级职称后,根据学校分房标准,又增配到一间旧房子,准备安置老母亲居住。但发现是一间三层阁楼,老母上下不便。于是就进入民间调房市场,希望与别人互换到适宜老母生活的房子。花了整整一年的业余时间,试了近四十多户人家,未解决问题。于是我问阎先生:"此事何时可以解决?"

阎先生占卜后解卦,告诉我两点:一是于明年(指1990年)2月4日解决;二是,愿意与我调房的人是以前曾经谈过此事,后来改变主意的人,现在又表示愿意了!

我听后将信将疑。一直等到1990年2月1日,果然接到一个电话,正是当初第一个表示愿意换房而后反悔的人,现在想通了,愿意立即交换,约定于2月4日见面后解决!

现在对于"易卜"的神奇玄妙,已毫无悬念。我自己也已相当熟练。问题是我终于明白了为何"善易者不卜"的真正缘由!

五

刘先生与我交往几十年,从未在"堪舆学"(俗称"看风水")上有过深入的讨论。但他的一句话的提醒,使我对当代港台流行的"风水理论"有了具体的了解和深入的剖析!

在二十世纪的九十年代。我已经通过自学钻研,在学习传统的"风水理论"上,掌握了许多要领。但对当代港、台流行的"风水理论",却参不透其来龙去脉!是刘先生一句话点拨了我。他说:"你想研究当代流行的风水理论,必须读一读《沈氏玄空学》。"

沈氏，钱塘人，名绍勋，字竹礽。十三岁时，金钱帮乱浙，杭州城陷，一门殉者七人，母投井自杀，自此家破人亡。而沈氏也被匪徒挟持，辗转至松江。次年洋将华尔打败贼匪，救出沈氏，且收为养子。后华尔攻打浙江慈谿，中枪而亡。沈氏将其安葬。沈十五岁时，华尔妻姚氏也卒。此后，沈氏受聘于英将戈登，翻译中国兵法，训练新兵。中年经商发财，先后娶三妻，有二子二女。

沈绍勋平时喜欢研究风水学，师承章仲山，而章仲山师承蒋大鸿。蒋大鸿是明末清初松江人。蒋大鸿著有《地理辩正》、《平砂玉尺辩伪》、《天元五歌》、《阳宅指南》、《水龙经》等书，对后世影响极为深远，被后人尊称为"地仙"。但他的书，语言含藏秘密，一般人读不懂。无锡人章仲山就专为《天元五歌》阐义，揭开了"玄空风水"的神秘面纱而出了名，并有自己的著作而成为晚清"无（锡）常（州）派"大家。但章氏著作不愿公开出版，只在门内秘传。以致沈绍勋初学"玄空风水"时，不得已花重金从章氏门人处借来资料而手抄，但后来就有了《沈氏玄空学》问世了。

沈绍勋生前把这些风水理论传授儿子沈瓞民，也收一些门徒。死后由弟子整理其手稿六卷称《沈氏玄空学》（包括一些沈氏认可的其他人的著述）。"玄空学"就是由一至九（八卦再加中宫）的风水学。"空"即"窍"，"玄空学"就是研究"九窍"的学问。

二十世纪的七十年代，台湾正式出版了《沈氏玄空学》，立即风靡宝岛。八十年代，传到香港，香港掀起高潮。九十年代传到其他城市，则没有动静。

刘先生在上海，有他们这一辈人的学术活动的圈子。刘先生有机会与苏州沈氏后人接触后，对《沈氏玄空学》有了进一步了解。于是及时提醒我此书值得看看。

我有一老同学邵愈强在香港出版界工作，所以我托他帮助寻觅，很快就搞到了一套《沈氏玄空学》。仔细一读——终于搞清了港台流行的"风水理论"的来龙去脉。

总而言之，我要研究中国的"堪舆"，不能违避当代流行的"沈氏玄空学"——至于该书的好坏对错，刘先生始终没有在这方面直接表态。他只是提醒我去"与时俱进"地收集资料,自行研究,而这次提醒却给我带来很多收获。

六

刘先生是大学者,思维敏捷,聪明绝顶,他给我传授了许多神秘的相术、子平术,也并非闲来无事闹着玩,而是真诚地希望我们能代不乏人,在这方面多少起到一点"为往圣继绝学"的作用。

我为了研究相术,所收集的有关书籍资料已近百种(其中有许多内容是重复的),但刘先生教我的许多"绝招"居然是许多相书上没有记载的:

刘先生说:"看手相,虽说有男左女右之分,而实际上两手都应仔细看!一是看先天,一是看后天。命运中的'命'即指先天的条件;'运'即指后天的运作。两者都很重要!"

刘先生说:"许多人看重'生命线'是否长,生命力是否强,其实还有更重要的是看在生命线旁边是否有'副生命线'。如有,即可定为'大难不死,必有后福'"。

刘先生说:"所谓'大难',即指生命中的各种'关口'。人生有九九八十一个'关',要一关一关的'过',的确很不容易。有了'副生命线'就会在过'关'时有惊无险。"

刘先生说:"一对夫妻,生肖'六冲',在中青年时期会因性格不合,吵吵闹闹;如坚持不离婚,到老年阶段反而不会吵了!因为'少怕冲,老不怕冲'"。

刘先生说:"虚岁49岁这一关多半应在父母身上!"我父亲在1987年因脑溢血去世,我是1939年生的,1987年正是我虚岁49岁的本命年。

刘先生说:"虚岁67岁,是过了一个花甲子后的第一个六冲年,人也像蛇一样刚刚蜕皮,很虚弱,往往在这个六冲年中很不适应,应特别注意养生保健。"我根据这情况把"文革"后去世的中文系老教师查一查,吓了一大跳!竟有8位老教师是在虚岁67岁时去世的:蒋锡康、徐旋本、王思铭、窦忠文、杨质彬、谭黄、程云青、施绍文。

前面提到的那位反对潘雨廷先生来教育学院任教的中文系张副主任,在虚岁67岁那年因心脏病发作送华东医院抢救!许多人担心他不行了!而我与刘先生把他的"八字"一排,结论是:"暂无危险,尚可再活12年。"后来果然在他79岁那年春节后再次心脏病发作,抢救无效。

刘先生说,大家活到生命的"关口"时,可以在当年的"立春"那天设法"闭关避春"以减少祸害——我因为"屡试不爽",就在自己的公众号上公开了此法。曾作为"热门"而广为流传。

七

光阴如箭,日月如梭。刘先生已是百岁老人。他夫人的离世使他在精神上受到的莫大打击。与之相伴长达七十多年,患难与共、相濡以沫的老伴走了!"不思量,自难忘""唯有泪千行"。因此,刘先生开始生病了,住院了!医生说他已患癌症,要开刀,他拒绝了。他不是对养生有把握,而是消极轻生,有了追随老伴而去的念头。当我与沈惠乐一起去看望他时,他眼睛还能看清是我们,脑子也还能回忆许多往事⋯⋯

经过家人的多方照顾和亲友的反复劝慰,他渐渐从消极悲哀的情绪中解脱。但鉴于生活不能自理,家属找到了在上海郊区的一个比较高级的养老院,把刘先生安顿下来。据说当时眼睛已基本失明,脑子也经常糊涂。

2019年8月7日,是农历的"七月初七"。养老院要举办一个插花活动,并欢迎各位老人的亲友去参加!刘先生的儿媳通知了沈惠乐。沈惠乐曾任原教育学院的中文系主任。这次探访活动就由她组织了我与陈必祥、强肖鸣、宋恒亮一行四位老同事,在刘先生儿媳的陪同下去了养老院。我们在活动室等待了一会,就看到刘先生坐在轮椅上由服务员推过来⋯⋯这次会面,有几个细节值得记叙。

我是第一个迎上去招呼:"刘先生好!"他当即一怔!眼光好像已看不清楚是我了,他儿媳在他耳边说:"是张冰隅!张冰隅!还记得吗?"刘先生马上说:"张冰隅?记得!记得!"这时其他几位都一一上前问好并作自我介绍。刘先生就非常奇怪地问:"这是什么地方?今天怎么有这么多人来呀？"大家说："这是您所在的养老院的活动室。今天是农历七月初七，中国情人节。我们相约来看望您！"这时刘先生忽然冷不丁地用浓重的家乡口音"幽"了一"默"："嗨！我有什么好看的呀！"于是大家笑得很开心！原来刘先生还是当年那个老小孩！

接下来，服务员来帮我们一起插花。一位美丽的姑娘说她们平时很喜欢与刘教授说笑。她拿了一枝花走到刘先生身边说："刘教授，还记得我吗？"刘先生问："你是哪一位？""我是美女珊珊呀！你不是说我长得很好看的嘛！怎么忘了？"说到这时，刘先生竟抬起头来"一本正经"地说："喔，你很好看！可是你又不肯嫁给我！"引得哄堂大笑！快乐的气氛弥漫在整个活动室……

这次去时，带了一本我最近出版的书。我在退休以后的二十年中陆续写了十几本书，已出版了八本。每出一本，都会及时送给刘先生指正。而这本在两年前出版的《天地人和，生命如歌》，主要是以前在几个"讲坛"所作讲座的讲稿修订集结。出版后一直没有机会给刘先生。现在带来了！不管他能看不能看，总是要给他汇报一下的。但大大出乎我意料的是，他居然一拿到书就迫不及待地翻看！不是说他已几乎失明了吗？不是说他脑子有点糊涂了吗？可是，现在，他那旁若无人地认真读书的情景说明了什么？我必须把这难忘的一幕记录下来！

我衷心希望这位"打着灯笼找不到"的奇异的百岁老人能继续延年益寿！即使今后他不能继续著述做学问，只要健在，就有难以言传的、特别的象征意义！

(本文作者为华东师范大学副教授)

痛悼国学大师刘衍文先生

何丹尼

日前,上海传来消息,我极为敬重和仰望的刘衍文先生驾鹤西归了,享年一百岁。上海众多媒体已经报道了这一消息,标题都是"著名古典文学学者刘衍文先生去世"。我认为"著名古典文学学者"对刘先生的定位并不准确,远远低估了刘先生的渊博学养和学术地位。

刘先生的渊博,早已超越了古典文学领域,或可称作"儒佛道圆融三教"。论儒学,刘先生对儒家五经之一的《周易》研究精深,与当代周易大家潘雨廷先生切磋琢磨,相得益彰。论道教,刘先生能根据《道藏》指出钱锺书先生注释道家文章时的偶然疏忽,又被潘雨廷先生聘为道教研究生论文答辩委员会成员,其道教造诣不言而喻。论佛教,刘先生曾经一脸鄙薄地指斥范文澜的《中国通史》对佛教的论述是一窍不通,仅仅从政治立场出发把佛教贬得一文不值。本来治学兼及佛道是儒生治学的传统学风,学界前辈如陈寅恪先生,对天师道和佛经翻译都有精彩的论文传世,钱锺书先生在论文和《管锥编》中也对佛道二家进行了研究。然而世移时易,学风渐变,后来的古典文学学者,往往专攻文学,文史精熟的已经不多,更无论周易和佛道之学。"文革"结束后,大批专家学者平反复出,就我所知,华东师大苏渊雷先生精于佛学和文学,山东大学高亨先生长于文史和《周易》,天津孙昌武先生有专著讲述佛教与唐代文学的关系,但没有一位兼擅古典文学、周易和佛道。要求兼擅三教,只能求助于宗教研究者如任继愈先生,但任先生并不长于古典文学。所以我认为刘先生的定位不应是古典文学学者,而应是名副其实的国学大师。现今大陆被称为国学大师的不乏其人,这些大师们与刘先生相比,岂不是高下立见?谁才是真正的大师？

再以古典文学来说，刘先生的研究也极具特色。古典文学教授中能诗能文者不少，刘先生不仅能诗能文，还对六朝以来至清末民初的骈文深有研究，更令人叹服的是，刘先生自己写得一手精妙的骈体文，甚至连今人见了都不识的八股文也能创作。九十年代初，我去澳洲，本来准备深造，刘先生为我写的推荐信，就是一篇华美铿锵的骈文。而刘先生长公子刘永翔教授的骈文现今更足以称雄文坛。正因为刘先生父子都精于创作，深知其中甘苦，所以对古典文学作品的理解和品鉴能够高人一筹。台湾学者在为文学院学生开书目时，即对刘先生刘永翔父子合著的《古典文学鉴赏论》评价为"最系统也最专业的古典文学鉴赏论。作者是能思之辨之又能作之咏之的行家，所论都能深体人意，不隔文心"。一九五七年刘先生身陷反右罗网，又经历了"文革"十年浩劫，精神备受屈辱、生活极其困苦。一般人在这种衣食不继的处境下，都会心灰意懒、自我放弃。刘先生却是沉潜学海，以书自遣，所以一旦平反恢复工作后，四十年积累的学问如火山岩浆般喷薄而出，著作一本接着一本，都得到学术界的高度评价，可称是"老树著花无丑枝"。刘先生曾经自得地告诉我，他很早就登入了国外编纂的世界名人辞典。我却慨叹，一纸辞典，能抵得了二十年的惨怛生涯？如果没有反右和十年"文革"，则刘先生幸矣，学术界幸矣。

八十年代以来，刘先生在上海享有盛名，还有另一方面原因，就是精于算命，对面相手相、卜卦都有独到研究。如果说刘先生的学问是"儒佛道圆融三教"，他对医卜星相的研究则是"天地人思极九幽"。刘先生曾教过我在传统手相中，判断一个人去了国外，能否定居入籍，可依手掌中"客死他乡线"断定。我来澳洲后，曾根据此法推测友人们能否定居，往往有奇验。又有一次在刘先生家，两个年轻女子登门求教。刘先生略略一看就下断语说"你们家住宅很大"。她们笑而不应。后来才知她们的父亲是上海一位高官，刘先生应是根据面部十二宫中的田宅宫来推断的吧。刘先生自谦算命本领只在幼儿园水平，但有一次我带了一位在上海滩算命小有名气的朋友造访，他与刘先生一番交谈后，再也不肯为在座的试算一下。离开后才告诉我，一经交谈，刘先生水平远远高于他，他怎么还能出手。在我即将离开上海远去澳洲前,刘先生为我介绍了一位算命高手马瞎子。他听说我是刘先生介绍来排八合(即八字)的,顿时肃然起敬,称刘先生懂得八合,自是同道中人。他的细批流年,当然不会百分之百准确,但有一点奇准,说我近日内一定离开血土,远去美国、英国、澳大利亚。因为刘先生的名声,刘宅经常有三山五岳的奇人来访。算命中有一派紫微斗数,我在刘先生处就遇到一位高手,在北京西城区老年大学开课教授紫微斗数。在上海卜卦颇有名声的阎立贵先生也与刘先生熟稔,他的老师是顾祝同将军的专用占卜师。有一次在刘宅为我卜卦,对结果大为惊诧,连称"不可能、不可能",刘先生却在一旁拍手:"就是这样,就是这样。"刘先生对算命经典"滴天髓"、对铁板神算、摸骨相都有褒贬。但刘先生终究是学人,把医卜星相提异到文史高度。他在二〇一三年在上海《东方早报》上刊登长文《命运能否预知和改变》,大量地引经据典,从先秦诸子到各种史书,甚至到《三国演义》,旁征博引,洋洋洒洒。之后又在《东方早报》上开专栏,专谈现代科学无法解释的神秘事件。在与刘先生通电话时,刘先生抱怨说读者来信,批我宣扬封建迷信。但刘先生对文章激起的巨大反响还是颇为得意的。托名刘伯温所作的《推背图》是一部著名的预言书,许多人认为书中预言相当准确,但刘先生却告诉我其中另有奥妙。原来原始的《推背图》并不十分准确。后人把已发生的事情再次加工、重新加入,然后扬州书商冠名为"古本推背图",再次出版,几次三番这样的推陈出新,准确度自然越来越高,书商与读者皆大欢喜。

  刘先生去世的消息传来,心情震悼。回想先生对我的提携教诲,相处的自在随性,不禁悲从中来。谨以下面的挽联,恭送先生衡文天上:

    独解诗词文,绛帐春风入旧梦。
    圆融儒释道,青灯秋雨读遗编。

(本文作者原系上海师范大学马茂元教授的首届研究生,现居澳洲)

我认知的寄庐先生

吴　忱

我初知寄庐先生大名，是在退休以后。因常在书店溜跶，忽然眼前有一部《古典文学鉴赏论》，分门别类，有理有据，直指文心，与流行之泛泛而论又近乎清谈之作，决然迥异，阅后大有补益。然此时尚不知先生乃何方学者，独加敬意而已。而后得知我远房族祖与先生相知相得，便将我涂鸦之诗词习作，辗转呈之于先生面前，既得缪许，遂生上门问字之想。

不久，就从族祖处得知先生新著有待面世，而其时已盛行电脑排版，于是欲请族祖陪同上门致礼。既而先生闻知，但说毋劳陪客，只身即可。由是未曾立雪，已拜之于程门，而先生新著，亦由我敲打键盘，录入电脑从而付诸刊印矣！古人说，抄书一遍，胜于读书一过。打字也是读书问学之术，其得益当不可谓不大。譬如，我有好多古典的认知便是由此而更新又从而扩展者。

其时，因誊录先生新著《寄庐杂笔》，我上门交谈机会也特多。说是交谈，往往只听先生滔滔不绝的大篇宏论，无须插嘴，要插也插不上，肃听便是；也有闻所未闻者，则尚需事后积累吸收，但待慢慢消化，盖生性不善于问，随机默记而已。

可恨我不能有所长进，记得某日曾将所藏胡汉民《不匮室诗抄》呈阅，先生说：此书二十多年前也曾略加翻检，但见满眼皆是次韵、叠韵之作，不免大生反感，干嘛要刺刺不休玩弄此类文字游戏。但既已在此，就暂时留下，估计不会仔细看的。然而，正因先生身边留下此书，后来就挖掘其史实，提炼其诗说，又博采他家之说，写下《胡展堂的诗识与诗友》长篇论文，并收入《寄庐茶座》。

如今回忆此事，虽先生尝引古人之说，曰"次韵叠韵，捆起来好打"，但我不知古人亦有"做韵，非做诗"之说。我又只知古人曾说苏东坡《水龙吟》咏柳之作，胜过章质夫原唱，而不知先生所反对者乃是以次韵、叠韵为名，实则逞其才学而刺刺不休的文字游戏。反观我之所以藏有此书，却正是以通篇次韵、叠韵者为高，以动辄叠次四五十首之为贵的。不禁怅然若失，有负先生之望。然而当《寄庐杂笔》刊印之初，其副题为"与钱锺书先生通信记"一篇尚未设正题，及先生征询于我，方说从信件受者角度，是否可以"长揖清芬"为题？正犹豫之时，先生却欣然接纳，从善如流。

　　先生既从善如流，八方倾慕者往往高堂满座，而先生奖励勤学，提携后进之举，亦时有所闻。如有出身工科而偏爱古典文学者，固好读先生之著，尝多次上书先生，问学讨论。事后，先生谓其读书之广，竟有平生未曾寓目者，以为其才可造，遂嘱寂潮先生多方留意。于是，由硕博之阶逐步递升，今已任沪上某大学教授之职矣。同时，我也由此得以交朋结友，不沉于寂寞。如早期有上海大学《清诗话三编》之点校，后期则复旦大学《诗铎》之助编，皆先生之所荐，其泽亦云广矣。

　　时光流逝，我亦垂垂老去，又以家居几度迁徙，久不上先生之门矣。数年前忽动怀旧之念，时届春节，遂与朋辈相约，探望先生于寄庐之室，而寂潮先生亦在焉。其时，先生似有衰退之象，来客名姓有不复记忆者。然试之以朗诵，犹能倒背如流，吴梅村《圆圆曲》自"鼎湖当日弃人间，破敌收京下玉关"起，至"为君别唱吴宫曲，汉水东流日夜流"止，居然如汹涌波涛，顺流直泻而下；而朗诵时又佐之以表情，自然舒展。听者无不嗟叹，皆曰：此刘公长寿之兆也。而我又忆及十年之前，先生亦尝背诵蒲松龄《聊斋志异》之叙，其时则矫首高吟，更一无阻滞。前者以诗，后则以文，或曰背文难于诵诗，我辈无从体验，不知然否。但古人云："读书百遍，其义自见。"当是公认的甘苦之言，值得后人牢记在心，付诸实践。

　　先生赐我多矣，却未能一一叙说，但祝
先生盛世共享，康泰长寿。并作词一首，以抒衷情：

千秋岁·追怀寄丈

风颠月醉,一夜文星坠。人去也,心已碎。云烟过眼尽,浮世身如寄。空回首,留痕春梦今存几。因品诗中味,子曰诗言志。庄生蝶,洛神水。闲情彭泽令,愁思张平子。俱往矣,九天咳唾千秋岁。

按,《春梦留痕诗残稿》,见存于《诗铎》第四辑。庄生蝶以下四语,皆出《残稿》。

(本文作者为退休化学工程师)

桃李芝兰

忆 父 亲

刘永吟

一、父亲和旧居

南京西路2082号和2088号是一栋橘红色平瓦尖屋顶、外墙磨石子饰面的老洋房，朝南均是落地玻璃木门，地面铺设美国洋松地板，带壁炉和卫生设备。而2088号又是南京西路最后一个门牌号码，其中的2室和3室是父亲和我们在上海住得最久的地方。全家在1956年从四川北路1337弄迁至这里，一直到1994年旧房拆迁方才搬离，整整住了38年之久。父亲告诉我，在搬到这栋楼之前，好几次因授课经过这里，心中就常想，若能住进此屋倒真不错。不料梦想居然成真！该楼虽是第一师范家属宿舍，却有几个房间属于父亲的工作单位——上海教师进修学院所有，学院将2088号的2、3两室分配给了父亲。父亲曾经说："宋代沈括曾多次梦见同一栋屋，后来真的见到而入住了。我做的是白日梦，也算是类似的一段佳话吧。"

父亲以后认识了周边的一些老居民，他们说，这栋楼是一个营造商在抗战胜利后建造的。他在我们这栋楼的北面造了一栋三层花园洋房（南京西路2080号）供自己居住，而我们这栋楼是作为屏障挡住马路用的，这一带当时非常荒凉，往西（即现在的延安西路）晚上罕有人行，是案件多发地区。

新中国成立后，营造商离开大陆，花园洋房被军管，继而改为南京西路幼儿园，前面的房子则改为教师宿舍。搬家的那一天，年仅三岁的我下车即独自东行走失，后由父亲到华山路派出所将我领回。至于我出生即居住的四川北路近武进路的家,今已基本没有印象了,依稀记得天花板和窗户都十分高,马路上的有轨电车铃声、汽车喇叭声和人声不断地叩击耳膜。

新居两间屋,一间26多平方米,是祖母与两个哥哥的卧室;一间19多平方米,是父母和我及弟弟的卧室,客来就在那里谈天说地,因为我们没有客厅。

可惜好景不长,入住新居未久,第二年(1957),父亲因对领导提意见而被戴上"右派分子"帽子,并被开除公职。当时我和弟弟永申还小,懵懵懂懂,"少年不识愁滋味",对政治运动的残酷性没有任何概念。

父亲赋闲在家,除了看书著书以外,我和弟弟的身体"保洁"工作都由父亲承包:洗头、洗脚、洗澡,甚至挖鼻屎和擦屁股。

父亲的头部和胸部经常神经痛发作,他说是他祖母遗传的。为了看病,跑遍了上海各大医院,还有人推荐他到北京去看,但都未能奏效。疼痛难受时就让我拿着一个坏了的玩具木质鸭身子,用其尾部刮擦鬓部止痛。数十年来,这个鸭身子磨得油光锃亮,一直伴随着父亲。有时父亲喜欢让我握紧小拳头捶打头部,夸我手背上都是肉,捶打起来舒服。记得每次总要花半到一小时左右,父亲为此常会奖励我一张"拖拉机"(当时的一角纸币)。有一次因为找不到"拖拉机",就给了我一张"火车"(当时的二角纸币),我却哭闹着非要"拖拉机"不可。此情此景,记忆犹新。

在2088号住的基本都是上海第一师范学校的教职员工,在当年鼓励当"光荣妈妈"的政策下,每家人口都不少,但也只能一户一室,而我家却有两室。这就造成了邻居心理上的不平衡。在"文革"初期,自一家划为"地主"的被赶到农村去后,属于"黑五类"的就剩下我们一家,是唯一的"专政对象"了。当时整栋楼的大多数邻居都革命豪情万丈,大有不送我父亲入狱誓不罢休之心。平时和我一起爬屋顶、打野战的小伙伴们也和我划清了界限。而父亲则被逼戴高帽、挂牌子、扫弄堂、掏窨井。至今遇到老邻居,还有夸父亲有能耐:不论刮风下雨,都能把弄堂扫得这么清爽、窨井掏得这么干净。随着运动的深入,众多邻居也先后被驱入"牛鬼蛇神"之列,但他们有工作,关的是单位的"牛棚",所以"文革"中在我们弄堂扫过地、掏过窨井的只有父亲一人。

二、父亲带我就医

当年,一大家子的唯一收入就是母亲微薄的工资,所谓"自然灾害"更是为我家雪上添霜,从记事起就难得有一回吃饱。我进小学没多久,就天天发低热,体温37.8—38摄氏度。父亲每周都带我去儿童医院和各大医院看病检查,却都查不出症结所在,无法施治,只说是营养不良,长大了会好的。记得每次去几乎都要验血,抽了血,父亲就会给我一颗糖吃,这是我当时看病的乐趣之一。

小学三年级时,脖子左面慢慢长出一个包,父亲又带我走上了求医之路。经过好几个大医院的检查,确认是淋巴结核菌感染。当时各大医院都认为很难医治。慢慢地脖子上的肿块已经超过半个乒乓球了,表面胀得发亮,摸上去硬硬的。医生警告说,颈部神经和淋巴密集,结核菌易于转移,转移了就没救了。父亲十分着急,这时有朋友推荐了疡医顾乃君先生。

老上海都知道,上海滩中医界最有名的有"三筱":疡科顾筱岩、伤科石筱山、妇科陈筱宝。顾乃君是顾筱岩的衣钵传人。父亲闻讯马上带我乘71路公交车去了他在升平街的诊所。顾医生看了我的肿块后就开了外敷药方,说要等肿块变软了方可手术。父亲于是每周都带我去换药。一个多月后,顾医生说可以手术了。用一把小小的手术刀切开长约3公分的口子,流出脓水,嘱咐我每周来换药,若能在一个月内收口就好,不然就很危险。为了能让伤口早日愈合,父亲带我去静安寺对面的广东店"公臣"(后改名"立丰"),联系了一位老广东营业员,让我每天去那里买一瓶牛奶,请他帮我热一下。老广东见到我就说:"你这孩子真是好福气,现在每天能喝牛奶的有几个呀!"

一个多月后,顾医生看了伤口说,愈合得不错,以后不用再来了。父亲总算放下了心。顾医生治愈了不少疑难杂症,我就是其中的受益者之一。

在陪我就医的那些日子，父亲总不忘了到旧书店去淘书。我也在这时沾了不少"书卷气"。父亲最爱去的旧书店除了福州路的以外，还有不少在一些小马路上，这些书店往往只有一间门面，靠墙的两侧是高达天花板的书架，插着密密麻麻的书籍，柜台与书架间的通道非常狭窄，翻阅书籍时顾客们常须侧身相让。父亲一进书店就不停地翻阅，每次都不会空手而归。常对我说："这本书一直想看，今天能买到真是缘分！"虽然家庭经济拮据，但是对于喜爱的书籍，父亲出手是毫不犹豫的。

三、父亲的长寿之道

祖母是1987年以93岁高龄逝世的。那天早上，父亲喂祖母吃早餐，老人家突然一口气接不上来，猝然离世。祖母虽在耄耋之年，脸上没有任何皱纹，仅仅是头发稀疏了一点，但没有一丝白发。我祖父则年未过耳顺，在1950年就早早离世了。父亲百岁时皮肤白皙，面无皱纹，也无寿斑。这应当出于祖母的遗传。但我们几个儿子居然没有一个有此好基因的。

父亲生活简朴，嗜欲无多。将在近百岁时，曾有记者上门问长寿之道，父亲说：一是不锻炼身体，不运动；二是不服用任何保健品；三是不讲究食品的营养搭配。记者一无所得，只能无功而返。

父亲讨厌烟味。朋友来见父亲，有烟瘾的，只能到我房间来吞吐。他喜欢饮茶，最爱的是乌龙。有一次台湾朋友送的冻顶乌龙，父亲喝了赞不绝口。他平时不饮酒，但在十分疲倦时。也会喝点药酒，但每次仅半两左右。

父亲喜欢步行，特别是登山。一家人一起走路时，父亲总是快步而行，屡在前路等我们，待我们走到，他又独自往前走了。记得1980年暑假，学校组织去无锡旅游，我也随侍。到了惠山，父亲一马当先，一口气登上山顶，把大家都远远地抛在后面，那时他已年过耳顺了。

四、父亲的交友之道

父亲朋友众多，就我所知，大致可分为几个类型：

（一）难友

父亲回里弄后，由静安区政协定期组织"右派分子"参加政治学习。在学习班上，他结识了不少难友，徐幼庚先生就是其中之一。他是辛亥革命元老徐朗西先生的幼子。戴上"帽子"只是由于一句话：他在苏州游览时，见风景宜人，脱口说了声"在这里做和尚倒挺不错"，被人揭发对现实不满。他与父亲一见如故，父亲带我去过他家，一栋位于华山路常熟路口的独立洋房（在今希尔顿酒店和静安面包房之间，后被拆除），距我家步行仅一刻钟。印象中徐宅客厅十分高大宽敞，有木扶手楼梯直通楼上。墙上挂了不少照片和字画，记得他们说起，有一件齐白石画的扇面，送至文物商店估价，却因另一面有郑孝胥的题字而估价极低。幼庚先生于1967年关入牛棚，被殴致死。徐家与父亲的交往在父亲《寄庐茶座·徐朗西家事琐话》有详细叙述，此处不赘。

黄濬思先生也是与父亲在学习班上认识的，他本是一所中学的校长，参加了民主促进会。因建议大大发展民主党派而带上右派帽子。黄先生口才极好，发起言来滔滔不绝。"文革"中曾入狱。后赴美国读书，拿了两个博士学位后在美任教，曾摄其所购住宅照片寄给父亲。如此高龄还能不断进取，实在令人佩服。

毕修勺先生是父亲的忘年之交，长父亲二十岁左右。他是最早一批赴法国勤工俭学的。潜心研究法国文学，是著名的左拉作品翻译家。因为抗战时期陈诚邀他担任《扫荡报》主笔，属于"历史反革命"，建国不久即被捕，判死刑，幸由患难之交何长工呈告周恩来，保住了性命。毕先生与父亲的交往在父亲《寄庐杂笔·我的忘年知交毕修勺先生》中亦有详述。他在很长一段时期里几乎每周都来我家，父亲尊称他"毕老"，我则称他"毕公公"。我也随父亲去过他家，在长乐路靠近常熟路的一栋新里的二楼。我奇怪的是，毕不是国民党党员，却担任国民党《扫荡报》的主笔。毕先生仙逝后，其长子毕克鲁先生为其遗稿出版事宜经常来见我父亲。

很多人都知道，原国民党的军统组织里，副局长戴笠的军衔仅是少将，故其属下最高军衔只能是上校。而住在我家东北面不远的永源浜的高镛先生就曾在军统中官拜上校。戴笠飞机失事后他转业去了民航。新中国成立后也戴上"历史反革命"帽子,他和父亲是在"五类分子"劳动时认识的,经常来我家聊天。曾听他评论过去的同僚沈醉、毛森等特务头子,说这些人都很无能,沈醉的回忆文章中自吹的成分太多。我联想起小说《红岩》中描写的特务头子的狡猾和凶残,觉得简直不可思议,实在对不上号。当时政府经常要他去电台对台湾广播,希望能召唤以前的属下弃暗投明。可惜我们1994年搬离南京西路后,就和高先生失去了联系。

父亲还有一难友王占学先生,他的居所是我家往东150米左右的一条陋巷里,门口隔了一小间做理发室,有一段时间我们全家的理发都是由他"承包"的。他在新中国成立前是军统无线电台的台长,1949年后入狱,释放后学了理发手艺谋生。曾感叹下半生"走了末路"。王能讲英语,喜欢与顾客谈天,和父亲更是聊得投机,互称"老王"、"老刘",没有隔阂。印象中他的理发速度惊人,男士理发每人不会超过两分钟。他经常对我说:男人的牙苏(胡子)刮光后走出七步就长出来了,说话的神态语调至今还宛在眼前。

位于静安寺地区的华山路愚园路转角的"百乐门舞厅"。上海人一般都知道,舞厅沿愚园路往西数十米原来有一家"万岁照相馆",公私合营前的老板叫王逢年。因笃信佛教改名大佛,也被划为右派分子,在学习班上与父亲认识。他在抗战前曾创办"三吴大学",培养了不少人才。爱好拍照,曾与郎静山同游。他发明了"七因素曝光表",用于自己的摄影。他拜父亲为师,与父亲无话不谈,父亲称其为最坦率的人。在"文革"前王为我们一家拍了不少照片。他每月有定息500元,当时有此收入已经十分惊人了,王却说:"我前妻定息每季度有5 000元,我没法与她相比。"他的前妻是原上海地皮大王周湘云的女儿。我随父亲去过长乐路长乐新村王的居所,记得他前妻也是住在同一条弄堂里的,附近这一大片区域都是他岳父开发的地皮。"文革"时,王被造反派关押在康定路万红照相馆里监督劳动,被我大哥偶然经过看到。父亲派二哥悄悄去探望过他。不久,听说王活活饿死了。王大佛事,《寄庐杂笔·易学大师潘雨廷及其师友》也有述及。

吴企尧先生也是父亲的难友,与父亲交往甚密,我经常见到他来我家。他是佛教居士,是赵朴初先生的好友。一次我斗胆请教他,我去寺庙见佛像从来不拜的,自忖只要存心向善即可;而下拜者均是有所企求的。如果为人不善,拜佛又有什么意义呢？吴老十分肯定我的观点,并鼓励我说,确实是心善为首,拜不拜并不重要,佛教的教义就是劝人为善。吴老的亲切教诲,我至今印象犹深。吴先生拨乱反正后担任了上海佛教协会副会长之职。

与父亲交往较密切的难友朋友,基本上都有一定的社会地位或学术成就。其中著名中医丁甘仁的长孙丁济华先生,克绍箕裘,与父亲经常一起谈天说地,惜丁医生在1964年离世。如今他的女儿、儿子都在美国开中医诊所,门庭若市。去年他儿子丁景忠先生特地到上海来看望我父亲,带来他两位姐姐的问候和感谢,她们的人生道路完全是根据我父亲的指点,一步一步走的。

吴家骏先生,是圣约翰大学毕业生,打成右派后失业,精神一度失常。后以私下教授英语为生,常来我家闲谈。父亲曾经请吴先生顺便听听大哥永翔的英语发音是否标准,吴先生听了连说:"就像华侨,就像华侨。"

经常来往的还有张闻天的妹夫马景园先生、社会学家应成一先生等。

还有一个女难友陈素珍,文化程度不高。原是被镇压的国民党军官的小老婆,缘此而成了"历史反革命"。陈与父亲是在街道一起劳动时认识的。她说起自己解放初在提篮桥监狱服刑时,因表现好担任了"小组长"。汪精卫的老婆陈璧君就是由她管辖的。陈璧君的脾气极臭,可笑的是犯人家属送来的食物她都会去抢吃,即使管教在场也无所顾忌。陈与之同监数年,也算是与名人结缘了。

（二）良友

父亲在学问中最佩服的是钱锺书先生、郭绍虞先生和潘雨廷先生。前两位大名鼎鼎,不用说了。潘先生则是《易》学大家,父亲与他的交往详见《寄庐杂笔·易学大师潘雨廷及其师友》。记得父亲只要没有要事,每周定期去潘先生的府上去听他谈《易》,而每次听课回来都会赞叹不已。雨廷先生在华东师大的教职就是由父亲介绍的。

袁任先生是徐汇区黎明中学的语文教师,1956年在进修学院听过父亲的课,由此成为我家的常客,几乎隔天就会登门。袁先生虽长我父亲几岁,但开口必称"老师",我则称袁为"袁伯伯"。他每次要"公开讲学",都要请父亲为他作"课程设计"。袁常年练拳,我当时体质很差,袁就建议我习拳。先学最基础的"站桩",做得我汗流浃背。坚持了数月后,母亲担心我营养太差、消耗过大,就劝我终止了。

在"文革"中,袁先生引荐一位许自坤女士和父亲相识。许女士与两外甥、两外甥女一同居住在淮海中路的"上方花园"一栋洋房里。此时住房被"造反派"侵占,全家被迫挤在汽车间里生活。许家的祖上是南昌的首富,后来家族都到海外去发展了。许与父亲相识后十分投缘,我们小辈之间也经常走动。最令人感激的是,许女士得知我家入不敷出后,从自己并不宽裕的生活费中每月接济我们三十元,逢年过节则五十元。这无私的援手一直坚持了近三年,使我们全家不至挨饿。这样的雪中送炭、大恩大德,我们全家都没齿难忘。在1978年落实资本家房屋政策时,因上方花园的房子已无法归还,政府安排了长乐路(在东湖路与华亭路之间)的住宅给许家作为补偿。我们四兄弟都出力为新房子安装灯具、粉刷墙面,近十天的劳作,兄弟们虽然天天都很累,但是心里都感觉很高兴——毕竟为许家尽了一份微力。后来父亲恢复工作,还清了许家的借款。不久,许家就移居海外了。

著名的气功拳师、皮肤科医生尢彭熙先生与父亲的相识也是袁先生介绍的,袁练的"形意拳"就是跟尢先生的女儿学的。尢家住在锦江饭店附近,我曾随父亲、哥哥一起到尢府去看尢先生表演"空劲"(即隔空打人)。亲眼所见,实感神奇!尢先生诸多轶事可参见父亲《寄庐茶座·徐朗西家事琐话》所叙。

父亲交往的还有诗人、翻译家孙大雨先生,生物学家张作人先生,曾任胡汉民秘书的高方先生,天文学家李珩、翻译家罗玉君夫妇。年轻的朋友则有黄福康、刘笃龄、张大文,刘、张二人,父亲还为他们介绍了工作。

帮助父亲晚年著述出力最多的是的是吴戬毅先生,他本是化学高级工程师,虽从事理工而酷爱古典文学,诗词皆擅。父亲的《寄庐杂笔》、

《寄庐茶座》都是由吴先生一字字在电脑上敲出来的。与吴先生交,父亲称之云:"老得良朋,素心论学,乐在其中。"

盐城徐于斌女士是父亲赏识的女词人。父亲本以为年轻一代已不能吟诗作赋填词了,曾感叹"华夏文化绝矣"。自于斌来见父亲,出其所作倚声,父亲见了大为惊叹,并介绍她去见沪上诸诗老,诸老对其词作和见解都大为欣赏。于斌后以其才得到识拔,担任盐城市政协文史委主任、一级调研员、盐城市诗词协会会长、盐城市湖海艺文社副社长。于斌常远道来看父亲,最后一次偕其夫婿来探望是在去年6月15日,距父亲逝世两个月。在父亲头七的晚上,她还梦见父亲,还是以前健康时的模样,笑吟吟和她对话。

(三)女儿

1970年代中期,黄濬思先生有次来访,带了一位女孩陈惠苓来,不意从此惠苓竟与我家结下了几十年的缘分。惠苓年龄略小于我,父母都很高兴与陈聊天,之后惠苓就成了我家的常客。母亲一生最遗憾的就是未生一女,她常说:刘家的女孩是个宝。因为父亲的祖上都是姐姐全力帮衬弟弟的。父母在晚年有什么想法,有什么要求,都会告知惠苓,惠苓也熟知父母的思路和生活习性,特别是母亲有什么难以处理的事,第一时间就会想到惠苓。母亲已把惠苓当成自己的亲生女儿了。

父亲还有一个"女儿"郭丹,笔名"枝山小媛",是明代书法家祝枝山的第十五代孙。是由一位前世界银行副行长引荐给父亲的。郭常来看望父亲,探讨中国古代文学,讲述自己的书画历程。父亲在2016年为郭的画册作序曰:"枝山小媛,出自名门。既得祖传,復娴西艺,中西融汇,常为多国厅堂布局。或以西之体寓中之神;或以中之骨化西之意,是将南皮公之识见,神而明之、践而行之矣。且以兼修藏密,触处皆通,是非恒人功力所及也。"序言基本概括了郭丹的艺术成就。数十年来,郭对我父母关怀备至,特别是父母患病时更是全力调动自己的社会关系,联系医院和医生。对我父母的情谊胜过我们儿子了。

父亲于去年(2021)8月17日仙逝。在父亲离开我们快一周年之际,谨以此文怀念父亲和母亲。以及逝世的父亲的朋友们,同时敬祝健在的朋友们安康长寿。

2022 年 7 月 17 日

  附记:父亲的心态特别好,与人为善,不计前嫌,乐于助人,不拘小节。父亲1957 年起受难 23 年,政治、经济、身体上的多重压力,非常人所能承受。全仗母亲对父亲和全家的爱,才坚持下来。

(本文作者为刘衍文先生四子,高级工程师)

纪 念 爷 爷

刘意山

2021年8月17日,爷爷刘衍文先生永远离我而去了。爷爷寿至期颐,百年风雨,平生业绩,非我所能尽知,亦非我所能备述。近来读了许多回忆文字,知道在学生眼中,他是循循善诱的师长;在学界眼中,他是书穷万卷的耆宿;在某些人眼中,他甚至是能知过去未来的高人。而在我心中,他是我敬爱的爷爷。

我是在爷爷六十多岁时才出生的,给我留下的鲜明印象只是他的桑榆晚景,而却在我的脑海中永不磨灭。

一

我幼时常和父母一起去爷爷奶奶家,每到那里,一种莫名的亲切感就会油然而生。那时尚未实行双休制,我隔周周日就会轮流去爷爷家和外公家。去爷爷家的路程我至今记忆犹新:先在家门口坐67路公交车到中山公园,再转20路电车到静安寺,然后步行十分钟左右就到了。进门后就一直待到吃过晚饭都不想回家,最后在父母"明天要上学"的催促下才恋恋不舍地离开。之所以如此,可能是自出生起很长一段时间都住在爷爷奶奶家,在潜意识中萌生了难以言说却又根深蒂固感情的缘故。

那时爷爷家在南京西路与延安西路交叉处的一栋老洋房里,由于靠近静安寺,我们去爷爷家都会说"到静安寺去"。而实际上静安寺到那里仍有一段距离,更确切地说,该处片名应叫"美丽园",附近的几个公交车站,如57、62、71路车站都如此命名。在我幼年的印象中,这栋楼房堪称"巨大",种着葡萄、夹竹桃、无花果树的花园一直是小朋友们嬉戏的场所。可惜房屋在1994年被拆除,如果能再保留几年,它绝对会挂上"优秀历史建筑"的铜牌,从而留存至今。但是历史是不能假设的,爷爷家的漂亮洋房连同东侧做幼儿园用的另一栋花园洋房一起,在隆隆的推土机下化为瓦砾之场。房屋拆除不久,我又不止一次到原址凭吊,当时此处虽已种上草木,但爷爷家标志性的马赛克地板却尚未铲尽,令我无限低徊。在面目全非的地方见到残存的遗迹,不禁浮起一连串孩提时的回忆,因为我就住在这间有马赛克地板的房间,既是爷爷奶奶和我的卧室,又是爷爷读书、著书的书房。

我自成年以来,非常喜欢观赏上海的各色老洋房,拍了不少照片,但万分遗憾的是,对爷爷住所的记忆却仅限于室内,对外观竟然毫无印象。我曾问过父亲,这栋楼到底是什么风格?英国乡村式、西班牙式,还是安妮女王式?但他说都不是,因没有完整的照片,父亲又不是建筑专家,故难以判定其式样。仅知楼高三层,外墙以碎石饰面,似乎近于"思南公馆"的那些洋房,但体量绝对比其中任何一栋楼都要大得多。这栋楼没有留下完整的照片,不能不说是一大憾事,当年没有数码相机,传统相机仅有36张胶卷,谁会浪费金贵的胶卷去拍一些"空镜头"呢?

1994年,旧屋拆迁,爷爷从热闹的静安寺搬到了当时还很偏僻的徐汇区田林地区。记得搬家当天,我坐在卡车的车斗上,依依不舍地望着熟悉的旧宅离我远去,来到一个竣工不久,遍地狼藉的小区。隔街相望的是一片低矮的砖瓦房,名叫"小闸镇",新居分明处于"城乡结合部"呀!我担心爷爷无法适应两个地段的巨大落差,然而意外的是,爷爷并不像我一样怀念静安寺的旧宅。我问他从市中心搬来这里是否习惯,他却回答:"静安寺不是市中心,勉强算是市区吧。市中心在外滩、南京东路!"原来在老辈眼中,静安寺仅算是城市边缘。爷爷又说,老房子一下雨就淹水,夏夜豪雨时,因担心大水淹进房门,时常夜不能寐。而搬到此处,住进高楼,则永无此忧。这时方知爷爷和我不一样,并不因久居而恋旧,着眼的反是新胜于旧的地方。

我想，爷爷一生换过许多单位。他当年背井离乡，赴云和，迁杭州，最终到了上海，从任职中学到执教大学，也一定是抱着求新思变之心的。前方虽未必美好，但会有新的环境，新的朋友，新的机会，新的希望。爷爷还把求新的希望寄托在下一代，他一生虽从未踏出国门一步，却一直鼓励孙辈放眼世界。惭愧我只知株守，未能图新，而我的两个堂兄弟早已"直挂云帆济沧海"了，这是爷爷觉得安慰的地方。

不过爷爷在生活上却是守旧的。比如食性：他不爱吃水果，说是因为在家乡从未吃过。妈妈、婶婶虽一直想改变他这一不良习惯，买来各种水果，给他讲吃水果的好处，他却始终置若罔闻。此外，爷爷从不喝汤，奶奶煮的肉汤、鸡汤，爷爷只吃里面的菜和肉，而我却喜欢喝汤，与爷爷共餐时正好"互补"。

还有，爷爷对用过的旧家具情有独钟。在席梦思床垫尚未普及的年代，相对松软而有弹性的"棕绷"是上海人的最爱，可爷爷却说"棕绷"太软，久睡对腰不利，于是选择了木板床。爷爷的床架是西式的。由红木镶阴沉木制成，是爷爷当年迁至静安寺时添置的，与一件宁式衣橱一起买回。爷爷说离开此床就难以入眠。他很少炫耀自己的物品，而对这两件家具则颇为得意。1994年迁至田林时，床与衣橱一起搬来，以后爷爷就一直睡这张床，直至因老病而住进养老院方止。在养老院中，睡了一辈子硬板床的爷爷，为了防止褥疮，不得不睡上比席梦思更软的充气床垫，令人不胜唏嘘。

爷爷去世后，我又去了几次他在田林的住宅，陈设依旧，但墙壁已经发霉起皮，书架中的书因准备捐给家乡而打包堆在地上（爸爸因为住房狭小只能割爱）。爷爷那张床依然还在原处，一如其生前。而爷爷奶奶的遗像，就放在离床边不远处的五斗柜上。面对物是人非，我眼泪不禁夺眶而出。

二

爷爷在我眼中并不是一位严厉的长辈。我幼时一度顽劣异常，时常捣蛋、恶作剧,有时甚至会故意把爷爷的书丢在地上或藏匿起来,却从未受过他的责骂。古时称父严母慈,而爷爷却和奶奶一样慈祥宽容,在爷爷家可谓"姜太公在此,百无禁忌"。而在外公家却规矩甚多,如吃饭时小孩不可擅自上桌,要等长辈都坐定,得到允许后才可。而在爷爷家则全无这些讲究,不分老幼,随到随吃,决不会因此而受到呵斥。不知是不是这个缘故,比起规矩森严的外公家,我对束缚较少的爷爷家更为依恋。

爷爷祖籍浙江衢州西安县(今柯城区),生长在衢属龙游县,两地方音不同。而爷爷能讲衢州、龙游两种方言。他对他妈妈(我的曾祖母)讲"衢州腔",而对奶奶及父亲、叔父则讲"龙游腔",两种方言能"无缝对接"。我从小听父亲跟爷爷、奶奶讲龙游话,虽口不能说,但理解毫无障碍。不过爷爷跟我讲话却从不用龙游话,用的是他对外人讲的浙江官话,是以为我听不懂呢,还是因为我讲上海话,就让我享受了外人的待遇?爷爷不会说普通话,也不能讲沪语,但口才却极好,中气十足,且声情并茂,说至激动处,会助以身姿手势,给人深刻的印象。他的学生开始听不明白,日久听懂后就觉得引人入胜,获益良多。不过爷爷对自己不能讲普通话是引为憾事的。

爷爷从不唱歌,也不像一些老人那般爱听京剧或地方戏曲,但却时常可听到他在家"引吭高歌",其实不是唱歌,而是在吟诗。爷爷看书,读到古诗文时总爱吟哦,诗文的好坏也就在吟哦中品味出来了。我想古人也一定是这样的。爷爷吟诵用的是家乡龙游的调子,不仅抑扬顿挫、饱含感情,吟到激动处甚至会声震屋宇。本来以为诗文仅有爷爷这一种吟法,后来见到录有各地吟调的光盘,才知各地方言吟起来大相径庭。但自小听惯爷爷的吟诵,先入为主,总觉得他的龙游调是最为悦耳动听的。爸爸说他从小会写诗词就是受爷爷吟诵的熏陶所致。

爷爷在闲暇时时常独自玩一种叫做"牌九"的牙牌,外形像麻将而花色迥异。玩的游戏名叫"过五关"、"斩六将":把整副牌洗了摆为数行,以一定的规则移来移去,如果"通"了,爷爷就会欣然收牌入匣;如果"不通",就洗牌再玩。我虽不知玩法,却看得津津有味。爸爸说,爷爷是借此卜一天的休咎呢。可能是怕我无聊,爷爷常会停下来跟我讲他在家乡所遇到的各种奇闻逸事,这些怪力乱神的故事和绘声绘色的描述,就是爷爷给我的最早印象。日后爷爷将这些故事汇总起来,在《东方早报》上开了一个连载专栏,人们争相阅读,以致被誉为"当代聊斋"。这些故事对我也起了作用,至今我仍相信,灵魂会以某种形式脱离肉体而存在,不信"我"在历史长河中仅在此时电光石火般地出现,此前没有,此后也不会有。

爷爷研究的是"雅文学",但却生性诙谐,爱看电视剧中的喜剧,并不嫌弃其俗。看到有趣处,也会像孩童般开怀大笑、拍案叫绝。寒暑假时住在爷爷家,和他一同看了几部风靡一时的电视滑稽系列剧,并坐在沙发上,一同讨论剧情,一同拍腿大笑,成了我当时跟爷爷最快乐的互动时光。

爷爷业余喜欢研究命理,声名甚至盖过他的专业。上门来问前程的人络绎不绝,常常干扰了我和爷爷的交谈。爸爸说,宿命论有涉于思想史,爷爷对算命术的探究意在于此,其实对其逻辑是有所怀疑的,这读爷爷的《寄庐志疑》便知。

爷爷从未练过任何拳术,包括适合老年人打的太极拳,但却满腹武林异事,让我听得津津有味。什么"空劲"、"金钟罩"、"铁布衫",虽不知是否真有其功,总盼他日能亲眼目睹。爷爷还和我一起看电视播出的拳击比赛,使我看上了瘾。后来在网上看到有一少林武僧自称"金钟罩",却被对手一拳击倒,昏迷不醒。如此不堪,令人失望。从此我就不再关注传统武术,只看拳击比赛了。

爷爷最大的遗憾是我不学文科,他说,如果学了中国古代文学,家学就能传三代了。不过我虽学的是计算机,语音的平仄却早已掌握,报章上不合律的所谓诗词,一眼便能看出,这也算是家学熏陶所致吧?

三

若用一字来形容爷爷的个性,应该没有比"直"字更为适合的了。说话直,行事也直。或许爷爷胸中丝毫也没有"世故"这个概念吧。

成年之后,我仍几乎每周去探望爷爷奶奶,爷爷和我无话不谈。他那时记忆力尚佳,每次都会将近期遇到的人或事一一告知。而我告诉他的事,他也都会一一分享给别人。真是"事无不可对人言"！我想,他前半生受过那么大的伤害,可心灵依然如水晶般透明,这在当今之世是多么难能可贵啊！

他评论起一些"学术大家"来可谓毫不留情:"他文理不通"、"他写的旧诗平仄都不调的"、"他没啥学问,征引的诗文都不出《唐诗三百首》、《古文观止》"。这些批评常从爷爷口中听到。有人因此说他骄傲,目中无人。但爷爷的批评并非个人的私见,学界不少人见到爷爷时也深表赞同,只是他们不敢说出来而已。爷爷的"狂"名流传甚广,以致爸爸考大学时,有人还说:"别像他父亲那么狂啊！"竟致名落孙山。其实,爷爷并不目空一切,对真正有学问的人,不仅从未有轻蔑之词,反而常有"读其书,想见其人"之心,赞叹不已;对有才华的年轻人,也会"到处逢人说项斯",甚至自己读了他们的著作尚嫌不够,还想分甘,一连买了好几本送人。

不过爷爷自己直,以为别人也不会曲,有时会流于轻信,所谓"君子可欺以其方"。曾有一人自称神医,上门替我叔父、婶婶诊病,把几味常见药物开成天价,爷爷居然也接受了。似此上当之事尚不止于此,其他被利用的事则不计其数,但爷爷并不放在心上,他说,人要有用才会被人利用,没用,谁来理你呀？大体说来,宾客盈门毕竟给他的晚年生活增添了乐趣。耄耋老人最怕的是寂寞,最不怕的就是"被利用"。

爷爷的一生,可谓命途多舛,他的"直"曾带来灾祸,使少年得志的他在即将大展鸿图时被打入谷底；但是他又是幸运的,他的"直"也赢得了人们的尊敬,收获了相当多的友情,晚景较一般老人多姿多彩。

希望我以上的片断回忆,能让大家看到一个孙子眼中较为全面的爷爷:思想求新,习惯守旧,天性好奇,食性独特,治学善疑,为人轻信,爱才如命,嫉恶如仇,自爱株守域中,却望子孙远游海外。一个多对矛盾的统一体,这就是我挚爱的爷爷,如今这样的长辈,再也看不见了。

谨以此文纪念我挚爱的爷爷。

(本文作者为刘衍文先生长孙)

我的良师益友
——刘衍文老师琐忆

倪正明

刘衍文老师是我在上海市复兴中学读高中时的语文老师。他教了我三年，但我同他交往了七八十年，受益了一辈子。他是我真正的良师益友。

我上高中时，解放不久。由于种种社会原因，不少很有学问、颇有资历的知识分子因失业进了中小学校教书，刘老师就是其中一位。他教高中，又任语文教研组长，丝毫不轻视中等教育，总是认真履职，关心学生，很受学生欢迎。

他一口方言，也不善朗读朗诵，但同学们就是欢喜听他讲课。为什么他的"南腔北调"会吸引同学们呢？因为内容，因为表达。他的课总有与众不同的独特内容，从不照抄照背统一的"参考资料"，也从不围绕一些复习材料，让学生盯着高考升学忙。他学问深厚，又见多识广，讲课时旁征博引，大大打开了我们的眼界，收获了许多新知识；又通过他自身经历的叙述和社会见闻的穿插，使我们增加了许多见识，得到了许多乐趣。同学们最喜欢听他讲鲁迅先生的作品。他对鲁迅小说十分熟悉，联系历史和社会讲述作品情节如数家珍，剖析作品深意常常发挥，许多见解给了我们许多启示，所以，班上就是一些打算读理工科的同学也全神贯注，听得津津有味。

他的作文教学也很成功。作文的命题他有自己的计划，每位同学的每篇作文他都逐字逐句批改，还常常针对性的给予很多点评，有时会写得很长。他重视学生的优点，关注同学的进步，表扬是他主要的手段。我的作文就常常在讲评课上示范,他评点,也引导同学们议论,这给了我很大的鼓励。我之所以爱上语文,后来又走上语文教师的人生之路,最主要的应该说是受了他的影响。

这样,我就同他建立了亲密的师生关系,不仅无话不谈,还常到他府上拜访,以至于养成了习惯,几十年不间断。对了,他还有一个特点,就是额上始终贴一块膏药,从不拿下。

我从小体弱,后来生腰子病,动手术割去了一个肾。不能考大学了,对我的打击很大。学校领导对我很关心,1954年,让我留校,当上了语文教师。现在想来,这当中肯定有刘老师的评价和推荐,但他从未对我提过。由师生变成了同事,我们的关系更密切了。他常听我的课,给予我多方面的指导,到他家去时,他还教我"算命",其实是以学习《易经》为中心,继承古代卜卦之类的技术。他这方面的造诣很深,但我一是基础太浅,二是工作太忙,未能学出个所以然来,真是十分遗憾。

大约是1958年"大跃进"前后吧,各中学一些水平比较高的教师被提升到高校任教,刘老师也在其中。他被调到"教师进修学院"(后改名"教育学院")任教,从而结束了与他的同事关系。

我如今将要90岁了,这是我从未料到的。刘老师更长寿,直到前年才过世,都快百岁了。这跟他为人淡泊、热心、豁达是完全分不开的。几十年来,直到他辞世,我仍常到他府上拜望。每次去,他那小小书房都是高朋满座,谈天说地,议论风生,当然也少不了来算命卜卦的。我是小辈,常叨列末座,但仍获益不少。刘老师其实很关心天下大事,跟我交谈起来,大至国家,小到家庭,他什么都关心。有时我拜访隔得时间长了,他还会打电话唤我,开玩笑地问我:"有什么新闻吗?过来交流交流。"真是一位可敬可爱的长者。

当然,他仍在孜孜不倦地读书、做学问,尤其是写书。他在复兴教书时就出版过《文学概论》。当时,写这类书的人很多,记得苏联季摩菲耶夫写的成了权威,国内一些大学教授也出版了好几类。而他,却全不顾自己只是一位中学教师,也来著书立说,提出自己的见解。由此可见他的性格,也体现了他的精神,可惜当时自己太年轻,没有好好拜读。后来,刘老师又出了不少书,涉猎面很广,包括卜卦的。他还注意提携后进,常组织青年教师同他一起编写。可惜年深日久,他赠我的书都找不到了,手头只剩了一本《历代文坛掌故辞典》,由上海辞书出版社出版,就是由他主编,有十来位中青年教师参与合作的。在赠我的那本扉页上,他题道:"正明任棣(仁弟)晒论,衍文特赠,2006.11月",何等谦虚恳挚。

衍文老师没读过大学,是私塾出身,且拜过不止一位老师。抗日战争时,刘老师从衢州中学失学回家,又失去亲戚资助,十八九岁时,居然能在报上卖文为生。他全靠自学,不仅满腹经纶,还有自己独特的领域和见解,真是难能可贵。他一生不计名利,不求高位,更是令我敬佩,因时间久远,我也年事已高,只能作这些琐忆了,这是我深以为歉,也深以为憾的。

(本文作者为复兴中学高级教师。文为过传忠记录、整理)

怀念师长刘衍文先生

顾伟列

二十世纪七十年代末,教育界一扫阴霾,校园内书声琅琅,学子发奋攻读,老教授重登讲坛。1978年,教育部批准结束五校合并的历史,上海教育学院恢复建制,其时刘衍文先生也结束被错划右派、开除公职的蹭蹬生涯,恢复政治名誉,回到原单位上海教育学院工作。当时我与宋心昌分配到上海教育学院中文系任教,与刘先生同在中国古代文学教研室。刘先生肤色白皙而红润,儒雅而具有亲和力,热情而正直坦诚,教研室中蒋锡康、沈惠乐、吴广洋、王思铭、谭黄、窦忠文、童秉权、施绍文等先生都很敬重他。

我与宋心昌当时还是二十出头的青年教师,教研室主任蒋锡康先生安排刘衍文、吴广洋两位资深教授亲任教学科研指导教师,拜良师,聆教诲,走正道,乃三生有幸。

刘先生与吴先生给我们开列的书单中包括《说文解字》、《四书五经》等一长串书名。记得曾与心昌兄在福州路旧书店淘得世界书局二十世纪三十年代印行的铜板《四书五经》,精装全三册,书价仅三元,厚厚三本捧在手中,如获至宝。吴广洋先生早年师从词学泰斗夏承焘先生,博通小学、经学、佛学和文学,吴先生每周指导半天,至今仍记得先生引韩愈语告诫之:读书"无望于速成,无诱于势利,养其根而俟其实"。两位先生的指导方法如朱熹所云:"书用你自去读,道理用你自去索究,某只是做得个引路底人,做得个证明底人,有疑难处,同商量而已。"我们在两位先生指导下从《尚书》读起,细斟字义句义,逾一年终将全三册通读一过。

刘先生和吴先生对我们的教诲无微不至,既重言教,又重身教,其道德学问润物无声，后学受惠良多。经刘先生和吴先生引荐，我们还从文字学前辈胡邦彦先生研读《说文解字》，从桐城派再传弟子叶百丰先生研读《古文观止》。胡邦彦先生国学根底深厚，尤精文字学；叶百丰先生讲授古文条分缕析，深得桐城派义理、考据、词章之真髓。刘先生十分敬佩易学大师潘雨廷先生，多次提到潘先生是国内当代易学的集大成者，通过刘先生引荐，我们曾每周一次去复兴中路潘先生府上修读易学。潘先生治易学和道教文化四十余年，讲授易学出入旧学与新学，贯通中学与西学，融汇宇宙与人生，我们虽不能入堂奥，但颇得治学方法之启迪。学然后知不足，教然后知困，幸得名师指点，教学科研得以打下较扎实的基础。

刘衍文先生既悉心指导课堂教学，又为我们系统讲授"古典文学鉴赏论"。刘先生于集部之学和古代诗学有精深研究，思想宏通，博闻强记。讲课神采飞扬，激情四溢，诗话文论、诗文佳作、文坛典故信手拈来，广征博引，辨析深入，点评精到。刘先生对古代文学经典多有独到的意义阐释，不拘成说而自出己见，纵横捭阖而触处生春。

刘先生常告诫我们说，做学问需要才、识、学三者兼备，才与识之高低虽与天赋相关，但是"学"取决于个人的刻苦用功。他嘱咐我们说，文科教师搞科研，要获取大量的第一手资料，古代文学作为文学遗产，千百年来已经积累了丰富的研究成果，对其研究既要有理论基础，又要细读原著，然后提出自己的见解，立论的成立需要有大量例证作为论证的依据。我在教学和科研中遇到问题，向刘先生请教，他通常先说几个古诗词例证，然后叮嘱我读那几本书。记得我撰写《论清真词抒情结构》一文时，在办公室向他请教"疏密"、"开合"等文学术语，他嘱我阅读的书就包括司空图《诗品》、刘熙载《艺概》和刘大櫆《论文偶记》等。

我曾参加刘先生主编的《中国古代文学》和《中国文坛掌故事典》编写工作，《中国古代文学》是1987年刘先生受国家教委委托，为全国高中语文教师《专业合格证书》考核而编写，根据教材使用对象的学习特点，刘先生制定了科学把握知识体系的重点和难点、处理好文学史和作品选读的配套关系等编写原则。在教材编写中，我常就学术界尚存争议的问题求教于刘先生,例如如何定义"盛唐边塞诗派"？王昌龄是否可以列入该诗派？宋代江西诗派倡导"点铁成金""夺胎换骨",曾被该派诗人奉为金科玉律,过去的文学史对此诗家法度评价不一,我们如何论断？刘先生对语言与描写,包括"点铁成金""夺胎换骨"涉及的炼字、炼句、炼意历来有精深研究,在他指导下,教材作了如下评论,"点铁成金"是说对前人之陈言加以点化,化腐朽为神奇,可理解为语言上的推陈出新;"夺胎换骨"是说诗歌内容依据前人诗意,经炼意化为己有,既能翻新出奇,又易落入以袭取替代独创的窠白。

　　回顾在上海教育学院工作期间,我曾参与三部教材的编写,老教师关心青年教师的成长,古代文学教研室为青年教师提供了宽松融洽的工作环境。刘先生、吴先生、蒋先生等为人谦和温良,聆其教诲,如沐春风。

　　刘衍文师与吴广洋师是相交几十年的挚友,他们"志于道,据于德,依于仁,游于艺",心存于正,道得于心,德性常用而物欲不行,本末兼该而内外交养。吴先生心地善良,性格温婉,君子温润如玉,仁义之人其言蔼如。退休后一杯清茶,一壶黄酒,恬然淡泊,常约三两知己,春日寻芳,秋日赏菊,游心自然,吟诗填词,乐志畅神。刘先生热情真率,思维敏捷,乐于提携后学,学术兴趣广泛,以文学理论为主业,又出入儒、道、佛诸家,与古今大师的卓见灵性相通,有时灵光一闪,会提出卓异神奇的预见。记得1994年的某日,我与刘先生步出校门,告别之际,他注视着我的额头及眉宇处,微笑着说,你要有双肩挑的准备。说者有意,听者无心,一年后系班子换届,学校组织部安排我担任副系主任,果然开始挑起教学科研和行政管理的两副担子。1998年上海教育学院并入华东师大,又担任多届对外汉语学院副院长、校教学委员会委员,连任至2013年方卸任,屈指算来,双肩挑担居然挑了整整18个年头。春节前我一般都会去刘先生府上向老师拜个早年,2014年探望刘先生后,他送我到门口,临别时再三叮嘱我,今年上半年一定要去吴广洋先生府上探望。阳春三月的一天,我即去探望吴先生,午睡后的吴先生神清气爽,与我相谈甚欢,从下午2点聊到5点过后,吴先生小儿下楼为他做晚饭,我才起身告辞。临别之际吴先生赠我新作诗词一卷,不料此次一别竟成永别,几月过后惊悉噩耗,吴先生不慎摔倒,医治无效辞世,享年 97 岁。

怀念恩师,愿恩师在天堂安好!

(本文作者为华东师范大学教授)

从游寄庐刘衍文先生论清诗

张寅彭

寄庐刘衍文先生"寄"身于天地间,已届百岁。这在常人自是一件可喜可贺的事情,但我从游先生几近四十年,深知先生的智慧,早已达于无喜无哀之化境,寄者,暂也,寿不寿固已无所可囿了。

犹忆我与先生相识之初,那还是一九八二年秋季,大学毕业被分配至上海教育学院中文系。报到时,我向系主任张挚之先生表达了欲从事古代文学教学的愿望。张先生竟出人意料地当场拍板,将我改派至文艺理论教研室。当时正值教研室活动,他说给你请一位带教老师吧,即一径领我至刘衍文先生面前。从此我得以就近向刘先生请益,开始了我的并无求学位、且永不毕业的"研究生"之路。该教研室成员还有电影《林则徐》的编剧叶元先生等前辈,主任是刘德重教授。(当时张先生还派我赴杨浦中学从于漪老师学习半年,同样也受益匪浅。张挚之先生已仙逝多年,这里谨附笔志念。)

此后我除了听刘先生的公开课,还常常到府上拜访。刘府当时还在南京西路,是一座老宅。先生一家住一楼,门窗外有走廊,可通花园,园中花木繁盛。九十年代市政改造,搬迁至钦州路新建的高层公寓,空间较前宽敞,藏书得以插架陈列,排满一面墙,而旧居建筑的幽雅趣味则不复再有了。他和师母都好客,家中来客不绝,桌几必堆满待客的茶点,有时谈得晚了,还要留饭。我因生性拘谨,记忆中留下吃饭的次数并不多,但先生和师母的这一份温情是至今感念不已的。

我当时受同在一个教研室的刘德重先生之托,撰写《诗话概说》的清代部分,这也是我治清代诗学的初始阶段,遂常常向衍文先生请教清诗的有关问题。殊不料这又正是他的独得之学,每次问学归来,所获常逾于所愿。他于清人最推重袁枚的诗学,这与郭绍虞、钱锺书的看法是一致的。他早年即撰有袁枚著述提要,后因战乱及"运动"而未能保存下来。晚年与哲嗣永翔兄合作,详注《续诗品》,(1993年上海书店出版社出版。)尽覆其旧(见《寄庐杂笔》346页,上海书店出版社2000年版。)十分全面具体地阐述了简斋的诗学,大为超越了郭绍虞先生此前的简注。我近年编纂《清诗话全编》,于简斋《续诗品》的提要,即列出两位刘先生的《详注》作为必备书。

衍文先生的文字,尚有《雕虫诗话》、《文学的艺术》、《古典文学鉴赏论》、《寄庐杂笔》等多种,久已传诵于学术界,拥有广大的爱好者。但有一种极重要者,即他批点的钱仲联《清诗精华录》,与我深有关系,而迄未面世,此则深有愧憾于先生也。

此事大约是在1987年夏天,钱仲联先生的《清诗精华录》甫出版,我即购得一部,兴冲冲持与刘先生请教。他亦兴致大发,数日后阅毕归还,全书竟密密麻麻,圈点批注,议论风发,于钱选之人、之诗,多有论析裁断,或补或议梦苕庵之未备,而他自己的清诗观也触类而发,令我惊叹之余,窃喜"问一而得三"矣。怀璧三十馀年,前年春节,我持此书往谒拜年,先生其时卧床已久,不能言语,见此书如遇旧识,竟艰难起身,移坐至藤椅上,把玩良久,我亦向先生发愿要尽快理董成篇。

钱仲联、钱学增选注的《清诗精华录》,1987年4月由齐鲁书社出版。在这之前,钱氏父子还选注过一部《清诗三百首》,1985年由岳麓书社出版,1994年又有修订版。从《诗三百》到《唐诗三百首》,"三百首"固亦是"精华录"之谓。陈衍的《宋诗精华录》,则从黄山谷、王渔洋两家的别集之名,转用于总集,遂亦成一体例。钱先生两种并用,他的《精华录》与《三百首》,收诗极少重复。《三百首》前后两版,《精华录》与初版仅同二十馀题三十馀首,修订版则又从《精华录》移入十馀首。《精华录》收诗627首,两书合计近千首,相较于徐世昌《晚晴簃诗汇》,诚可谓少而精矣。钱先生另选有《近代诗三百首》、《近代诗钞》等,虽有详近之长,然局于一时段,若就钱先生的清诗观与一代之诗而言,自是不及《三百首》、《精华录》的自具完备性。(据涂小马《钱仲联先生和清诗研究》一文统计,钱先生各种清诗选本,总计选录七千馀首。其文载《文学遗产》2009年第1期。)

至于《三百首》与《精华录》,二书虽互不隶属,然《三百首》有据《精华录》增删之迹,《精华录》的篇幅也倍于《三百首》,若分别论之,此选似更为可观。全书入录诗人凡159家,诗作按五七言、古律绝六体分布:五古50家105首,七古50家99首,五律52家101首,七律49家101首,五绝38家78首,七绝67家143首。其中六体皆有作品入选者,有吴伟业、顾炎武、厉鹗、王又曾、钱载、黎简等六家,此是钱氏论清诗重七古长篇、重质实、重浙派的基本立场。五体入选者有朱彝尊(不录其七绝)、王士禛(不录七古)、袁枚(不录五古)、郑珍(不录五绝)、陈三立(不录五古)、丘逢甲(不录七古)、陈曾寿(不录五绝)等七家,其中郑珍、陈曾寿阙五绝最无碍,袁枚、陈三立阙五古次之,朱彝尊阙七绝又次之,王士禛、丘逢甲阙七古则欠体严重矣。录四体者,如钱谦益不录五律、五绝两体,无妨大家;黄遵宪不录绝句两体,(吴嘉纪、刘光地亦然。)亦无妨他心目中的大家地位;而黄景仁、张问陶不录五古、五绝,龚自珍不录七律、五绝,则稍逊;屈大均不录七古、五绝,施闰章、沈德潜不录七律、七绝两体,又次之矣。盖清诗的总体成绩,即主要在七言古、律、绝三体的发展方面。自曾国藩《十八家诗钞》不选五绝,五古止于六朝,五律止于盛唐王孟,皆早早成熟,惟七言诸体下限甚晚,是开放的,勾勒出传统诗体发展的大势,清诗正处在七言诸体尚有用武之地的时段。笔者此处即据以分析钱先生《清诗精华录》入录诗人各体的比重,而由钱先生所选,也可窥其清诗诗体观与此是若合符节的。

《清诗精华录》出自钱先生晚年,又经斟酌再三,自与其他选家的清诗选本不可同日而语。他的《梦苕庵诗话》、《梦苕庵论集》中的不少文章,以及魏中林所记的课堂讲论,都可互通,说明他的选诗宗旨。但索之他家评论则甚少,问世三十馀年来,除了钱门弟子有所提及外,尚未得到充分的关注,实是清诗研究界的一桩憾事。今有同为饱阅清诗的刘寄庐先生的评点本,岂非幸事!

细检刘先生的评点，凡前言5条，五古32条，七古70条，五律36条，七律20条，五绝3条，七绝16条，总计182条，约一万二千馀字。又于五七言律绝佳句多施圈点，五律尤多整首密圈之作。他的批点，虽也不乏首肯，如钱谓沈德潜"自为诗风格朴老，但较丰实，缺少神味，而且模拟的痕迹较显"，寄庐即赞云："此评极公允。"又如吴梅村《圆圆曲》"红颜流落非吾恋"四句，钱注谓为吴三桂的自我辩解，寄庐评云："此解殊得其要，胜于傅东华等之曲说多矣。""家本姑苏浣花里"二句，钱注谓"借用字面"，寄庐评云："极是。"但终以驳议为主。故这一百数十条意见，既于梦苕庵的清诗观颇具建设性，也是寄庐先生本人正面论述清诗的文字，其中颇多他的特见，兹略作归类，分别辑录如下。

首先是前言部分有总批三条："名篇选录，似时有避熟求僻之处。"（按此意在七律王士禛条下有具体说明，另见该条。）"未见有一首情诗选录。按此尺度，则《诗经》中《国风》大抵皆须删削之矣。""恐尚是以思想性为准绳者，多年来风会一时未易消散，故于各端多有所拘，且亦不少滥入之篇。"另五古亦有总批一条："此书所选五言古诗篇幅特多，岂选者于此有特嗜耶？"

其次关于清诗的分期，梦苕庵向有清初、乾嘉、鸦片战争时期及晚清四期之分，屡见于他的大小文章中。寄庐先生则似专重乾嘉时期，约有四条。一则云："南施北宋，渔洋一时兴到之语。实则就清代诗坛而言，两人诗仅有小成，且无多大影响。乾、嘉以往，似此之诗人多矣，似此之诗亦多矣。即就顺治、康熙时而论，两人诗亦未可谓之出类拔萃于南北各诗人间者。其所以负盛誉者，不过受渔洋之推挽而已耳。"（七绝宋琬条批语）一则云："乾隆前诗律未严，故渔洋激赏之。其实此诗四联中竟有三联犯蜂腰之病，可谓有句而无篇者矣。"（五律费密《朝天峡》批语）一则云："乾嘉诗风之渐以有成，他山亦有启导之功焉。"（七律查慎行《重过齐天坡》批语，全批见该条。）一则云："孙原湘诗风固有与袁接近者，犹张船山然。盖时有与之相承，乾嘉诗风之流派使然也。"（七绝孙原湘条批语，全批见该条。）诸语均将乾嘉诗坛当作一个诗功最成熟的时期来认识的。

再次关于诗体。论诗与其他文体之别有三条："梅村五古非所长。若与牧斋比,则未免时有俗句、俗调之累。如此首诗题材,出以诗笔即难于动人也。其中略如'头发可不梳'、'人倦消几壶'、'后各还其庐'等语,散文化过甚,失诗之道矣。虽以五古之近于文意,后来者亦不可过于率尔也。"(五古吴伟业《矾清湖》批语)"此类题材,唯宜以散体行之,为能深切。或加虚构,而为小说、戏剧,当更可入妙。写成五古,用其所短矣。相题行事,为诗人者,未必任何情事皆可作诗料也。后之为诗者,设不明此微意,鲜有不可怜无补费精神者。"(五古郑燮《姑恶》批语)"席勒谓凡能以散文明诸而出之以诗,皆无聊而多事者。此诗纵能达意,亦岂能如散体之曲尽其情否?是固不得与娄东并陈也。"(七古张维屏《三元里》批语。全批见该条。)

诗体中又最赏七古歌行之梅村体,总批一条,《圆圆曲》、《听女道士卞玉京弹琴歌》二诗详批至四十条之多。总批云:"抒情诗之作倒装叙写者,至杜甫而极尽其妙。前乎此者,若齐梁体、初唐体,其倒装非曲写,实乃部伍杂乱、无以统御之病也。叙事合抒情之诗,所谓夹叙夹议者,香山但以散文之法平叙之,至《秦妇吟》而始有西欧倒装小说之笔意,顾措词声律,两不能佳。此事不得不推梅村为独步。梅村若此类七古,则当以《圆圆曲》、《永和宫词》最有代表性。《永和》为最规则之转韵诗,有类于平仄相间之七绝组诗。《圆圆曲》则不拘此格,然两句或三句一转者则无之,盖急促换韵,殊不宜长言咏叹之表现也。故梅村七古最宜朗诵,亦最耐吟。惟《永和宫词》隶事太多,且有用典不切处,此瓯北已有前议,故终不如《圆圆曲》之美艳绝伦也。"

《圆圆曲》批云:"《圆圆曲》全诗以西施为比,《长恨歌》全诗以李夫人为拟,此二诗机杼之相同所在,亦不可不知。""首二句为诗中概括特例,若为文而如此落笔,则不通矣,缘多所省略故也。""首段极曲而顺,是诗之笔,非文之行。诗文之分途,至此始各得其所,不如六朝之淆混也。""与'冲冠'句相呼应。绿珠、绛树为对虽巧,二句合观,终嫌合掌。""'错怨'、'无边'两句,潜气内转法也。近人作诗词者都不明此法。""'妻子'数句以抑扬为转折。""圆圆为常州奔牛镇人,亦吴地,故后云'家本姑苏'。""陆次云、钮琇诸书,小说气太重,实非信史,可资座谈,不足为据。"

"古诗中人称转换变化特多,此解殊得其要,胜于傅东华等之曲说多矣。人称转换,此处用吴三桂口吻,作用略同戏剧中之旁白。两相对照,一正一反,足以相映成趣,而极讽刺之能事。"(按指"红颜流落非吾恋"四句。)"非向往也。盖谓入宫不久即被遣,实同一场春梦耳。此处即扣紧西施为拟,以叙以议。梅村亦不过据传说而写成者,未能尽得其实也。"(按钱注"梦向夫差苑里游"二句谓圆圆向往入宫。)"强载事应稍详其本事。二书(按指《甲申传信录》、《觚賸》)以外,冒襄所记为最原始资料,殊不可忽。""崇祯非不好色者,不然,田贵妃不能受宠也。""不为崇祯所纳,原别有因,陈寅恪有考据,殊善。不得以此而美崇祯也。""夺归,不指椒庭遣返,见陈寅恪考证。如遣返而曰夺归,则用词不当矣。永巷亦是借用,非宫禁之长巷也。夺圆圆有两次,一次得假圆圆。然倖免于初,不能逃脱于后。""圆圆被夺后,冒襄几不欲生。后得董小宛,而始较宽慰,亦犹近人徐志摩失林徽因爱得陆小曼而始移情一也。""全诗中惟此二句(按指"遍索绿珠围内第,强呼绛树出雕栏"。)有疵颣。盖合掌强对,意复词繁,与排比句加强语气不同。""活用典故好。"(按指"可怜思妇楼头柳,认作天边粉絮看"。)"此即所谓皮里阳秋,深得委婉而讽之妙。"(按指"若非壮士全师胜,争得蛾眉匹马还"二句。)"此虽用典,(按指"啼妆"。)而亦兼顾实情。试问此时之圆圆,其啼宁有假意在乎?虽叔宝之全无心肝,谅亦不至于斯也。""'斜谷云深','散关月落',谓随军生活之紧张草率也。贵族妇女梳洗浓妆,必于深闺楼阁,谓圆圆乃以云深斜谷,作造起之画楼,月落散关,天始微明,即起身梳洗之矣。若单解斜谷、散关,下二语无着落矣。""前二句未能将其意解出。""解'妓女'二字不妥。圆圆是歌伎,非一般卖淫之妓女。"(按指钱注"当时只受声名累"谓圆圆早年做妓女。)"引陆游诗未见贴切,(按指"汉水东南日夜流"一句,钱注谓本陆游《归次汉中境上》。)解以预言则意不能逆志。按李白《江上吟》云:'功名富贵若常在,汉水亦应西北流。'今汉水仍日夜向东南而流,而未尝逆上西北,是固知富贵之不能常在矣。吴诗语本此,盖为翻用李白诗意而作者。不然,'汉水'二字无着落。"

《听女道士卞玉京弹琴歌》批云:"急转直下。"(按指第四句"侧听弹琴声"。)"简括而不漏。由一事引出一人,又由一人引出一人,头目安置适中。'中山有女'以下宜慢吟,语拗而见妙。""不用明眸,避熟也。"(按指"清眸皓齿垂明珰"一句。)"忽折入一句,突兀之至,气氛立即生变。然前已有伏根,'北向飞鸣'是也。若无前数句,则此句不稳。"(按指"万事仓皇在南渡"一句。)"挺接以增强前句之力。"(按指"大家几日能枝梧"一句。)"折一笔见小朝廷之梦死醉生也。下一句为此句细释。按此二句与前二句对照,令人悄焉动容,慨然增叹。'中山'句遥接,以下句句入妙。"(按指"诏书忽下选蛾眉,细马轻车不知数"二句。)"以进退为折,折得极快。"(按指"尽道当前黄屋尊,谁知转盼红颜误"二句。)"拙著中谈及此二句,以《双城记》并论。"(按指"南内方看起桂宫,北兵早报临瓜步"二句。其《古典文学鉴赏论》第章有论。)"闻道句转。犊车句'不用'二字又微意。三四句以跌宕为折,令人浩叹伤怀。"(按三四句指接"闻道"、"犊车"两句之"幸迟身入陈宫里,却早名填代籍中"。)"以飚开为陪,足见此乃乱世时妇女之普遍悲剧,非仅少数人之悲苦遭际也。前云'不知数',是泛写;此云'祁与阮',是实写之足征者,非复也。""以上吟诵或宜缓,或宜速,视情文而定。""'漫咏'句宜缓慢折入,而从斜刺里插进者。'但教'二字,极有力之转折。'青冢'句宜低吟。'伤心'二字俗。写得太随便,未曾仔细推敲。""赵瓯北谓梅村诗尤妙在转韵,一转而通首筋脉倍觉灵活。而不知其韵之转,实与情意之转折相为表里者。惟其如此,故能收哀感顽艳之效。而转折最得变化之神者,当以此篇为极诣。中间数段,忽转忽折,或用对仗作遥应,或为流水之直下,或又一笔飚开,或又出其不意折回。殊多出其不意,而又转在意中者,诚有如茧之抽丝,蕉之剥外,缠绵悱恻,不尽馀情。一倡三叹,最宜吟之恰情养性。""支撑。"(按"大家几日能枝梧"之"枝梧",钱注作"抵抗"。)"按此指不论在籍与脱籍从良,妇女皆难倖免也。'外'字不可忽略,不然又合掌矣。"(按指"碧玉班中怕点留,乐营门外卢家泣"二句。)"乐营门外脱籍之歌伎。"(按卢家妇,钱注谓为被点留的教坊女子。)"此入道恐系未剃度尼姑,服亦非道士装。此不过借用耳。观梅村诗,涉及卞玉京他诗可知。"(按指"剪就黄绒贪入道"一句。)"'边头曲',有暗讽清兵之意。"

梅村体之外，论各家之作亦颇从诗体着论。如于严遂成《富阳舟晓》批云："渔洋《冶春绝句十二首》之二有传诵之句云：'日午画船桥下过，衣香人影太匆匆。'二诗可谓各极其妙，各得其宜。五古、七绝之同与不同，于此可悟个中三昧。"其他于袁枚、龚自珍、姚燮、金和等人之批，亦每有诗体之辨，另见下文相应各条。

关于清人论诗诸说，寄庐先生大抵重性灵、神韵，神韵又有沧浪、渔洋之别，与钱锺书同。而亦不废格调。有云："归愚虽为星期门人，论诗实大相径庭。渔洋诗高华明丽，与归愚大异其趣，兰泉更趋而愈下。顾神韵原不废格调，而格调常有失于神韵者，故格调诗不复为人所赏识也。子才倡性灵，而不废神韵，亦尝尊阮亭为'一代正宗'矣。是不独为其传衍宗派者始有是论也。"（五古王士禛条批语。按钱氏原评抑渔洋，以沈德潜等传衣钵。）"神韵诗原从七子腔调化出，故吴修龄于渔洋有'清秀李于鳞'之讥；然神韵固以格调为重也。后沈德潜之尊渔洋，重视者亦为其高格，彼此嗜味同臭故耳。"（七律王士禛条批语。全批见该条。）"好格调者未有不落套者，专论神韵者亦然——顾与沧浪之言神韵则不同。沧浪神韵之内涵较广，不若渔洋之偏也。"（七律王士禛《晚登夔府东城楼望八阵图》批语。全批见该条。）"鄙见常以为，诗不论格调、神韵，倘能以情生文，文而又生情，皆可极其诣而得其窍也。"（七律王士禛《和徐健庵宫赞喜吴汉槎入关之作》批语。全批见该条。）"格调、神韵，皆好用人名、地名支撑，尤好用古地名，以促成诗中古雅之气，发怀古之幽情。"（七律王士禛《送郑郎赴粤西幕府》批语。全批见该条。）"吴兴、敕勒、苏卿、河梁、洛、周，皆地名、人名也。颈联板对。清远、苍茫、铜驼、玉马等，皆点染之设色。观此于格调、神韵之所好，当可思过半矣。"（七律王士禛《题赵承旨画羊》批语）"归愚但知奇语之为好诗，而不知寻常情语之尤为难状也。此亦格调派与性灵派中之稍有分野之诗趣诗识也。"（五律赵执信《赴登州留别康海》批语。全批见该条。）

我于清人诗说，曾拈出清初吴乔、赵执信之"诗中有人"，归结于嘉庆、道光之际的潘德舆"质实"说，以为是继上述神韵、格调、性灵及肌理诸说之后的第五说。（拙纂《清诗话全编》序。《清诗话全编·顺治康熙雍正期》第2页。）寄庐先生亦早早注意及此,谓顾亭林云:"其诗格之所以能高,即质实之故也。渔洋变而为空灵,亦不废格调,唯其诗不论质实,故于格终逊一等也。"（五古顾亭林条批语。全批见该条。）又谓潘德舆"《诗话》人或病其太苛,然自有卓见",（五古潘德舆条批语）当即是就其质实说而言的。

又比较顾亭林、翁覃溪、沈寐叟三家,而标示出"学人之诗"的学、诗之分际:"学人之诗而能得诗意者,亭林是也;学人之诗而失诗意者,覃溪是也。试取两人之诗对照读之,即可知其分野所在。"（五古顾亭林《王征君璜具舟城西同楚二沙门小坐栅洪桥下》批语）"寐叟真学人之诗,所谓以学问为诗者也。石洲倡肌理,言实学,尚不致如寐叟之走极端。顾论诗之成就,则寐叟之面目,终胜于翁氏之尘羹土饭也。缘寐叟诗纵怪僻,而尚有几分灵气,翁氏则诤痴符而已矣。"（五古沈曾植条批语）

寄庐批语涉及清诗的大判断,略如上述数端,更多的则是诗人、作法之批识,金针度人,大抵以刻画出新、出奇为佳,尤嫌落套,亦不主"寓意"。下文兹按《精华录》诗人先后、各体合并而缕录之,上文已录者不赘,节录者则全出之。

钱谦益 唯杜、苏之气太重,蹊径尚未能尽化。《古诗赠新城王贻上》:此诗构造殊见功力。虞山诗识诗旨,已略具此诗,顾其有所厚望于贻上者。而贻上于其所论,亦未必苟同也。如于钟、谭,虞山最深恶而痛斥之者,贻上则暗有法之者。又如后七子,虞山殊贬而不遗馀力（者）,而贻上则以"白雪高埋一代文"许之。又虞山于公安有恕辞,而贻上则不屑一顾也。《天都瀑布歌》:全仿苏调。《为友沂题杨龙友画册》:合少陵、达夫为一体,惜无自身独有面目也。《金陵秋兴》:按诗虽极见功力,终嫌杜气太甚,殊少自家面目。《丙申春就医秦淮寓丁家水阁浃两月临行作绝句三十首留别留题不复论次》:圈点。《金陵杂题绝句二十五首继乙未春留题之作》:圈点。《徐元叹劝酒歌》:圈点。

吴伟业 纵观其诗,亦不尽然。（按钱氏原评云:"庀材多用正史,不取小说家故实。"又按吴诗及"梅村体"诸批已见上文,兹不重录。）《遇旧友》:密圈。《海溢》:尾联圈点。后世最为传诵之《梅村》诗何以不选?

"不好诣人贪客过,惯迟作答爱书来"一联,尤脍炙人口,岂非失却光明大宝珠耶。《古意》:圈点。梅村七绝少馀韵,不若七古、七律之佳。《古意》数首,当为集中出色之佳什。

杜濬 《古树》:一正一反作对,但"知"、"感"、"秦历"、"汉恩",终太笨拙。"用尽"一联,语虽平易,而出以流水,遂较活泼。论诗固不得因有寓意遂可视同一律也。

徐夜 《九日得顾宁人书约游黄山》:有蜂腰之病。

顾亭林 先师越园先生论诗绝句云:"唐音宋理元丰致,下逮明清格遂卑。赖有亭林作砥柱,平生不作等闲辞。"其诗格之所以能高,即质实之故也。渔洋变而为空灵,亦不废格调,唯其诗不论质实,故于格终逊一筹也。《酬王处士九日见怀之作》:有圈点。格较前两首诗为老健。(按指前选杜濬、徐夜两首五律之作。)虽有蜂腰之病,尚无多碍,缘有格以济之也。顾倘以清代试帖之诗律细衡之,亦仍当被斥矣。

施闰章 据《带经堂诗话》卷一,施于梅诗实不满,言辄不应,尝为王渔洋所窘。则谓其远承云云,则谬甚矣。(按原评有"其诗远承其乡人宋代梅尧臣"云云。)

吴嘉纪 野人诗颇为后人所重,评论实有过誉之处。或因其不达而得人之同情怜悯,遂生怜才惋惜之心使然欤?

汪楫 《铁尚书歌》:此类诗作,总以舒铁云最为可诵。此诗抒写尚可,但一读《瓶水斋》中咏史阁部、卢象升诸诗,则荡气回肠、沉郁梗慨之气,勃然而生,转视其他诸人之作,悉不足观矣。

朱彝尊 《杂诗三首》之三"猕猴骑土牛":注误。猴骑土牛,出郭颁《魏晋世语》,见《太平御览》卷九一〇引:"司马宣王辟州泰(作周泰者误)为新城太守,尚书钟毓谓泰曰:君释褐登宰府,乞儿乘小车,一何驰!泰曰:君名公之子,少有文采,故守吏卑,猕猴骑土牛,一何迟!众宾悦服。"苏轼诗但用典实而已。《将之永嘉曹侍郎饯予江上吴客韦二丈为弹长亭之曲并吹笛送行歌以赠韦即送其出塞》:神似梅村。好掉书袋,亦竟如之。《晓入郡城》:密圈。《赠张五家珍》:密圈。《山雪》:密圈。《无题六首》录二:圈点。

屈大均 《登罗浮绝顶》：朱明释未探本。按朱明有四义。一，日也。见《广雅·释天》。二，夏也。见《尔雅·释天》。三，汉郊祀迎夏乐歌，首云"朱明盛长"，即以首二字命名。四明为朱氏所创，故明朝亦称朱明。作者为遗民，所指当在后一义，因罗浮而影射及之。寓意在恍惚之间。盖恢复之事不可行，乃有虬髯海外扶余之念耳。考遗民都有此种想法。陈忱《水浒后传》亦有两本，初稿即云虬髯事，后乃实写李俊为今之泰国之王。今两种本子皆存。《野叟曝言》初以朱明作主人公，后恐触忌，乃改为文素臣。《题翁子东洞庭山馆》：结亦落套。从右丞诗"君问穷通意，渔歌入浦深"化出。《读陈胜传》：密圈。颔联活对，妙。贴切，有气魄，有抱负。

陈恭尹 《归舟》二首：密圈。"积雨"一首，沉郁之至，但读来似不着力，此所以为难也。然能翻出新意，进入一层，故佳。（按"水气"一首尾联钱注谓从孟郊诗化出。）《叶世颖重之中湘茅屋行后有寄》：犯蜂腰，亦稍犯上尾。《崖门谒三忠祠》："有门"、"无地"之对，终嫌平板，反不若七子中假骨董中杜样混真之雄健也。如"隘地黄河吞渭水，炎天白雪压秦山"、"关塞岂无秦日月，将军独数霍嫖姚"等句，格局岂不更胜耶？顾诗不必尽以雄浑为高也。放翁初有"诗来雄浑苦未成"之叹，（见《剑南诗稿》卷六三《江村》）后乃悟"正令笔扛鼎，亦未造三昧"，（集卷七九《示子通》）而知"学诗当学陶"、（卷七十《自勉》）"诗如水淡诗方进"（卷六二《秋怀》之四）也。缘雄浑不成，必流为肤廓，所谓伪、大、夸而造作之矣。

尤侗 尤悔庵诗、文、赋皆全恃聪明而失体，盖时尚承明晚之风，故俱用偏师取（用）胜。若不加细察，而不知其语之不善也。倘删却诸篇，裁去伪体，所馀者又无甚可观，盖诗亦犹人之所同也。

王士禛 神韵诗原从七子腔调化出，故吴修龄于渔洋有"清秀李于鳞"之讥；然神韵固以格调为重也。后沈德潜之尊渔洋，重视者亦为其高格，彼此嗜味同臭故耳。既论其格，则渔洋籍以负盛名之《秋柳》诗四律，偏遗而不选，何也？若云"新愁帝子悲今日，旧事公孙忆往年"为板对，然气象自庄重，设以此而摈落，则此选六律，又未有一首无板对也。故鄙意以钱氏父子所选之名家名篇，悉时有避熟（当时人所共知）就僻之意焉，其然,岂其然乎?《抵彝陵州》:整篇用五地名支撑,以取神韵之格,安排尚得体,但不甚高妙。《阜城感伪齐刘豫作》:密圈。三地名、两人名支撑,但对仗极佳,能包罗一切,斯亦我所谓高度概括之有得者也。缘有气格,故中二联蜂腰可无碍。《符离吊颍川侯傅公》:"平芜何莽苍","苍读为此养切,在养韵。语出《庄子·逍遥遊》,与七阳韵不同。渔洋未误读。《嘉阳登舟》:此诗好拼凑字面成章,有七子馀风。但不若其叫嚣,诚所谓清秀之李于鳞也。颔联从唐诗拼凑作对,几为变相之集句,以数目字支撑为格。颈联板对平庸,缘语多落套也。《晚登夔府东城楼望八阵图》:颔联、颈联为平熟之板对,倘以纪河间之手眼批之,必曰圆俗或圆熟也。好格调者未有不落套者,专论神韵者亦然——顾与沧浪之言神韵则不同。沧浪神韵之内涵较广,不若渔洋之偏也。《过古城》:此诗细按之,亦落吊古伤今、人物俱非之格套。惟尚善于点染支撑,故尚可诵。《和徐健庵宫赞喜吴汉槎入关之作》:此首诗概括特佳,且善于抒情措语。颈联虽亦为板对,但贴切不移,无一字虚设,缘有真性情故也。故鄙见常以为,诗不论格调、神韵,倘能以情生文,文而又生情,皆可极其诣而得其窍也。《送郑郎赴粤西幕府》:"故人"一联似凑泊而实自然,诚一时兴到妙手偶得之笔,似易成而实难写也。格调、神韵,皆好用人名、地名支撑,尤好用古地名,以促成诗中古雅之气,发怀古之幽情。此诗中西川、金雁驿、浣花、牂牁,皆地名也;水部、郑虔、征南,皆人名、官名也。借以排比点染而生情韵耳。

沈受宏 《忆母》:密圈。全诗以此句为眼目,感慨深沉。沈归愚谓其言霭如,实未必也。观末二句,转为愤怒之情矣,盖不得以首句定调也。

潘耒 《峡江》:"出"、"开"句法,亦已久成尘劫,不足云奇矣。归愚好谈格调,故不以落套为病。在其时,袁简斋诘难而讥之,沈虽无以为答,而积重难返,诗识从无转变之时。夫人若不日与为新,其胶柱鼓瑟也必矣。

彭桂 《建初弟来都省视喜极有感》:密圈。末二语亦落套。旧诗常有此类语,虽不得独咎彭,但终竟不好。

洪升 《雪望》:密圈。重二"难"字。"山冻不流云"固佳,唯上联

"溪深难受雪"似稍有凑合之痕迹,必先得下句,而后合成者。

刘献廷 《怀古》:调号高,奈不合社会发展分工必然趋势乎!儒生之不达拘迂,尚有何卓见之可云乎?《咏史三首》:圈点。

赵执信 《弃妇词》:密圈。评云:一往情深,得乐府之精髓,胜于《诗经》之纯率多矣。《两使君》:讽谕之作,忌正论,贵含蓄,尤贵有油气。正论令人索然,含蓄则有力量,若有油气,更易不胫而走,人诵之而称快,被讽者则愤而惧矣。此诗虽用对比手法,惜乎只是打阵地硬仗,未能出奇制胜也。《赴登州留别康海》:中二联圈点。颔联至情语,贵能写得出而又入人心脾,当更胜于颈联之写(情)〔景〕也。归愚但知奇语之为好诗,而不知寻常情语之尤为难状也。此亦格调派与性灵派中之稍有分野之诗趣诗识也。

查慎行 《重过齐天坡》:他山诗好用白描,然时有俗调、俗句。此书所选二首,倘与前渔洋诗对观,即可知其风格之异趋。如此两诗即无较多之人名、地名、官名为点染支撑者。乾嘉诗风之渐以有成,他山亦有启导之功焉。《度仙霞关题天雨庵壁》:"人从"一联,写仙霞关自切合。惟此种句式全自放翁处套来,不必过于推重也。

厉鹗 樊榭七律,有《悼亡姬》十二律,胜于潘安仁、元微之,后惟王烟霞可以为继,而皆不选。何耶?

陈祖范 《悼亡》:圈点。

黄任 《杨花》:圈点。

吴永和 《虞姬》:圈点。

胡承祝 《春晓曲》:圈点。

沈德潜 《汉将行》:模仿梅村《鸳湖曲》而作,但畦町未化。《鸳湖曲》已多俗句俗调,而风韵则胜,此则为东施效颦矣。归愚之诗,三家村中学究也。蹈矩循规,尚不失本来面目,忽若卖弄风情,如有戏文中失当之反串,未有不使人失笑者,人固欠自知也。《宋徽宗鹦鹆图》:结束数语尚好,而全诗则终嫌词费。《有感》:密圈。有真感触而能写,便是好诗。《夏日述感》:有圈点。"民贫"句从管子化出,但更有现实意义,故比管子语为深沉。"救弊"句太直,非诗语,乃散文语也。《明妃词》:圈点。

陈灿霖 《古怨》：圈点。

金农 《岁暮复寓吴兴姚大莲花庄》：圈点。

徐兰 《出关》：圈点。

郑燮 亦得白之浅俗诗病，然〔每〕下愈况矣。诗实罕有佳者。

严遂成 《题临城公廨壁》：密圈。

杭世骏 《题独漉先生遗像》：密圈。

王又曾 《同张玉李登雨花台作》：病蜂腰。

钱载 《紫柏山下留侯祠》：密圈。高格。《观王文简公所题马士英画》：圈点。

胡天游 《烈女李三行》：子才屡提及稚威此诗，其实其诗之极诣原不在此。当时即有多人起而与子才诘难矣。

刘廷玑 《劝农行》：此诗转折可法。

袁枚 人以袁诗七律为佳，如舒铁云即以为放翁后进一重境者。此书所选二首，皆不足代表袁之妙处。（按指《荆轲里》、《雨过湖州》。）鄙意略与舒铁云不同者，以袁诗当以七绝为上选，顾七绝极多，披沙拣金，沙故恒河，金亦不少。然此书所选四首，亦少有代表性。或者选注者为学人，不知诗中三昧者欤？《同金十一沛恩游栖霞寺望桂林诸山》：密圈。此二句乃袁简斋当时夫子自道之恕语也。缘袁其时固在杭为人所排，不得已而去桂林谋生，几不为其叔所纳，后幸为巡抚金鉷所知，保荐鸿博。金十一沛恩不知何人，或即金巡抚同宗之僚属也。（按指首二句"奇山不入中原界，走入穷边才逞怪"。）此实中国具有民族传统之想象的表现，为荷马明比所不能达者。（按指"疑是盘古"以下云云。）"至今"以下亦作者其时激愤怨艾之情也。《题史阁部遗像》：密圈。简斋诗之对仗，前则不如放翁之工巧，后则不如哭庵之神奇。然有时于不甚着力处忽能出其不意，似工而又似拙，论拙则又能工，此正简斋性灵在对仗上之独特表现也。如本诗一、二、三首之颔联，便可细按出三种不同之接榫内容也。至第一、第四首之颈联，则亦吸取格调之气象而为之，缘简斋论诗实无门户之见，转主善为诗、转益多师之旨，原无非素、出奴之门户也。而世之论简斋者，悉以两种诗派针锋相对为立论者，则一无所〔取〕矣。简斋五绝颇多，极妙哲理。所选四首，皆未是其至者。《马嵬》：此诗为作者所自喜，然不过比拟、议论而已，非七绝之正法也。又诗集卷二十六《谒岳王墓作十五绝句》之一云："灵旂风卷阵云凉，万里长城一夜霜。天意小朝廷已定，那容公作郭汾阳。"尚可。而第二首云："远寄金环望九哥，一朝兵到又回戈。定知五国城中泪，更比朱仙镇上多。"句法雷同可厌。

赵翼　《后园居诗》：孟子已有"尽信书则不如无书"之说，惟愈到后来，信史愈少。若今日之信口褒贬，尤见世风之日趋于下矣，一切但作齐东野语观之可也。《生事》：贫则贫矣，僮少而犹有僮，亦有奴、仆，则非同拾荒逃灾之饥民相并也。作者下语原尚有分寸，而解者未免过于夸大其时代阴暗一面矣。倘以诗而征实，宁可尽信乎？

蒋士铨　《开先瀑布》：此首七古足以例概心馀七古诗风。《岁暮到家》：密圈。诗能达真情即妙，关键在情之真，尤贵在能达也。《响屧廊》：另有一首似更有风致。

姚鼐　《岁除日与子颖登日观观日出作歌》：此歌与《登泰山记》最是代表桐城文风与诗风。然诗不如文之洁净。

洪亮吉　《天山歌》：两"绿"字，一可改碧字。结处巧思尤妙，缘读上一句不知下句将如何措手，而亦结竟出人意表，且景中寓情也。

吴锡麒　圣征诗未能名家，试律实九家魁首。纪晓岚虽屡有微词苛责，而其慧舌灵心，刻画真切之功，自不可掩。骈体亦不可一世也。《雨中过七里泷歌》：写景、叙意两佳，圣征固是善于刻画者。"问我何为者"，他人写此，即可收场矣，缘上文力已用尽也。而此诗偏能转进一层，不着议论，且又不与前文相覆，真难得也。《月夜过泖湖》：诗善在各个方面加以刻画，惜笔致少所变化，使人有苦苦硬做之感。《双忠祠》：诗乏铁云之豪气，而细致过之。宾主相配亦称。红羊劫，按道家以岁在丙午、丁未，午为火，色赤，为红，未为羊。以每逢此二岁，皆有国家遭故，谓之红羊劫。宋洪迈《容斋笔记》首言之，继柴望作《丙丁龟鉴》，撼秦庄襄王以后至晋天福十二年，凡值丙午、丁未者二十有一，皆有世变而应之，以此上呈，被放逐。清王渔洋欲为之续，而未果。后遂以国厄为红羊劫云。此注未为探本。（按指钱氏原注。诗有"君臣同入红羊劫"之句。）

黄景仁 《癸巳除夕偶成》：密圈。窃意赏月有人，赏星无有。除夕无月可赏，姑聊以星当月赏而已。亦作者孤怀谁共、穷极怆神之哀思也已。注太附会。仲则诗人，非先知也。

宋湘 《湖居后十首》：今日人犹好著书，评定职称亦凭所著书。然所有书泰半或相袭，泰半或趋异，皆非真能著书者也。如无真心得，其书皆可废，所谓真"不如无书"也。袁简斋曰：谈何容易，著墨纸上。旨哉！（按原诗有"名山好著书，著书何为者"云云。）小用其慧耳，安得有仙才之过誉乎。（按钱氏原评："绝世聪明仙才也。"）

孙原湘 按孙夫人席佩兰女史乃袁之弟子，孙不曾列弟子行也。孙诗淫艳，次回后难有抗手者。又时染《击壤》习气。诗风固有与袁接近者，犹张船山然。盖时有与之相承，乾嘉诗风之流派使然也。所选亦非子潇之佳作。《清史稿》以三君中惟孙诗无病，或因其诗较熨帖圆润乎？

张问陶 船山七律，佳什极多，实选不胜选。其《宝鸡县题壁》十八律，各种诗话都有提及，堪称绝唱。且于农民革命女领袖齐王氏有赞词，此在当时实为不可多得者，乃竟一首不选，何耶？七古放纵，入于怪，实未能佳。随园尝戏用其体为诗以赠，或亦不以其为是。而洪稚存友而效之，一变其原有风调，遂至招来"黄狗随风飞上天，白狗一去三千里"之消。是好船山诗者，亦不能不知其弊之所在也。《卢沟》：略有沉郁之气。人言船山诗有七分剑气、三分珠光；仲则则三分剑气、七分珠光。鄙意以为衡之船山甚当，若仲则所缺者惟剑气耳。彼亦尝自云："自嫌诗少幽燕气，故作冰天跃马行。"（《将之京师杂别》，见《两当轩集》卷十）又有诗云："歌到横汾声（近）〔尽〕羽，饮从河朔气如雷。"（《赠万棨维即送归阳羡》，集卷四）窃以为仲则诗，羽音则是也，气如雷则未也。其诗皆郁闷之气，调亦低沉。洪稚存谓其如"咽露秋虫，霁风病鹤"，斯得其实矣，而谓之剑气则不可也。盖此泰半皆由境遇以之，不尽诗能穷人之理。不可以果为因，倒因为果，如陈石遗等人所论，则谬极矣。张亦有否认其学随园之诗，即袁亦有用释语谓"学我者死"，盖不欲人之学而失却其自身面目也。惟论张之诗风，实有与袁相近处，但较犷放，且影响及洪北江。（按张否认学随园云云，乃驳钱氏前言中语。）《读桃花扇偶题十绝句》：圈点。

舒位 舒位诗与王昙互为影响,同属粗豪。但舒稍为细密,与袁大相径庭,且对袁颇致不满,有"铁限踏穿无我迹,棋盘不完为公吁"之句,岂得"拉郎配"乎?(按此指钱氏前言中称舒位为袁枚诗派的"巨擘"。)铁云诗七古粗豪有奇气,诵之回肠荡气。五律则又好巧用成语,或裁剪旧句,见细致熨帖之妙。此书未尝选其足以代表诗风之作。《蜘蛛蝴蝶篇》:有寓意之诗固有可取之处,然好诗不当以寓意为高。不然,射覆猜谜,悬为诗则,则诗风扫地矣。《渡江望金山寺》:落套之作,非铁云之面目。

王昙 仲瞿七律,《落花诗》、《吊项王诗》虽粗犷,而却最有特色,当时亦负盛名,《项王诗》和者极众。皆未入选,何也?

张维屏 《三元里》:席勒谓凡能以散文明诸而出之以诗,皆无聊而多事者。此诗纵能达意,亦岂能如散体之曲尽其情否?是固不得与娄东并陈也。且全诗敷陈,仅为后四句着力,在诗而言,亦殊费词而费力矣。吃力不讨好,惟此为甚。

龚自珍 并非篇篇皆豪不就律者。即以不就律者而论,其间亦各有得失。豫才翁驳之,则多有恶俗之感矣。(按钱氏原评引谭献"佚宕旷邈,而豪不就律,终非当家"云云。)《能令公少年行》:所选定公各体,惟此七古有代表性,他皆非其至者。定公绝句较难选,各有所爱,各选其是可矣。顾亦得注意及各个方面为是。定公律诗此书未选,不知亦有不同凡响者在也。每感此编常有眼披金屑之(感)〔憾〕,不独于定公为然也。《送南归者》:圈点。《漫感》:圈点。《美人》:集中有重句。《梦中作》:圈点。《梦中作四截句十月十三夜也》:圈点。《己亥杂诗》:圈点。"此去东山又北山":东山,当以谢安挟妓而再起为喻,似更切定公身份。北山则用《北山移文》以喻归隐为是。以《诗序》作解,殊有求深反浅之感。(按钱注解作《诗经》篇名。)"我劝天公重抖擞",奇语也。从用词中以见定公诗风之不凡。

魏源 魏与龚齐名,诗不如龚甚,亦远不逮陈,而学术著作则胜于二人。而眼光之锐敏,又落定庵之后尘矣。

姚燮 《双鸩篇》:以民歌、乐府与传统诗歌化合而成,语虽复而不繁,词虽重而不乱,且反以此而传缠绵情致,七古中别开生面之佳作,然可一而不可再也。

陈沆 《孝感途中》：圈点。

张际亮 《武夷宫望大王幔亭诸峰》：密圈。"人采"二句炼意好。

郑珍 《晚望》：圈点。诚所谓"只宜风物不宜人"也。若无后二句，全诗亦平平耳。有此作反振，遂使全诗生色矣。

邓辅纶 《岳钞》：圈点。地脉看结穴，诗文亦犹然也。结穴在末二句，作用与郑子尹异曲而同工。

李慈铭 莼客诗自言从明诗入手而转入唐诗者，读其所作，知其语可信。平生虽好大言苛论，此则尚得其实。但似与浙派关系不大，不得以浙人即属浙派也。亦犹杨诚斋谓"诗江西也，人非尽江西也"之意。樊山诗由乾嘉入唐，同为唐音而不相近。《庚午书事二首》：密圈。善核而不伤骨，是此老胜于明之肤廓处，是毋怪其自诩矣。

谭献 《望月忆女》：颔联从岑嘉州化出，近纤。

谭宗浚 《题陈衡山梧月山馆图》：唐气太重，尤以颔联为然。不多读唐诗，不知其畦町之未化也。

金和 《烈女行纪黄婉梨事》：读此诗，(之)语体诗之嚆矢，由来亦渐矣。顾非香山之俗调也。

王闿运 《圆明园词》：湘绮此诗虽盛传，而在其集中则为别调，故不曾署己名。盖所效乃《连昌宫词》，格不甚高故耳。此处当有两句脱漏，或原诗刊印时即失校，后亦无人正之，此处遂一仍其旧耳。（按指"鼎湖弓箭恨空还，郊垒风烟一炬间"两句下。）此湘绮早期诗作，写意迂腐，不达时情，固可嗤也。然语多填凑，转折欠灵，就诗论诗，亦远逊唐贤，近亦不足与云史抗手也。

黄遵宪 新派人于人境庐多过誉，同光体正宗则又不以为是。蒙以为其诗乃变而未至者，虽有佳什，终竟不多。间有暗袭袁简斋、龚定庵句颇多，不可不知也。杂用各种典故可厌，间亦有未甚融洽处。《马关纪事》：用典太多伤肉。是谁之责欤？（按指钱注"误国庸臣、卖国汉奸"云云。）

沈曾植 寐叟为多能者，尝为浙江省通志馆馆长。时先师陈锡钧伯衡在馆任分纂，与之友善。曾谓其与友叙谈，好侧面为唾，唾皆着肩上，肮脏不堪，衣亦弊败，人皆笑之，而沈不顾也。又谓马一浮书实学沈而讳言之，人若谓马字学沈，马必与拼老命也。马书法实佳，固从沈所出，然不及沈远矣。又先师余绍宋越园先生亦与沈友善，亦言沈性格之怪，当为遗老之志所势使然云。

王国维 《颐和园词》：静安此词，胜于王壬秋《圆明园词》也。缘调较流转，达而能畅故耳。

释敬安 《白梅》：密圈。此咏物胜于古人矣。句句皆妙，尤以颔联为最。盖不惟语双关，而人亦不能想到且作如此之对偶也。此诗是为其自赞之象，而揆之实际，实多不类。盖仍不能忘情世俗，且竟以受辱愤懑致死，诚郋园老人所谓诗僧之诗，诗高者为修必不能高也。岂其然乎！又于钱注中所引诸句评云："苦吟"一联为上，"暂对"句刻意，太做作，亦有粘皮着骨之嫌。

李希圣 《湘君》：密圈。此诗真得义山神髓，用典极切，为雁影斋中最杰出之佳什。

文廷式 道希诗词皆有妙处，手眼亦高，而颇病薄行失检。

梁鼎芬 节庵遗诗乃先师余绍宋越园先生所编，先师称其为表伯。节庵最不耻随园、定公，故先师亦不以二家为然。昔在志馆，与先师论诗不合，斥我好随园、仲则、船山、定公，亦即此故。顾梁有小妾为文道希所盗，殊引以为恨。夫自家蓄妾，而讥弹他人好色无行、有伤风化，则与淫妇骂人不贞何所别耶？亦可为之发一笑也。《焦山四忆之一·象山炮台》：圈点。

丘逢甲 丘诗叫嚣，尚不如黄。《西贡杂诗》：此亦以传统美学思想自好之表现，不以草率为陋也。《韩江有感》：作者自励之语也。南风不竞，喻在南（北）〔方〕仍有北风之劲以自强，附会政治，无谓。

李瑞清 李瑞清书多做作，实非高品。其所以为世所重者，特恃名流之互为标榜耳。虽然，犹胜于今之时流也。《自题画松便面》：圈点。

杨圻 杨圻诗确以歌行体为佳，然或不甚注意修饰，遂有重复用词之弊。又好用成语，或稍易一、二字，几成变相集句。然气韵自胜。今言之而不选,(按指钱评有"尤擅梅村体歌行"云云。)独选五律,"怎奈微之识斌呋"也。

以上即是寄庐先生批点《精华录》的全部文字。寄庐论清诗,作于早年的《雕虫诗话》可谓是后来评说清诗各文的"母论"。此书共五卷,其中卷二、三即专论清诗,其他各卷中也多有论及清诗。上述批识,颇有全同于《诗话》者。如评梅村《圆圆曲》"红颜流落非吾恋"二语为诗人代拟吴三桂语,傅东华解作为三桂开脱误甚,已见卷五(《民国诗话丛编》册六第648页);简斋集中七绝更胜七律,舒位、王昙未为的论,卷二亦已发之(同上第500页),此类甚多。自然也有不同者。如《诗话》卷二谓"仲瞿与子潇夫妇皆受教袁简斋门下"(同上第499页),本书批语指出孙未列弟子行,自更准确;又如《诗话》卷一已提及严遂成《富阳舟晓》一诗有神韵味(同上第461页),本书批语又用于与渔洋《冶春绝句》诗的比较。此类同中有异之处亦甚多。刘先生曾自谓他的许多诗文理论观点,早年"在随侍余(绍宋)先生前后,基本上已经初步形成",而且"坚信我小时候最早形成的想法是正确的"(《寄庐杂笔》第338页)。故这份批语,正可与《雕虫诗话》对阅。《诗话》笔墨集中在他所推重的吴梅村、王渔洋、袁枚、纪昀、黄仲则、舒位、王昙、孙原湘、陈文述、龚自珍等十家诗人上,解析之明达,为他家所不及,从中也可窥知他论诗大抵主情真、意新、辞奇的趣味。他所喜爱的诗人惟未及张船山,盖当时尚"读之甚少"也(《民国诗话丛编》册六第645页)。而此份批语藉《精华录》所选,涉及诗人多达七十家,但于他极有心得的樊樊山、易哭庵等人,则仍未著一词(樊山仅在李慈铭下、哭庵仅在袁枚下附及一句)。这与梦苕庵仅选两家之七绝各一、二首,置于卷末,缩大为小,恐亦不无关系。总之,这一份批语提供了直接比较钱、刘两家清诗观的话题与机缘,十分难得,其同异容另著文详论之。

老辈论清诗者,陈石遗之后,余以为有四家焉:汪辟疆以大,钱仲联以全,钱锺书以精,刘寄庐先生庶几可以"切"而与之并。《雕虫诗话》卷二冒头即云:"余常谓:后之言诗者或宗唐,或宗宋,而不读清诗,或于清诗不甚了了者,纵能作诗,亦作不好诗,或作不出好诗也。诗至清,诗之多样化始齐全,诗之艺术性始高妙,诗、词、曲之界限始清晰,而诗之立论亦齐头并进,各有专门之特色可观。"(同上第466页)早岁即持此卓识,以清诗直继唐、宋诗,至暮年亦初衷不改,宜与其他三家各有千秋也。

庚子腊月于沪西之默墨斋

(本文作者为上海大学文学院教授、博士生导师)

记寄庐先生

王培军

往者余廿馀岁,读寄庐先生所著书,一时兴发,乃致书商榷之。先生不以为迕,手覆一札,凡六纸、长三四千言。自是遂往复通函。余性既好问,下笔不自休,先生亦乐于假借,为详答之。三数年间,往还之书札,凡数十通,可订成一小册者。后负笈海上,又时往先生钦州路寓处,抠衣晋谒,追陪谈麈,获聆嘉言快论,往往为之抚掌。循览彼时所记,先生之谈锋,犹能仿佛也。先生性好奇,于学无不窥,而为人直而无隐,绝不作矫饰语,称心而谈,为月旦评,爽利中肯綮,如并州之剪、哀家之梨者,间见层出,得未曾有,余从旁闻之,以为至快事也。惜先生操龙游方言,语速又迅,细细而下,余聆而不能谙者,居十之三,兼之日记无恒,退而书之者,又十不得三,此至可为追惜者。先生视余为小友,见赠之《寄庐杂笔》《寄庐茶座》,题款并如是,实则先生长余五十岁,于余为太老师也。今检所闻诸先生者,比而次之,著为一篇云。古之记人者,有记事,亦有记语,记语固亦记人,与记事无异也,故曰《记寄庐先生》。

先生云:清诗超迈唐宋,名大家辈出,骎骎突过前人。一般之心理,习于贵远贱近,以耳蔽目,故未能知耳。

先生云:余于有清一代诗人,私心所好者,在吴梅村、舒铁云、王仲瞿、孙子潇、陈云伯、杨蓉裳、黄仲则、龚定盦等,晚近之诗人,如樊樊山、易实甫、杨云史,亦有偏爱,但仍尊重陈散原、郑海藏。

先生云:散原能营造气氛,为诗人之诗,范伯子只一味粗硬,了无意味,其所以有大名者,乃散原等捧之使然,并非真若何好也。(培军按:钱锺书云:"余最不喜范伯子诗,尝谓'叫破喉咙,穷断脊梁'八字,可为考语。无书卷,无议论，一味努力使气，拖沓拈弄，按之枵廓。同调中前不如张濂亭，后不如姚叔节也。"见《中文笔记》第一册。可与参观。）

先生云：海藏诗好于散原，确有佳处。石遗诗却不好。若石遗门下之梁鸿志、黄秋岳，固为民族之罪人，其诗却少所匹敌，皆好于石遗，所谓"智过其师"者，此亦犹严嵩、阮大铖之"孔雀虽有毒，不能掩文章"也。

先生云：梁节菴极称道黄晦闻诗，以为三百年所无者，散原则不喜之。（培军按：张广雅誉海藏诗，亦云自明以来无其匹，见《郑孝胥日记》。其皆不足据，而语亦有本，盖沈约之誉谢朓，已云"二百年来无此诗"，宋人之誉梅圣俞，亦云"二百年来无此作"也。）

先生又云：石遗笑海藏好色，其本人却以好色丧身，此甚可笑也。刘石菴纳妾亦多，中且有能为之捉刀写字者，而彼乃大责袁随园好色，至欲逐之出境，"投畀豺虎"，而石菴好友纪昀，亦好色而不讳，石菴乃又与之过从甚密，若无事然。此尤可怪者也。

先生云：王湘绮为袁世凯写《劝进表》，章太炎为孙传芳作《墓志铭》，章士钊为川岛芳子、陈公博辩护，拜杜月笙为老头子。（先拜徐朗西，后拜杜，不为徐所认可。此徐子幼庚为余言者，幼庚"文革"中被打死。）此皆"通人之蔽"，或亦为利害所驱耳。（培军按：扬子云作《剧秦美新》，蔡伯喈作《荐董卓表》，阮嗣宗作《劝进表》，陈伯玉作《大周受命颂》，陆放翁作《南园记》，盖亦犹是，皆斯言之玷，不可磨也。）

先生又云：前人言汉学家好货，宋学家好色（见柴小梵《梵天庐丛录》），其实汉学家又何尝不好色？孙仲容有七房姨太，廖井研买妾之多，更不必论矣。章士钊、黄晦闻亦有数夫人，盖皆好内者也。（培军按：张际亮《张亨甫文集》卷二《两汉节义传序》记姚鼐已有此类语，云："昔桐城姚惜抱先生有言：'考据好利，辞章好色。'"又况周颐《餐樱庑随笔》："相传经生黩财，名士好色，为有清一代风气。"刘声木《苌楚斋随笔》三笔卷一"翁方纲以妾为妻"条："谚云'名士好财，理学好色'，学士兼而有之。"语并相类。）

先生云：湘绮之诗，不能成家，其模仿之文之妙，则登峰造极。余本反对模拟为文，及读湘绮之文，乃改变此看法。章太炎最重湘绮文，陈石遗亦然，足见"此心同、此理同"也。

先生云：徐震堮《世说新语校笺》一书，原拟在上古出，富寿荪为责编,乃越俎代庖,为增注甚多,皆从工具书可查得者。吕贞白告之徐,徐立撤其稿,命学生重为理董。时徐已病,住华东医院,富被一吓,连探视亦不敢往矣。

先生又云：富寿荪本学徒出身,仅小学学历,其学皆从自学而得,作诗颇佳,不喜用典。其"能写萧寥惟老柳,略分惆怅与斜阳"之句,为钱锺书所称赏。富与郭绍虞同辑《清诗话续编》,为稿费事颇有争执,据云郭得十之八,富才得十之二。《续编》出,富寄一部与钱锺书,钱作一札复之,并为其诗集题签,富乃遍示于人。吕贞白作一打油诗,嘲之云："借钱充富户,倚郭筑寿楼。"嵌钱、郭、富、寿四字。又富请沈轶刘为定其诗稿,富作一后记,中之用语,乃又逢沈之怒,遂不许其登门矣。寿荪有弟铁耕,诗书画皆能,余尝至其家,交谈甚洽也。

先生云：吕思勉学问极好,但为人则颇邋遢。董圣功(名任坚,曾任光华大学教务长,"文革"中瘐死狱中)为余言：彼一日往访,见吕卧于床食鸡,鸡骨满其衣,食毕,且以被褥擦其手。(培军按：晚近之大学者,如章太炎、沈子培皆肮脏不堪,似未足为病也。)

余睹马祖毅《皖诗玉屑》,有冒效鲁一序,中云复旦学侣有徐宗铎、赵宋庆二人,博洽不可及(培军按：马字士弘,江苏建湖人,为安徽大学教授。冒赠马一七律云："故交徐赵各山丘,失喜蹩然来马周。使笔如刀中肯綮,行文翻水取雕锼。超超元著破馀地,矻矻穷年争上游。抉隐表微追秀野,床前罗拜几诗囚。"此诗不见《叔子诗稿》,故备录之),以告先生,**先生云：**赵亦尝邂逅遇之,未及交谈,其人着长衫,披发至肩,一见即知为怪人。闻之听课者云,彼上课时,每手撑讲台,低头不语,良久猛一抬头,乃始授课,学生多不听也。又谓《诗经》为天文学,人多笑之。其居室一无所有,唯一地铺。后学校配与一床板,遂谓学生曰："今吾升高一级矣。"以所卧较前为高也。徐宗铎为福建人,外文系教授,亦着长衫,为人手不释卷,而无著述,只与伍蠡甫合译一书,久已绝版矣。

先生又云：冒效鲁如是云云,或乃有为而发。旧日文人习气,于声名煊赫者必非之,于默默无闻者偏誉之,人情之嫉恨得志者与同情失意者,有以致之,或亦同病而相怜,或友其人而同调,往往揄扬过分,又好枪打出头鸟。平生所见多矣。(培军按：此意韩退之《原毁》已及之，云："为是者有本有原，怠与忌之谓也。吾尝试之矣，尝试语于众曰：'某良士，某良士。'其应者，必其人之与也；不然，则其所疏远不与同其利者也。不若是，强者必怒于言，懦者必怒于色矣。又尝语于众曰：'某非良士，某非良士。'其不应者，必其人之与也；不然，则其所疏远不与同其利者也。不若是，强者必说于言，懦者必说于色矣。"退之因"动而得谤"，故慨乎言之。)惟亦有不为世俗左右，别具赏心者，则又另当别论。如陈其元《庸闲斋笔记》卷二《难博学》条，最推重之学人为屠湘，其书之序，乃请姻亲俞樾为之，俞为当时公认之大师，最有声望，陈却不举俞之博学，其所心折者，乃一为世不知之屠筱园也。又如王充《论衡》，使其信服之人为周长生，几认为为空前绝后之人，但此何人欤？徒令后人多所臆测也。

先生云：余在浙江通志馆时，有孙仲容之子延钊，字孟晋，为通志总纂，仲容唯一之子也。其目赤，与仲容正同。彼掌握资料甚多，以前为浙江省图书馆馆长，文史足用，唯少识见。宋慈抱乃馆中学问最好者，骈文亦做得好，其《续史通》即用骈文撰成，诗则学人之诗，不及蒋宰堂(麟振)。蒋之诗、古文皆好，而牢落不偶，今知之者鲜矣。他如浙西办事处主任张天方(凤)，为人近怪，能译《孔雀东南飞》为法文，与鲁迅亦相识，鲁迅尝讥之。

先生云：钱南扬彼时亦在通志馆，唯不为人所重，在吴梅弟子中，实当以彼为最好。一次余上楼，钱正下楼，相遇于楼道间，互不打招呼。只见彼戴一礼帽，耳边夹纸烟一枝，其状异乎学者，故印象极深云。

先生云：马一浮与熊十力本交好，后乃反目绝交，其故亦所谓"南山与秋色，气势两相高"之所致也。熊故意标新立异，言不由衷，多违心之论，非我所取，亦勿怪其卒前要念《往生咒》自忏也。马文甚佳(培军按：钱锺书《日记》中称马所译《堂吉诃德》，远出林琴南上，可为一证)，学人中罕见，字亦好，但不能言其学沈子培，否则必与人性命相搏也。其为学则拘而不达，亦非我所喜，以佛学而论，其所知甚浅。浙江通志馆与马之复性书院比邻，常于路邂逅之，未趋谒。马少年丧偶，后终身不再娶，余所编《现代作家书信集珍》中收其却人说媒一札，甚趣。

先生云：弘一法师人极聪明，有才华。虽出家，佛学却亦非其所长也。

先生云：马一浮有得意弟子刘公纯，于北京谣传大地震日住梁漱溟家，日日挥汗抄梁之著述，唯恐梁卒后不得其传。抄讫，即寄存上海潘雨廷家，故上海友人得以先睹。公纯名锡嘏，即《文史通义》之校点者。惟天下事实难逆料，刘南归后，不久即病卒，而梁却老寿无恙，十年后始下世。

先生云：潘雨廷之易学，非其他学者可及，惟过于好事，至拜唐文治、熊十力为师，虽彼不能文，论学问识见，高出二公多矣，故友人皆背笑之，云此乃孙悟空拜唐僧学法也。然潘研道教，却又多乱道，说太极拳、气功、中医学理论，亦天花乱坠，却无一中的，犹廖平之五变、六变后讲风水、讲天学也。"苟为不熟，不如稊稗"，孟子此语，真颠扑不破也。

先生云：五十年代初，钱仲联、龙榆生皆失业，至欲往东北考中学教师，后卒得入高校为师，亦云幸矣。又女词人张珍怀亦然，久在中学教书，不得入高校，退休后方往上海教育学院，事古籍整理，与吴广洋不合，吴亦夏瞿禅门下士。张为人傲甚，见余都不理也。后又至上海师大，终无名分，亦才人之可伤者。

先生云：学问、文章为二事，往往不能兼善。有学问好而文不佳者，有文佳而无学问者。陈寅恪、郭绍虞文皆不佳，郭且思路不清，陈虽不顺，但文句尚可通。梁漱溟文亦不好，其病都在啰嗦。文之好者，李长之、刘大杰、陈西滢、胡适、顾颉刚、傅斯年、梁实秋、李健吾等是也。吕思勉、钱穆所作浅近文言都好。但邓之诚则不好，彼则自认为极好。潘雨廷文亦不佳，彼亦自认为好，讲课时至自许彼之文乃用庄子义法，闻者每为失笑。凡为文第一须清通，能清通，始可谈个性。吾文字亦不佳，越园师谓之"沉闷"。余问：胡河清如何？**先生云**：彼自说自话耳，谬误既多，根基亦浅，但为人则极好，亦极聪明。（培军按：后读寂潮先生《悼胡河清》，中一联云："颇赏春风才子笔，尚期秋实学人功。"二语括之最覈。）

先生云：刘彦和《文心雕龙》、林琴南《春觉斋论文》，实皆我国古之《文学概论》也，有其特别之价值。姚永朴之《文学研究法》，虽以总结桐城文法风行,而抄撮各书,不伦不类,实不及琴南之书能独抒心得也。若王若虚之《滹南遗老集》,章实斋之《文史通义》,语虽偏激,而发人深省处独多,皆宜细读之。

先生云:刘笃龄学问甚好,考复旦研究生,陈子展最赏之,英文不及格,而专业课亦未通过,铩羽而归。而有一人只背得《辞海》文学分册,竟考取第一名。刘文理不通,但彼亦自以为佳,谓无人能识之。以无工作,为人介绍至某校古籍所,作一名宿之助手,不久辞去,云:彼学问太差,只好作我之助手,我岂能反为彼助手哉。

先生云:柳曾符读书亦多,然亦文理不通,不能及乃祖之能文也。

余问:若撰二十世纪之《学林点将录》,何人可居宋江?先生云:非胡适莫属。而晁盖必梁任公也。又问钱锺书可拟谁,先生略一沉吟,云:豹子头林冲。余又问鲁迅,云:至多可拟武松。

先生云:有人称钱仲联与钱锺书为"江南二钱",二人闻之,皆大不乐。(培军按:钱锺书《伤张荫麟》:"凤昔矜气隆,齐名心勿喜。"亦此意也。又章太炎于他人比己于谭嗣同、黄遵宪,亦至为不快,断断置辩,亦同此心理也;见《太炎文录初编》卷二《与邓实书》。)

先生云:夏承焘之词学考订,功夫甚好,非唐圭璋可比,惟彼自作之词,却不甚高明,篇什不多,而词意复沓者已不少,不及龙榆生着力之深,然亦已难能矣。

先生云:钱基博文章固佳,讲课却劣,且时读错别字(其诗平仄多不调,可见也),为诸生所暗笑。唐文治之讲课,人皆称之,又云吟诵极动听,其实亦不然。据听其课者云,唐讲课时,课堂内秩序极差,学生欺其目盲,多嬉笑闲谈,绝无人听。唐无奈,屡云:"诸君勿胡闹!我目虽不见,耳则能听,心亦甚明也。诸君所为,我尽知之,勿闹勿闹!"大类鲁迅小说《高老夫子》中之场面也。

先生云:章士钊作诗赠钱子泉,钱锺书代作诗复之,云:"名家坚白论,能事硬黄书。"人以为誉,其实非也。赠诗而复之,不及其诗,而言其文,盖暗讥章只能为逻辑文,于诗为外行。下联"硬黄"为纸名,亦未言其字有若何佳也。(培军按:邵祖平《无尽藏斋诗话》:"赏人诗文者,不赞其诗文而惟赞其书法,则诗文之不佳可知矣。"见《校辑近代诗话九种》234页。又《镜花缘》第八十三回兰言语:"这就如请教人看文,那人不赞文好,只说书法好,都是一个意思。"均是也。)

先生云:钱锺书在美谈及鲁迅小说,有所批评,鲁迅研究者纷纷反击。唐弢至香港,即大抑钱之小说及著作。钱置不之理,然《谈艺录》再版前言中,乃删去初版中唐之名姓。苏渊雷见之,笑云:"何器量之狭也!"又苏翁尝在钱寓见壁悬陈石遗所赠诗幅,未能省记,返家后去函求录示,钱拒之,云不欲借人之光以自重也。(培军按:《石语序》云:"本不妄自菲薄,亦何至借重声价。"此物此志也。)

先生云:钱锺书文至佳,惟短于气。闻诸老辈云,凡文字气短者,往往不得高年,不然,即子嗣不昌。钱子泉古文气极长,锺书先生不能及也。

余问:钱先生不甚讲版本,其于流略之学,未用功乎?**先生云**:有能有不能耳。彼于道教所知亦浅,此余从《七缀集》之一注脚知之。该注据《纯常子枝语》所引道书,云道教亦分南、北宗,此未读《道藏》之故也。事本常识,何须转引《枝语》?又道教尚有东、西宗,亦不仅南、北已也。

余为先生购得一册《兼于阁杂著》,**先生边翻边云**:陈声聪所记掌故,多道听途说,每不足信,其书无大价值也。

先生云:余同辈学人中,黄永年、罗继祖学问皆好。

先生云:胡彦和(邦彦)书札最好,可谓"书记翩翩",诗以七律为佳,亦其次也。

余问先生,《寄庐杂笔》中记毕修勺一篇,有欲夺毕之译稿C者为谁,**先生云**:陈西禾也。又译书不信、半属创作之L为谁,**先生云**:李健吾也。又记潘雨廷篇之G为谁,**先生云**:高亨也。高之论易书多谬,实易学书中错误最多之一种也。

余读杨向奎《清儒学案新编》,中录汪容甫《荀卿子通论》,多有破句,以问先生,**先生云**:杨学问亦不佳。

先生云:某公实为学霸,今日之占领各大小山头者,均此辈也。胡风集团中人皆筑坛揽权,意欲人莫予违,此辈得志,亦大非文苑儒林之福也。胡所图为人窥破,然竟兴大狱,惩之亦太过矣。

先生云：姜亮夫晚年作回忆录，其稿为家人所匿。余尝见之，中多记怪异事，皆彼亲见亲闻者也。

先生云：张中行之文，千篇一律，凡有所说，必曰"一是什么，二是什么，三是什么"，顾尚可一看，以中有掌故存耳。其诗则稚而浅，尚须大加磨炼也。

先生云：周劭与余尝同与某会，有一面之雅。彼熟于近代掌故，余弟子丁如明、聂世美与同书社，每请教之。周原与穆时英之妹有情，穆妹名丽娟，后嫁于戴望舒，乃周又挈之私奔，致戴痛不欲生。如明尝问周："公拐戴之夫人，无乃德有亏乎？"周曰："是何言也？此乃'合浦珠还'耳。"后卒与穆分居，孑然一身，所居舍亦仅八九平米，老景颇为凄凉也。

先生又云：上古社另有一与周劭齐名之金性尧，晚景却好，所出书亦夥。昔用笔名为文载道，亦多知掌故。解放后，彼作一长文，凡数万字，言鲁迅之旧诗乃学屈原、杜甫而超越之者，真张茂先我所不解也。偶用《离骚》、杜诗之典，即以为渊源所自，取其迹而遗其神，有是理乎？然其近作《炉边诗话》，却颇可观。

先生云：余读书时，年少同学多受"左倾"思潮影响极深。时有一女生，同学慕之者众，及闻其喜读张恨水小说，遂立与疏远，耻与之为伍也。好国故者，亦为人非议。读线装书，至建国初，更视为吸食鸦片。鸳鸯蝴蝶派小说，人亦目为淫书，不屑一顾。实则此派中人旧学根柢多好，非一般新作家可望其项背也。

先生云：徐志摩为一泛情主义者，然略好于郁达夫。徐之文言文甚佳，颇有风格，人亦聪明之极。先师与徐、郁皆交好，与胡适亦相熟，然格格不入。陆小曼与王映霞俱入上海文史馆，陆仅睹见小影，未觉其美。王则与余同在一组，余每发言，彼必云喜聆，时已年近九十，尚无老态，然观彼年轻时之照片，亦不觉其甚美。袁香亭诗云："未必倾城皆国色，大都失足为情痴。"固已言之矣。

（本文作者为上海大学文学院教授。原载"澎湃新闻·上海书评"2021年1月25日，题为《记刘衍文先生》）

我认识的刘衍文先生

强肖鸣

说来话长,四十年前,1982年,我大学毕业来到上海教育学院中文系,认识了刘衍文先生。

刘先生一看就是学者的形象,饱满的天庭,白皙的肤色,和善的面容。他学识渊博,才智过人,撰写了《文学概论》、《雕虫诗话》等不少学术界有影响的著作。因为敬仰刘先生,我曾经去听他讲课,教室里座无虚席,走道上挤满了加座,讲台上的刘先生精神矍铄,神采奕奕,始终站立着在黑板前左右移动,时而板书,提纲挈领;时而引经据典,奇妙比喻,激起学生们一阵阵欢快的笑声;时而信手拈来一首古诗,抑扬顿挫地吟诵起来,这是刘先生上课的一个亮点,传统的古诗文吟诵,一般学生都没有听到过,只见刘先生微微摇动头脑,很陶醉地带着衢州龙游的乡音轻轻哼唱起来,这时满室学生屏气凝神,和刘先生一起沉浸到诗歌的境界里……刘先生讲课声音高昂,肢体语言丰富,期间也不喝一口水,真有一股仙风道骨的风范。刘先生为人善良,待人真诚。

二十世纪八十年代末,我在一次讲师评选中落选了,记得在系教工集会时,刘先生特意走到我的座位旁边,轻轻地说了一些劝慰鼓励我的话,让我心里又感动又温暖。我一度做过系教工支部书记,搞过工会工作,有时会去刘先生家拜访慰问。他家常常高朋满座,有来探望刘先生的、有来请教学术问题的、有来要求答疑解惑的……刘先生都热情接待,耐心作答。

刘先生精通中国传统术数、如命理,相学等,系里的年轻教师特别好奇，一有机会就围着刘先生问长问短，刘先生从不拒绝，有问必答。曾有一位赴美留学的毛老师，阴差阳错购买了"不吉利"的13号又是星期五的飞机票，心情忐忑，咨询刘先生，刘先生帮他消除了心理阴影，让他轻松放飞；也是赴美的小张老师，几年后回沪探亲时，悄悄地告诉我一件事：临去美国前，她跟刘先生道别，被告诫不要做第三者，当时她很纳闷，心想自己又不漂亮，怎么会去插手别人家庭；没想到，在美国，她真的重组了别人的家庭。我和她都惊叹刘先生竟有如此洞察人心的眼力。

最近几年，刘先生身体状况欠佳。我好几次和沈惠乐老师结伴去探望他，他不仅健康水平逐渐下降，认知能力也有所减退。同样的问题，他要问好几遍，比如，教育学院并到华师大了吗？张拗之（原系主任）去世了吧？刘先生反复问，我们当然微笑着反复回应，但心里却很难受，一个聪明睿智的老教授也会脑力衰退如此，和过去的他，判若两人了。

两年前，刘先生住进一家高档的椿萱茂老人公寓，因为新冠肺炎疫情，老人公寓外人进出不方便，我和沈惠乐老师先后只去了两次。第一次是养老院组织老人插花活动，家属朋友可以参加，原上教院中文系的老师陈必祥、张冰隅也去了。刘先生坐在轮椅上被护工小姐姐推到大厅里，参加活动的人很多，剪花删枝的、摆布花篮的、插花拍照的，熙熙攘攘，热热闹闹，见面的气氛不错。我们和刘先生一起围坐在一张长方桌旁边，因为刘先生听力有点差，大厅里声音又嘈杂，大家轮流着跑到刘先生耳边和他对话，刘先生情绪很好，显得很开心。沈惠乐老师按惯例送了一袋刘先生喜欢吃的巧克力；张冰隅老师送了一本他的新作，刘先生把书搁在膝盖上，认真翻阅了好一会儿。那天刘先生的二儿子、大媳妇、三媳妇也来的，他们很客气，为我们定了养老院的客饭。大家围坐着一起吃饭，刘先生吃得很少，几乎没有动筷；我们50元一位的客饭，有荤有素营养搭配均衡，但我吃了觉得淡而无味，很难下饭。想想刘先生每天就吃这样的口味，心里很不安。席间，因为我靠近刘先生，他低声问我，坐在他斜对面的是谁，哎呀，他连原中文系副主任陈必祥老师也不认识了，我告诉他后，他马上和陈老师打招呼说话，病中的刘先生还是那么看重礼仪！

第二次去椿萱茂老人公寓是在2020年的7月18日，路远天气热，我和沈老师约好早上就出发了。还是疫情防控，不能上楼去房间看望，护工小姐姐推着刘先生的轮椅到了底层的一个接待小厅。刘先生的大媳妇、三媳妇陪我们同去的，三媳妇胡老师是上教院的会计，又负责过退休老师的管理工作，我们都熟悉，她平时一直和刘先生同住，非常了解刘先生的生活习惯。那天她一早去菜场买了刘先生喜欢吃的鳝丝，烹调好了带了一小盒来养老院。我们坐下后，因为怕菜凉了，她马上打开菜盒请刘先生尝尝，可是刘先生怎么也不肯吃，胡老师好言相劝，仍然无效，我们帮胡老师劝说了几句，但看到刘先生日渐消瘦的脸庞，一副丝毫没有胃口的模样，也无可奈何了。担心刘先生记不得我们，我和沈老师都自报了姓名。胡老师紧接着问他，你知道沈惠乐老师的先生是谁吗？刘先生竟然不加思索地正确说出名字，这让在座的都大吃一惊。因为两个媳妇和他见面，都得先反复自报姓名。真不懂认知症老人的思维方式，该认识的人都不认识了，不太相干的人却记得那么牢！胡老师看他那天头脑比较清晰，就请他背诵一首古诗，刘先生也不推辞，立即吟诵起宋朝程颢的诗《春日偶成》："云淡风轻近午天，傍花随柳过前川。时人不识余心乐，将谓偷闲学少年。"听着刘先生浓重的龙游乡音，眼前突然浮现出当年刘先生在课堂里英姿焕发的身影，恍若隔世呀！心酸！

没想到这是我们和刘先生的最后一次见面。

过了整整一年，2021年8月17日，得到了刘衍文先生仙逝的讣告。

但愿刘先生在另一个世界里一切安好！

（本文作者为华东师范大学副教授）

怀念恩师刘衍文

钱汉东

8月17日晚21:07,恩师刘衍文先生平静地走了,永远地走了,享年101岁。噩耗传来,悲痛不已,民国以来前辈学人于此尽矣。虽说已是百岁人瑞,但心中依旧难舍。

一代学界宿儒、上海文史馆馆员、浙江名儒余绍宋弟子、华东师大中文系教授刘衍文先生,是海内外公认的古典文论泰斗。几天前,我还想着去养老院看望他老人家,因疫情不接受访客,无奈只好作罢。这或许是我终身的遗憾了。

牵挂龙游,心念文心

去年初冬,我与储有明师兄专程前去看望刘先生,向他报告不久前与其长公子、华东师大终身教授刘永翔及其兄弟一同去他家乡龙游考察的情况。归途偶遇前来探望先师的永翔兄,大家站着聊了一会。这次去龙游落实刘先生多年的愿望——为纪念我国杰出的古典文学理论家刘勰,拟在当地著名景区红木小镇建文心亭和雕龙阁,我还应邀为亭阁题写匾额;刘师的故居拟作为历史文物加以保护,并陈列刘氏父子的学术成就。此举可为古老的龙游平添新的人文景观。

刘先生听完我的汇报,脸带微笑频频点头,看得出他对此行是很满意的。南朝刘勰在龙游做过六年县令。据史料记载,南朝梁天监初(公元502年左右),刘勰任太末(今龙游县)令,这是他职业生涯中唯一的外放经历,其余均为京官。《梁书》本传称其"出为太末令,政有清绩。"《文心雕龙》的成书时间大约在公元501—502左右。这就是说,中国首部文学理论专著《文心雕龙》,极有可能是刘勰在龙游任期内成书的。

早在二十世纪八十年代,刘先生回家乡龙游省亲时就曾提议,挖掘大文豪刘勰的事迹,筹建文心亭和雕龙阁,以纪念刘勰这位"千古文豪好县令"对本土经济文化的特殊贡献,后因故没能落实。以后,我曾陪同龙游领导去拜访他老人家,刘先生以一口地道纯粹的龙游话,滔滔不绝地畅谈龙游的美食文化,家乡典故,风土人情,让访客吃惊不小。我说在龙游吃过发糕,味道不错,先生遂津津乐道地介绍起当年他家是如何做发糕的……言谈之中,充满了对故乡的眷念,拳拳赤子之心,让在场的人无不为之动容。

在龙游建造文心亭和雕龙阁,刘先生的这个主意绝妙,是文化考古、文旅融合的绝佳题材,值得挖掘研究。我们可以遐想一下,千年前,大文豪刘勰是怎么成功地把龙游治理得政通人和的?又或许有可能在龙游县域内,挖掘出创作《文心雕龙》的蛛丝马迹。这对充盈龙游文化旅游宝库有着非凡的意义,对龙游观光客而言,又多了一个朝圣之地,理应引起龙游人的重视。

教书独特　治学严谨

刘先生家学渊源,其父是龙游凤梧书院高才生,刘先生幼时读《四书》是由其父亲自教授的。其父少时即喜购书、读书,初时尚为应对考试,继则仅供暇时消遣,平时喜欢吟诗作赋,常写文章刊登在龙游的报刊上。而刘先生读书成癖,其父见之,更是多方购求,于是家中书箧日多,其中且有如今不易寻觅之书,可惜都毁于劫火了。

刘先生学养深厚,过目不忘,人皆不及。记得华东师大徐中玉先生曾与我谈到刘先生时,给予极高评价:"博闻强记,学识过人。"刘先生的可贵之处不仅在于学识渊博,而且善于表达,上课时口讲指授,声若洪钟,引经据典,深入浅出,滔滔不绝,深受学子的欢迎。记得二十世纪八十年代初,他给我们讲古代文论,喜欢从各种资料的比较中引出自己的观点,逻辑严密,脉络厘然。课后我常向他请益,总是小叩大鸣,令人信服。

　　刘先生还热忱地为学生修改诗文,使他们在实践中得到具体的指导。他看到我常在《解放日报》《文汇报》《新民晚报》等报刊上发表文章,总是给予鼓励,说写作的过程,就是学习研究的过程,关键在于多读书,善思考,勤笔耕。尤其使我没齿难忘的是,他通过交谈即可了解学生的学习程度。比如对于我,不但免去了古代文论课的考试,还破例打了98分,我也有幸成为他教学生涯中惟一免去考试的学生。因此倍受鼓舞,成为我一生可以自豪的事情,决心不负先生的厚爱,立志在学术研究上有所建树。二十六年前,我主编《古诗文导读大全》,请先生赐序。他百忙中写了一篇分量很重的长序,其中说:"钱君曾从学于我,为学勤奋,教学认真,在语文教学方面颇有影响,今虽改弦易辙,从事新闻事业,而对长期积累的教学经验仍不忍弃之不顾。"接着便引佛氏"空桑不三宿,三宿必留情"为证,真是道出了我的心事。此书初版已达四万册之多,近又重版,重温先生的赐序,不禁欣快之至。

　　日前看到2019年《文艺研究》编辑对刘先生的专访,在专访中,刘先生将我列入他的三位有学术成就的学生之中,他说道:"我的一些学生在各自的专业领域都取得了可喜的成绩。如张君寅彭,现为上海大学教授,从事诗话研究,他主编的《清诗话三编》、《清诗话全编》,嘉惠学林,足以传诸久远;钱君汉东,在散文、书法和陶瓷研究上蜚声于世;江君更生,则对古今廋辞、隐语有深入研究。"这让我有点意外,也让我汗颜。

　　同学们喜欢听先生上课,自然也关心有关先生的报道。但这些报道有真有假,如说先生少时即有"龙游才子"之称,因日寇流窜而失学,漂泊流浪,到处逃难,无法好好听课而已。他以识见受知于著名学人余绍宋先生,得入浙江省通志馆工作,这些都没有错。但某报有《小学毕业的大学教授》一文,说先生只读到小学毕业,全靠读字典成才,这就错了。先生是上了中学的,不过刚上学就碰上逃难,没有好好听过课而已。当然,读书需要工具书,但天底下究竟有谁单凭辞书就能成为学人的呢?此说为齐东野人之语无疑。

　　先生看到如今的吹捧大师之风,联想起以前运动中的批判资产阶级权威,毁誉虽异,其实质则同。大师绝不是通才,文有各体,术有专攻,而扬长避短,皆当有自知之明。毕加索是现代画派的主要代表人物,有一次和张大千见面,画了一幅国画给张看,虽然画得不像样,张不免违心称好,而毕加索竟因此自鸣得意起来,以为自己无所不能。先生认为此事当引以为鉴。

当今之世。许多不能写诗词古文的人却偏好附庸风雅,用其所短,好比一个连交谊舞都不会跳的人一上场就要跳芭蕾舞,委实可笑之至。为此先生曾写了《瞎写旧体诗词要不得》一文,对这种不懂装懂的现象提出了批评。又某名公自言古文不在三代以下,骈文不作魏晋以下语,先生听说,大感兴趣,待购得其书,却发觉其文似口吃人说话,格格不吐,不禁哑然失笑。又有一位熟人,写过不少吹捧名人旧体诗文的文字,初以为是无知瞎捧。后来方知其人实是懂行的,便写信规之。不料他却把这些话转告名人,弄得该名人老大不自在,自辩是旁人代写的。不过先生说,纵非己作,而居然不知其不通,还亲笔誊录,郑重钤印,意欲传之千秋万世,其于此道之隔膜也就可想而知了。实在多此一举。

还有人把先生看作魏晋人物,如已故年轻学者胡河清即有此见,当时我也颇以为然。待至与先生接触多了,才觉此说未免皮相。先生尝说,他最羡慕的人物是《封神演义》中的陆压道人,这个矮个子虽力助武王伐纣,却从不受封任职,见了诸仙都分庭抗礼,可是他却万箭不能伤,诛仙阵、万仙阵未能害,这才是足以羡慕的真本领、真能耐。不过陆压道人只是《封神演义》作者自我寄托的幻影,任何人都不能"跳出三界外,不在五行中"。先生不无感慨地说,他无陆压的道行,遭遇却比陆压被套入"混元金斗"要惨得多。

历经磨难　乐观豁达

刘先生生于兵荒马乱、民不聊生的乱世。出生后一直灾难重重,先天既不足,后天又失调,三日两病,四年卧床。且两遭军阀混战,两遭土匪抢劫,四遭日寇流窜。新中国成立后初得安定,而1957年的"反右",1966

年的"文革",又遭受持续23年之久的沉重打击。他说自己身为僇民,无时不凶,无日不辱,意想不到还能苟延残喘至于当今。有人说他善于养生,又有人说他具有一种善于生存的特异功能。谈及此题,刘先生引杜诗"世乱遭飘荡,生还偶然遂",叹道:"纯属偶然而已。"他说这是连他自己,包括家人都意想不到的,这里面毫无玄妙可言。

本来先生自己以为无论如何是不能长寿的。他的曾祖终年三十六,祖父五十,而父亲也只有五十八。先生二十多岁结婚,医生曾予以劝阻,以为会加剧病情。但师母傅咸宜女士却不顾这些,只想与先生结婚后替这个独子生个儿子传续书香,于愿已足,并不计一旦做寡妇后怎么办的。在刘先生备受苦难的日子里,靠了师母微薄的收入,再加上多方借贷,硬是将这个家支撑了下来。

先生说,他少时虽以对诗文的特识而受知于余绍宋先生,但这个也曾为之自负的识见却是毫无定力的。一旦为政治所挟,为时势所煽,就完全自我否定了。譬如也曾认为世界上只有马恩列斯才是绝对正确的,而鲁迅的正确也只在后期。又曾以为苏联的一切理论都必须遵之惟谨,凡与之歧异者则必须予以批判。又虔信共产党员都是"特殊材料制成"之说,所以后来见到某领导作风不正,忍不住私下对其提了点忠告,却不意为此遭到了灭顶之灾:罗织罪名,无中生有,无所不用其极,必欲置之死地而后快。先生对我回忆旧事时说:想不到当时自己竟"左倾"如此,还会落得这步田地。简直是《红楼梦》中忠心耿耿的焦大,但二十三年的苦役则与焦大一时被塞一嘴马粪不可同日而语。先生戴了"右派"帽子后被赶到农村监督劳动,由于经受不了日夜的劳役与逼供,申请自谋生活。殊不知自谋生活也只是一句空话。自从遣送回里弄,逼供的情况虽稍有好转,而依旧是监督劳动,什么事情都要做。倘若附近失窃,或发现什么"反动标语",首先就是怀疑对象,提审时"抗拒从严、坦白从宽"的呵斥不绝于耳。每逢外宾来沪,或者国定假日来临,就被关起来,一日三餐由家属送饭;晚上不让入睡,逼着学习《敦促杜聿明投降书》,认罪服罪。到了"文革"爆发,书籍书稿全抄,批斗陪斗无数,劳役中还时遭辱骂,等于判了无期徒刑,只是监外执行而已。说到这里,先生感叹地说,当时以为自己因幼稚病而受诬只是罕见的"个案",谁知拨乱反正后,冤假错案纷纷平反,公布出来,方知像我一样幼稚甚至更为愚蠢的人比比皆是,真所谓"人间亦有痴于我"了。有定力如陈寅恪、钱锺书那样的人毕竟寥寥可数啊!况且即使是钱先生,有时也不得不在压力下有所妆点。

先生的这一思想转折,在其所作《雕虫诗话》后记中曾有所表述,这里不再赘述。但先生对诗文的识见虽有大逆转,而其人生观却始终不曾因时而变。说来不信,先生实际上是一个极度的悲观主义者。这自然与自小的人生坎坷、超限的监督劳动,以及无穷的屈辱和长期的伤病有关,但也不能完全归因于此。不过,先生尽管悲观,却还是认同"好死不如歹活"这句俗谚,程颢诗云:"万物静观皆自得。"先生说:我取其"静观",而不取其"自得",活着只是为了静观万物而已。我已是一个"十不全"的老人了,现在一日只吃两餐,过午不食,所食极少。主要原因是吃不下,而非为了养生。衣服也只取蔽体保暖,没有一套是好的,致人以不修边幅视之。日常唯一的排遣就是"读书"。《周易》上说到君子之于"易",当"观象玩辞"、"观变玩占",先生则说他读书写作,无非也是"玩辞"、"玩事"和"玩理"而已。比照众辞,串连各事,辨析诸理,自能苦中得乐。先生在《书影摭记》一文中引用了陆放翁《示子聿》的"我老已无明日计,心存犹惜寸阴移"之句,正是先生当时的心境。至于生死之际则求不拖累后辈,遗蜕则不求收拾。这层意思,先生在少作《雕虫诗话》中批评庄子"以天地为棺椁,以日月为连璧,星辰为珠玑,万物为赍送"之说时,就已表明过了。

刘先生的著作手稿大都在十年浩劫中抄没。《春梦留痕诗稿》不知去向,劫余的少作《雕虫诗话》五卷见收于《民国诗话丛编》,已为高等学校文科列入教材。已出的《寄庐杂笔》、《寄庐茶座》有所增订。1956年成稿,销路最广的《文学概论》,以有遵命的成分,是新中国第一部文艺理论专著,先生已以敝屣视之。和其长子刘永翔教授合作的《袁枚〈续诗品〉详注》以及《古典文学鉴赏论》,都为高等学校文科用作主要参考书或教材,台湾也有大学在采用。据我所知,先生最大的遗憾是,未能写成一部《中国诗学》,仅写出二篇,自叹精力不济,难以完成了。

刘先生为人正派，坦诚直言，甚至还有几分童心。有人将其看作魏晋人物，如已故年轻学者胡河清就这样认为的，当时我也颇以为然。尔后与先生接触多了，方知只看到表面现象而已。其实他内心的纯真近乎天真，有位朋友带着女友来询问如何？他竟然脱口道不怎么样，扫了人家的兴。不过最终的确是不怎么样。

人誉"半仙" 高深莫测

先生除习文史哲、习阴阳术数以外，还留意民间的思想习俗。认为这些方面，是上层人士关注不及，也无法理解的，然而在民间却是承传不绝。先生非常赞赏法国大文豪巴尔扎克要把某些缙绅耻言的东西搬上大学课堂的议论。而在我国的传统社会里，这些东西虽为正人君子所鄙薄，却也还有一些文献资料保存下来。先生常说，正史未必全真，野史未必全假，百家未可独尊一家，百草也各有其取用之道。《五行志》中所记、《数术略》中所收，未可一笔抹杀，少数民族地区的巫术也大有探索的余地。

先生于释道之理颇有所取资，于是就有人尊之为半仙或开悟者，其实先生却是一个彻头彻尾的无神论者，且从来不信这世间会有真正的悟道者。先生与我强调说，历史上记载的许多所谓悟道者，其实都是道其所道，自以为洞悉天人，不过是自我陶醉而已。但先生又不是不可知论者，而是主张渐知、渐进、渐纠、渐悟的，从不轻下结论。因为百错中也可能有一对，百是中何尝无一非，故宜多方考察，细加思辨。时代与时代之间，流派与流派之间固然有矛盾，但也不乏相通、相融的所在。

作为学问家的刘先生于子平之术亦有深入的探索，在台湾，有人冒刘先生之名，设摊占卜，后被人识破，刘先生却自谦说只有幼儿园的水平。他曾为我推测过去未来，起初我心存疑惑，可领教了几回，却不能不使我转疑为信。比如我调动工作的成否与时间，都一一如其所断，令人吃惊。三十多年前，先生说我65岁时事业还会有大发展，我根本不信，妻子说太飘渺了，人都退休了，还有什么事业可言。如今我所从事的古陶瓷研究、田野考古和题匾书碑，果真是越老越吃香。二十多年前，他又说我62岁退休,我想60岁退休,是法定制度,怎么可能呢?后来果不然,真是其验如神!太不可思议了。我以为,先生预测的准确来自他为人的至诚,《中庸》里不是说过"至诚之道,可以前知"吗?但先生却笑对我说,关于人生的行藏倚伏,他是从一个有名的算命瞎子为人断命的只言片语中参悟出来的。

我不禁想起最近读到杨绛先生写的《走到人生边上》,她写到灵魂,觉得不可思议。先生说,他接触过许多有关灵魂的论述,自己也有所耳闻目睹,比杨先生知道得更多,但至今也不能明其究竟。将来想在《识疑》作一详叙。

刘先生"爱才如命,疾恶如仇",他德高望重,才学过人,乃一代师表,他拟将自己的手稿书籍全部无偿捐赠给家乡。刘先生曾说,他虽然命宫磨蝎,一生困顿,但"予之齿者去其角,傅其翼者两其足",所失虽多,所得亦不少,失得之间,造物主还是公平的。

刘先生长子、华东师大中文系终身教授刘永翔兄撰挽联道:"文字擅探微,早运灵心传海内;风云方变态,不留醒眼看人间。"此联生动形象地写出刘先生为学做人处事的真实人生态度。

刘先生人品贵重,著述立说,寄庐诸书,高标独举,风范传世,嘉惠学林,沾溉后人,学界早已有定评矣。我的师兄、上海古籍出版社编审聂世美先生在挽联中深情地写道:"幸立程门雪,问学当年,三载薪传感渥惠;空怀马帐风,伤心此日,一生铭戴泪频挥。"此联表达了刘门弟子对先生的深切怀念。

(本文作者为《文汇报》高级记者、《新读写》杂志社名誉社长、编审。2010年11月以《我所熟悉的刘衍文教授》为题刊《世纪》杂志。2011年8月收入上海辞书出版社出版拙作《名人印象》。2021年8月21日重写于中元节前夕。2021年10月刊于《档案春秋》杂志)

绛帐春风　卌载承泽

储有明

1979年,时在严霜劫后、阴霾尽扫、科学的春天到来之际,其时我在上海市轻工业局下属的一家职工学校担承语文教师;一个偶然的机缘,拜识了刘衍文先生,向他请益古典文学和文学理论。

之后,我又通过在职进修的渠道,获得了上海教育学院中文本科的学历。求学期间,作为必修课,在课堂上先后聆听了刘教授主讲的《文学概论》和《历代文论选》;毕业前的最后一个学年,还选修了刘教授主讲的"袁枚《续诗品》研究";从而登堂入室,成为刘教授的受业门生,忝列门墙,承泽绛帐。

私衷认为:自己早在二十世纪六十年代初,就是刘教授的私淑弟子了。

我幼承庭训,开蒙的第一本教材是姚惜抱的《古文辞类纂》;上小学二年级时,已能通读《水浒传》和《三国演义》。到读中学时,又爱上了新文学作品,几乎把负笈留美的胞兄早年收藏在家中的一百多部现代文学作品读了个遍;家父还指导我写作读书笔记。那几年中几乎全部的课余时间和暑、寒假,我都是在阅读文学名著和学写读书笔记中度过的。

我的一位大表姐,1958年从南京师范学院中文系毕业后,被分配到南通的一家市属重点中学担承毕业班的语文教师和年级组长。她暑假来沪省亲期间,看到我手不释卷地读、写,就启迪我在广泛地阅读文学作品的同时,最好能系统地研读一下《文学概论》;这样就能从文学理论的高度更加深入地理解文学作品。她还慷慨地把她当年读中文系时的教材——其师吴调公先生撰著的《文学分类的基本知识》,以及课外自选读物——由刘衍文先生撰著的《文学概论》馈赠于我。这是我最早接触到的文学理论类著作。

吴调公先生的著作深入浅出，极便入门；而刘教授的著作，作为1949年后内地出版的第一本《文学概论》，体大思精，自成体系，更有深度。它例证丰赡，举凡古今中外，纵横捭阖，高屋建瓴，以更加宏观的视野，伫立在理论的高度上来审视文学（兼及文艺美学）的基本原理和规律。刘教授的理论体系和思维方法，启迪我学会从理论的高度和宏观的视野来学习和思考文艺学的一些问题，从而奠定了我日后从事美术评论的理论框架和基础，一生受益。

然而，刘教授却"悔其少作"；认为自己早年出版的这本《文学概论》，在当年一切以"老大哥"马首是瞻的历史大背景下，存在着明显的时代局限。他在二十世纪八十年代初为我们进修生开讲《文学概论》时，用的是他新编的教材。每次上课前，他都会把讲课提纲和要点以及例证，以铅字油印的形式分发给每一位学生；其内容和理论体系都与旧著有着明显的不同，通过吸收和借鉴欧美文学理论的最新研究成果，不仅内涵上有了新的拓展，理论上也更趋成熟，是旧著内涵在新的学术环境下，实现螺旋式上升后的新作。

刘教授在课堂上对文学理论的演绎，更是精彩纷呈，形象生动。他学识渊博，古今中西，包括当时最新的文学理念，讲课时例证信手拈来；腾天潜渊，精骛八极。他在引用古典诗文例证时，常用浙西龙游的古调吟唱，平仄分明，古意盎然。随着他抑扬顿挫的吟诵，课堂上顿时弥漫起浓郁的复古怀旧情调，听课者的心一下子也都沉浸在馥郁的书香之中，师生间的交流也变得更加融洽与顺畅。

当时文学的宏观研究在文坛一度成为理论研究的热点；当一位同学在课堂提问时拈出这一热点问题时，刘教授稍一沉吟，立即予以回应。他把文学的宏观和微观两种不同的研究方法，分别比喻为中国传统的"宋学"和"汉学"，一下子就探及两者之间不同的底蕴；深入浅出，切中肯綮。

刘教授还是内地较早地把"意象"这一概念纳入文学理论研究范畴的学者。早在拨乱反正之初的1979年，他在为我们讲授《文学概论》时，就把《周易》关于"象"的哲学理念，移用到文学理论的研究中去；在易理的深远文化背景下思考"意象"。他旁搜远绍，涉源探流，在讲课中把《易经》的"象论"与道家的"气论"有机地绾合起来，指出："凡象，皆气也。"刘教授认为，艺术家在创作中"观物取象"，实则上是艺术家与"物"两者之间，因生命之气的交流共鸣而感应互通。意象兴起于外界的物象，通过"反观内视"，成为艺术家的"内心视象"；再通过"言象互动"，把深蕴于艺术家内心的情与理，或描述、或隐喻、或象征……借助各种艺术手段诉之于直观体悟，成为情理交融的"情志"，成为寄寓人生感慨、解悟人生真谛、穷"天下之至赜"的艺术意象，成为艺术家的结撰至思之作。

当时各大院校中文系的文学理论课程，普遍采用教育部部颁教材——叶以群在"文革"前编著的《文学的基本原理》（其时正再版重印）一书。其理论框架和文学观念，还停留在二十世纪五六十年代的研究水平上；不仅在内容上缺少新意，还或多或少地受到了极"左"思潮的影响，完全跟不上时代的发展。刘教授在自编讲义中，不失时机地引进了海内外文学理论界的最新研究动态，讲课内容灵活地游走于文学、美学与哲学之间，为我们提供了更宽的视野和更长的视线。我就是在刘教授的启迪下，开始对审美意象产生浓厚兴趣的；并通过课外阅读，在中外文学理论名著中爬罗剔抉，摘录有关论述，日积月累，制作成近千张卡片资料。2009年，天津人民美术出版社约我为旅美意象主义画家顾山虎撰著评传时，我根据这些卡片资料，专门写了一章论述意象主义绘画的形成与发展，从而增加了拙著的历史信源。

刘教授为高年级学生开设的选修课"袁枚《续诗品》研究"，通过对清代倡导"性灵派"文学的诗坛领袖袁枚的诗学理论著作《续诗品》的系统诠释，从"乾嘉学派"明训诂、详考订的治学方法入手，兼取汉、宋两学之长，酌采古今评点家之法，通过以袁（袁枚其他著作含诗文、笔记、诗话等）注袁（袁枚《续诗品》文本）的研究蹊径，条分缕析地论述和探讨袁枚的文学创作经历和诗学理论体系，特别是"性灵派"文学的要旨。

刘教授的课堂讲授内容，博涉宏赡，涵盖了"乾嘉学派"特别是戴东原"皖派"的学术精粹，通过逐句讲解《续诗品》的白文，对语句艰深、文义待考者，广泛采录各家注疏，从训诂、笺释、文字校勘、版本鉴定、辑佚、辨伪等各方面加以归纳研究。实则上是借助了《续诗品》这一典籍作为具体的实例，举一反三，向我们传授了古籍整理的治学门径，和属于中国古典文献学范畴方面的知识。

然而刘教授对《续诗品》的研究，虽重考证却不废行思，在疏通文义的基础上，尤其重视对袁枚的文学思想及其"性灵说"理论体系的深入探究和义蕴阐发，新见迭出，发明良多。大约十年后，刘教授将当年的授课讲义（经永翔兄整理补苴）交由上海书店出版社出版印行，其中的"章旨"和"辨说"部分，蕴含了刘教授对古典文学理论的真知灼见，充分显示出他在古代文论方面湛深的学术研究功力。

当年我根据刘教授的教材和讲课内容，结合自己课外对袁枚《随园诗话》等其他诗学著作的研读，在数万字的读书札记的基础上，撰写了一篇《袁枚"性灵说"初探》，作为我毕业前最后一年的学年论文，呈刘教授斧正。对这样一篇不成熟的肤浅之作，刘教授却勖勉有加，在基本肯定的基础上，指出存在的不足，俾我在今后的写作中予以改进和提高。后来，刘教授将我的学年论文交《上海教育学院学报》编辑部，直到我毕业后才被学报编辑录用刊载。

刘教授主讲的《文学概论》、《历代文论选》和"袁枚《续诗品》研究"，启迪我对文学理论和古代文论产生浓厚的兴趣。我暗自许下宏愿，要继承业师的衣钵，在文学理论的研究上有所建树。然而自二十世纪八十年代起，我的工作有所调动，最终在上海的一家日报社担任记者，从事美术新闻（业内称"文博条线"）的采访与报道。

繁忙的新闻采访工作，每天疲于奔波，势难有余裕从事古代文论的研究与写作；每一念及当年许下的宏愿，恒中心郁结，顿时有失落之憾！刘教授获悉这一情况后，就语重心长地宽慰我，说文学理论与美术理论颇有相通之处，不妨因势利导，转舵从事美术理论的研究。又说你的太老师余诽绍宋先生，就是一位在书画理论的研究方面极有造诣的大家；你如果在书画理论的研究方面有所建树，从学术研究的兴替上来说，也不妨认为是一种"返祖现象"。

光阴荏苒，自我从事新闻工作以来，已逾三十多个春秋；自我第一次登门向刘教授叩教，已逾卅载。绛帐春风，卅载承泽；现在我已从上海《解放日报》报业集团荣休。我要禀告业师的是：在我出版的不多的著作中，有一本是与文学研究有关的，那就是由上海学林出版社出版的《中国现代文学作品选自学考试指要》。另外，我采写的新闻报道，已逾三百万字；其中有一定理论深度的美术评论就有五十多万字。虽然未能继承业师的衣钵，但也算是在恪遵师嘱的道路上努力地行进着，行进着……

(本文作者为《解放日报》退休记者、编辑)

栽得桃李树　来日终成荫
——刘衍文先生与《中国古代文学》

宋心昌

刘衍文先生百岁，友人嘱予作文，说是长短不限。我已离开高校多年，早就"不务正业"了；且师从先生者，不乏出类拔萃之人。写点什么呢？先生的聪颖、博识、际遇、人品以及学术成就，时贤多有撰述。我就根据自己参加编写《中国古代文学》的经历，叙说刘衍文先生怎样当主编。

1987年1月，受国家教委委托，我们在蒋锡康、沈惠乐先生主编的《中国古代文学读本》基础上，古代文学教研室着手为国内高等师范院校中文专业编写《中国古代文学》，由刘衍文先生任主编。为了体现教材知识体系的科学性，同时又具有鲜明的师范性，经教材编写组集体讨论后，刘先生明确了具体编写要求：文学史知识的编写，力求论述精赅，轻重得体，纲目分明，线索清晰。不泛泛而论，不面面俱到。对于学术界尚有争议的问题，重要者约略带叙，以便扩大眼界，而不作主观论断。对于学术界新的、已成定论的成果，则酌加吸收，但不作繁琐介绍。至于作品选读部分，刘先生主张正文采用新校点本，无新校点本的采用较好的刻本；作品注释力求准确简明，必要时稍作串讲以会通句意；凡有分歧意见者，一般采用通行说法，重要的作"一说"以明之，而不作学术上的探讨。由于要求明确，意见统一，教材编写工作进行得十分顺利。

作为主编，刘衍文先生对我们编写的教材把关很严。每一个注释、每一篇题解，都字斟句酌；对作家、作品的评析，力求做到客观公允、全面准确。比如，评价曹植在中国文学史上的地位和影响，教材初稿称他是建安文学的杰出代表，仅仅是泛泛地一说。刘先生看后把它改成：除少数人持异议外,大都不能不确认曹植是建安文学的杰出代表。又如,鲍照《芜城赋》的题解,教材原稿引用了姚鼐的赞语:"驱迈苍凉之气,惊心动魄之辞,皆赋家之绝境也。"刘先生审稿时加上一句:但后来吴汝纶认为此赋"气骏而词已失古泽",则未免就有些株守而太不知通变了。还如,教材原来这样概述骈文的发展:早期骈文,句式尚无限制,齐梁以后形成"四六",到唐宋定型。刘先生认为,这样写不够全面。事实上,骈文"后来也有稍作伸缩变化,以求气韵之流转与文情之激荡的"。另如,对陆机的评价教材起先这样表述:由于其诗讲究词藻和对偶,时人略有微词。刘先生看后说,总的来说,时人对其文才还是十分叹服的。为了说明时人对陆机文才的"叹服",他在陆机介绍部分补充了一段文字:详见《晋书》本传,陆云《与兄平原书》,《世说新语》注引《续文章志》,刘勰《文心雕龙》中《熔裁》、《体性》诸篇,钟嵘《诗品》上等,并用括号把它括起来。把需要补充说明或强调的内容接在前文之后,再加上括号,这是刘衍文先生偶尔会用的一种文字表达方式。

上述是刘衍文先生对我承担编写的魏晋南北朝部分所作的修改,于兹仅略举数例。对沈惠乐先生编写的先秦两汉部分(除《楚辞》外),顾伟列先生编写的唐宋部分,还有蒋锡康先生编写的《楚辞》和元明清部分,刘先生均提出过修改意见。这些真知灼见,体现了先生拔出凡辈的学识和水平。

参加编写《中国古代文学》,刘衍文先生给我印象最深的,除了严谨,还有求实,即"绝不曲学以阿世,亦不立异以鸣高"。对作家、作品、文体和文学史上各种文学现象的评析,"是非明之,妍蚩辨之",坚持实事求是。八十年代初,我们曾编写《中国古代文学读本》(四册),先后由上海教育出版社、教育科学出版社出版。该读本在南北朝文人诗歌部分有《宫体诗的批判》一节。限于当时的认识水平,编写者沿用传统的观点,认为宫体诗以雕藻绮靡的形式寄寓色情放荡的内容,反映了统治阶级极端腐朽的生活和病态的心理,标志着文人诗歌的趋向堕落,对它全盘否定。我在编写《中国古代文学》南北朝文人诗歌部分时,涉及宫体诗这个敏感话题。对它如何评价?有点拿捏不准。于是,就向刘先生请教。刘先生说,宫体诗是相对于传统的一种新变体诗。它之所以出现在齐梁，是因为当时人们的思想观念和审美意识，随着社会生活的发展而起了变化。历代批评家斥之为"淫放"、"色情"，皆非持平之论。他认为，宫体诗客观上为唐宋诗词中大量出现的"宫词"和"情词"开了先路，又为唐代近体诗的形成作了声律、词藻和对偶等形式美学上的准备。其轻艳的文风对后世诗歌确曾起过不良的影响，但若把它一笔抹杀为"亡国之音"，就未免有些轻罪重判，不够公允了。说来真巧，1987年5月，《中文自修》出版《学术争鸣与探索》专辑，刊发上海师大中文系曹旭先生的万字长文《宫体诗论》。曹旭先生观点和刘衍文先生不谋而合。由于有刘先生指导，又受曹旭先生启发，我撰写了自己觉得有点新意的《宫体诗的再评价》。

在教材编写过程中，按照国家教委师范教育司所编《中国古代文学教学大纲》，刘衍文先生和副主编蒋锡康先生陆续对书稿进行增删、修改。既考虑《中国古代文学》与《中国古代文学作品选大纲》及相关教材的界限与衔接，又顾及与《古代汉语教学大纲》和相关教材的复出与分工，侧重把握知识体系的重点和深度，并力求处理好文学史知识与作品选读以及"提示思考练习"的配套关系。全稿告成后，刘衍文先生敦聘复旦大学中文系陈允吉先生任主审，陈先生亲自审订了唐代和宋词部分；并敦聘上海师大中文系李宪昭先生审订先秦两汉、魏晋南北朝及明清部分，复旦大学中文系胡中行先生审订宋诗、宋文、宋话本和元代部分，上海格致中学钱伟康先生参与书稿审订工作。该教材上下两册，约93万字，1988年1月由上海教育出版社出版，第一版上下册各印了6.5万多册。作为国家教委的统编教材，刘衍文先生主编的《中国古代文学》注重科学性、系统性和师范性的有机结合，既可供面授、函授之用，也可作为古代文学爱好者的自学教材，一经问世，即得到学界和广大读者的热情鼓励和充分肯定。

栽得桃李树，来日终成荫。时隔三十三个春秋，当年使用《中国古代文学》的芸芸学子，早已成为栋梁之材。这本曾经惠泽几代人的教科书，为我国教育事业发展作出了积极贡献。因此，可以这样说，刘衍文先生主编的《中国古代文学》，同他诸多学术著作，及其奖掖后学、作育英才的功德,都值得我们铭记。

附记:刘衍文先生于 2021 年 8 月 17 日逝世,享年 101 岁。笔者现将同年 2 月 23 日所作拙文公开发表,以示纪念和缅怀。

(本文作者曾为《中文自修》编辑部主任、上海报业集团《房地产时报》总编辑)

先生去后更何人

徐于斌

从朋友圈看到刘衍文先生哲嗣永翔教授《挽家父联》，恍如惊雷炸顶！虽然，先生已经101岁，并已经住进养老院两年零两个月，但莫大的哀痛与怅惘依然无法言喻！

刘永翔教授的挽联是8月18日发于朋友圈的：

文字擅探微，早运灵心传海内；
风云方变态，不留醒眼看人间。

挽联情感厚重内敛，令人泪目。

刘衍文先生，浙江龙游人，著名古典文学研究专家、上海市文史馆馆员、华东师范大学中文系教授。先生少年时因战乱失学，在逆境中刻苦自学，于东南各大报刊发表文字。后受知于著名学者、浙江省通志馆馆长余绍宋先生，得入馆任职，编辑馆刊，撰写艺文目录提要等。余先生对刘先生期许极高，认为"将来可以取得刘彦和、刘子玄、章学诚这样一些古人的成就。"后先生长期在高校从事文论教学与研究，讲授"文学概论"、"古代文论"、"中国文学史"、"清诗研究"、"文学鉴赏论"、"《文心雕龙》研究"等课程。果然不负余先生厚望，1946年刘先生著《雕虫诗话》，后入编《民国诗话丛编》；1956年出版《文学概论》，被列为高校选用教材，连续印刷数版，同时被译成英、日、俄三种文字，蜚声海内外。随后，"反右"及"文革"中，先生蒙冤二十三年之久，精神与身体都受到了莫大的创伤，数百万字的笔记、文稿毁于一旦。直到改革开放后，他才恢复名誉与工作，又重新拿起了笔。正如他借许地山《缀网劳蛛》的话说,他的"网""结了就破,破了又结,结了又破,破了还结"。然而,毕竟人生中最好的年华已经过去!限于精力与身体状况,晚年许多著作是与他的哲嗣刘永翔先生一起完成的,如《文学的艺术》、《古典文学鉴赏论》、《袁枚〈续诗品〉详注》等等。钱锺书先生在给刘先生的信函中这样评价其著作:"即事明理,笔舌锋利,能宣妙发微,以匡鼎之解颐,兼严羽之析骨,教化广大。"然而可惜的是,这些论著,论数量,仅仅是先生早年笔记的一小部分,举1985年出版的《文学的艺术》而言,是他当年一部巨著的构思内容的五分之一。怎不令人唏嘘不已!

我有幸拜识先生已整三十年,先生的学养人品令我高山仰止!先生之学,儒、释、道兼通,俨然文江学海;对于中夏文化传承之隐忧,中心藏之何日忘之。先生之心,宽厚广大,真诚热切,宛如赤子;对于后学晚辈,奖掖提携,不遗余力。卅年间,我们通信近百函,有时还讲电话,我赴沪晋谒先生多次,从思想、创作到工作生活等,无不感恩先生的点拨与关爱!

记得刚认识先生时,先生寓居南京西路2088号。那时,先生精力充沛,风采照人,讲一口龙游方言,谈笑风生。先生对于文学传统,其源流正变乃至秘辛掌故,了然于胸,还善用《易经》解释未来,谈吐间,金石语月旦评,令人目不暇接,如入空明洞天。有时我想,当年区区如我一个来自苏北的学识浅陋的青年,仅能写几篇不成熟的诗文而已,先生不吝见教,勉励有加,是何等襟怀!回首往事,交流中郢书燕说、冒渎清神处不知几何?先生不仅涵容包荒,但凡我有丁点成绩,比我还开心,并常常逢人说项!

先生多次介绍我的诗词与文章到《上海诗讯》、《词学》、《新民晚报》等报刊,其中有一篇《旧体诗词继承与创新之我见》,受到时任上海市诗词协会会长萧挺先生重视,亲自题写按语,发表在《上海诗讯》后,引起反响并被多家杂志转载。先生还将我们盐城的《湖海诗词》期刊介绍上海诗界、学界的朋友,胡邦彦先生、田遨先生、喻衡先生、马祖熙先生等都曾有来函或来稿。喻、马二位本是盐城籍人士,若非先生介绍,我还不知道呢。先生还希望我继续学习深造,考永翔教授研究生,为此,没少让永翔教授操心！结果，尽管专业课侥幸过关，但总分不够，名落孙山。后来，我打算出本诗词小集，斗胆向先生提过一次，请他赐序，但那时稿子尚未整理，也未命名。孰料不日先生就写好序言寄到盐城！我赶忙打电话给先生说：我说过不着急的呀，先生答：我年事渐高，怕将来精力不济！——当时止不住热泪盈眶，这句话镂骨铭心，足以温暖我一生！——时值1999年秋，正先生身体不适中，次年先生住院动了手术，《寄庐杂笔》出版，书寄来时，还系由他人代笔签署的！而最使我愧悔无地的是，因为所谓忙于工作和生活，直到先生去世，我的《海气楼词》还没有杀青！而且，烦劳永翔教授赐写序二，陈永正教授题署书名，晋如教授题跋，如果先生看到成书，该是多么开心的样子！

  先生乔迁钦州路880号以后，健康状况每不如前。起先我去拜访，先生能亲到楼下迎接，记得有一次，先生拿了份报纸在一楼厅前边看报纸边等我，临别时候，也会送到楼下；后来时困清恙，送到电梯间，按了电梯，等我进了电梯挥手道别；再后来，只能送到门口了！最后一次去看望先生，是先生去世前两个月，在嘉定椿萱茂虹湾长者社区。当时疫情稍微好转，敬老院允许探视。和永翔教授、永昑先生联系，他们劝我别去，说已不认人了，但我执意前往。到了房间，见先生十分消瘦，闭目躺着，我百感交集！一时无措，不知该不该叫醒先生，这时护工叫了，先生微微动了一下，我赶紧向前，说"我是于斌"，先生微微睁开眼，居然说了"盐城"两字！

  天有不测，疫氛再起，先生去世竟不能前往送别！含泪写了副挽联，言不达意，寄哀思于万一："恕我卅年愚钝，江北江南，独向龙游拜学海；问谁一面难能，在天在地，空从札海想音容！"

  先生去世后数日的中元夜，梦到先生，笑容如昨！次日正是先生头七，草成三绝：

    一别寄庐多少程，泪昏天地未分明。
    百年甘苦人间尽，此去琉璃佛早成。

    哀哀梦断中元月，遥想音容隔九天。

廿载鼎言犹负没,行吟坐叹总茫然。

劬古鉴今倾海内,名山风骨浩然存。
千年《典论》倩谁补,薪火传招故国魂。

末二句化钱锺书先生语。钱锺书先生在给先生信函中提及其哲嗣刘永翔先生时写道:"前与贤郎通问,惊叹其学博词弘,于纷若牛毛中卓如麟角。后乃知家传有自,故根柢深厚。两世长者方可以说诗谈艺,此语足补魏文《典论》之遗矣。"

谨以此文悼念先生!

2021. 9. 10

(本文作者为盐城市诗词协会主席,曾任盐城市政协学习文史委员会主任、一级调研员)

鹤驾西归不复返　门墙忝列忆当年
——追念恩师刘衍文先生

聂世美

二十世纪八十年代,文凭一度极其走红吃香。无论是单位提干抑或是评定职称等等,你都必须有文凭,而且,还得看看那文凭的成色。否则莫说迁升高就,恐是连安身立命都难!

"人在屋檐下,哪得不低头"。尽管当年作为"草莽英雄",我已以大专学历资格考入上海古籍出版社,成了古籍编辑队伍之一员,可想要更上层楼,更有作为,则不可没有文凭。在同年老友丁如明"老兄勿要头皮翘,当心头颈蹩筋"的反复劝导之下,没奈何,自己只有再次通过考试,入了可予专升本文凭的上海教育学院中文系"坐监"受教。

所学的专业课,除《教育学》、《心理学》等,馀如《古代文学》、《现当代文学》、《外国文学》及《中国通史》、《语言学概论》等,或为平日即较为留意者,或是当初报考某高校研究生落榜即已准备过的课目,并无什么新鲜感。唯有在上刘衍文先生所开的《古代文学理论》课时,方提起了精神,一再为恩师的广览博识及超乎寻常的记忆力所深深折服!

刘师授课,似乎并没有特别准备好的详细的教案或讲稿,看他娓娓而谈,随口道来,完全凭的是记忆。因为他胸罗万卷,腹笥繁富,一张口,即如大河之水,奔流不息,滔滔汩汩,澜翻不绝。无论讲到哪里,讲到什么问题,他不仅广征博引,举例说明,而且,还常常以正反相对或同类相近相似之材料和例证,在比对互勘中来加以诠释说明一个问题,一个观点,以收相反相成或相辅相成之功效,加深学子对陆机《文赋》虽简要精切却辞约旨隐的理解,对前贤所评"天才绮练,当时独绝,新声妙句,系踪张蔡。妙解情理,心识文体"之精要评论,有更全面深入的领悟。具体如其对《文赋》的写作年代问题,对文学创作过程中的灵感问题,对六朝就"文"与"笔"的区别和认识问题等,无不沿波溯流,穷探恣览。一面就原文进行逐字逐句的诠释梳理,一面引用其烂熟于胸的各种文史资料包括笔记小说、文坛掌故之所载,条分缕析,互相佐证,不时还提出他自己独到的见解。许多内容,令人特别是令我这个吃古籍饭的人,觉得非常地解渴。所以,上刘师的课,自己往往格外地集中精力,仔细地聆听,唯恐听不明白或有所遗漏。以故,每到下课铃响,一些只想来"混"个分数及格以取得文凭的同学方才睁开垂睡了半天的眼皮,而自己则大抵怀揣着心满意足,走出课堂。

作为中国文学批评史上第一篇完整的文学创作理论,《文赋》授罢,学期结束。按例,刘师要求每人都得交一份学习小结或学习心得体会以作年终考试成绩之重要参考。受《文赋》"体有万殊,物无一量,纷纭挥霍,形难为状"之启发,自己并未因循旧例去写作学习心得体会。心想:既然陆机都肯定文体本千差万别,风格可各人各样,我何不与众不同,以自己所喜欢的诗歌形式来表达和体现学习《文赋》的感悟以作为年终考的答卷呢?于是,经过了两天的苦思冥想,遂以较为凝炼的两首七言律诗形式作为学习小结交了卷。不过,心里也多少有些惴惴不安:不知道刘师是否认可,究竟能否过关?

不曾想到,刘师阅罢,竟非常高兴,当着班里众多同学的面,笑吟吟地予以鼓励夸赞:"聂世美啊,想不到侬竟也能够写格律诗?写得还相当不错的。侬是啥辰光学会写诗的?"我颇有些不好意思,遂作了大致的回答,并期望得到刘师的指教。极为可惜的是,那两首七律"作业"习作,因为时间久远,如今遍寻不着,竟不见了踪影。其后,刘师主编上海诗词学会会刊《上海诗词》时,知道我可以涂两笔,遂约了我几次稿。其中的一次,我便将丁如明兄曾予首肯赞赏的《过居庸关故址》给了他:"雄关背拊控中原,百叠芙蓉一水穿。总是征夫挥泪地,却非胡马仰嘶天。云来紫塞千嶂动,岭卧青蛇八达骞。依旧山花应春发,东风鸟语息狼烟。"刘师阅罢,夸了两句,但接着即指出:"千嶂"的"嶂"字,你再看看?是否平仄声有些问题？要不再考虑考虑？这真如老吏断狱，明察秋毫。一眼即看出了声律上的问题，令人不得不歆钦佩服！

岁月如流。一转眼学习期满，到了要准备毕业论文的时候。很幸运，刘师作了我的论文指导老师。当他问及准备什么内容时，我告诉他：准备撰写一万字左右的《查慎行评传》。刘师遂提醒我："你要搞查慎行啊？好倒是蛮好，只是有关他的文章和研究资料你都熟悉么？好像不是最多耶！"随即，又重点提到了有关清代文字狱的一些问题，嘱咐让我多留意一下这方面的资料。其实，确定选择这一研究方向，与我社已故编辑何满子先生不无关系。因为古籍社的编辑，不少都是学者型的编辑，长期以来，不仅为人甘作嫁衣，许多的都还有自己的研究著作和学术研究成果。作为年轻一辈，按多年来以老带新的传统，何满子先生曾鼓励、指导我研究清代文学，并提示可以一代文宗钱谦益作为自己的专业方向和研究对象："钱谦益是诗坛领袖人物，研究的人却不多。你不要去弄那些二三流的作家，要搞就要搞一流大家。"可当年因为胆怯，生怕自己的学养学力不够，吞咽不下这一大口"肥肉"，乃掉转方向，退而求其次，先选择相对较容易入手些的查慎行研究。查诗为有清一代宗宋之第一大家，也有相当高的文学地位。由于本已有些积累和准备，所以较快拿出了《查慎行评传》的初稿。文中按刘师之所垂示，经仔细浏览阅读了《清史稿》、《清史列传》、《东华录》、《洪昇年谱》及相关的一些史乘笔记等，对查嗣庭科考一案之政治背景作了较详细深切的剖析。

大约过了半个月吧，刘师来函有曰："大文详审意见已交（系）秘书陈卫民同志，略谓原规定毕业论文一律用小稿纸抄写，俾装订入档。初时已通知，其时棣台及拙皆未与会，故均不知情也。现尊文仍退还在鄙处，望枉驾来领取重抄。"当时一见，我即有些头大：一万几千字的文章，要一字一字地重抄一遍，多么费时费力！惭愧的是，明明是自己一时疏忽大意的过错，刘师却不言人过，自己揽了下来。而后，当得知我有些为难，又与系里通融，准许缩小复印，让我"按小稿纸大小复印一份，速交系秘书陈君"。闻得师言，我如释重负。遂即，我又有些惶恐地打探刘师对毕业论文的意见。刘师坦然告知较为满意，除改动了个别错别字，馀均未动。获悉毕业论文已顺利过关，我浑身轻松，欣然道别。

因为教学关系，与刘师有了些交往后，彼此都增加了不少的了解与信任。得知我当时仍然单身，刘师十分诧异："聂世美啊，像你这样的人，老大不小的了，怎么会还没有对象？"当然，他既感诧异，也非常地关心和用心。一日，驰函云：某教授"知（你）中馈乏人，颇有为作伐意。"问我是否有意去见上一面。怕我犹豫不前，并云："将来进展情况如何，但看各人缘分可也。"奉读师函，一股暖流，不由从心底缓缓淌过。

与刘师接触的多了，有时也会彼此交流一些对学术或学界名人的看法。因为编辑《中国近代文学丛书》之《江山万里楼诗钞》，曾去函咨询刘师，求教是否见过所传闻的杨圻当年在香港所撰之讨倭檄文及对康有为所论"杨郎清才，江南独步"的看法。并援引了学界某"大佬"有关云史诗为近代学唐人而成就最高、"廊庑最大者"的论断。刘师于此既未完全赞同，也未一笔抹杀，云："高论杨云史诗，与蒙异趋，寸心得失，盖亦难言之矣。曩于少小之时，见《江山万里楼诗钞》而好之，嗣读书多，稍为诗词古文骈语，资质鲁钝，虽门径未窥，而纵横上下，对比揣摩，妍媸好恶，似有可得而言者，因而得知其诗序之繁乱失体也。"并云："时（浙江通志馆）前辈中分两派，少数一派，其推云史之诗以为在梅村、云伯以上，樊山、实甫，盖不足道也。"复曰："其时又尝指其绝句之失，在太好用前人成句而畦町未化，失之率易，不如元遗山之浑成。重杨诗派者，亦不以为忤也。来沪上后，得遇能诗诸老，大抵于杨皆有微词，如贵社之吕贞白先生，诗词皆甚可观，自谓好美人香草之风，乃竟有诗非江西不论，人非江西不道之偏激语。徐震堮先生亦以杨诗俗调难医。"然而虽说如此，刘师一向豁达，并无一尊天下，强加于人的意思。对诸如我这样学术眼光尚浅者的喜好杨诗，除了广征博引，举例指教，让我参考深思，却并没有半点排斥或不予尊重的意思。云："棣台自好杨诗，自言其得可也。"还以他自己的褒贬取舍为例："（对于吕、徐等之所言）蒙则未敢苟同，故于《文学的艺术》中，尝引杨诗多句，以见其超越前贤之所在，而诸公或以为庸陋无识也。虽然，好恶我自言之，我自见之，固不屑左右于人也。"态度坚定，持论宏通，实事求是，公平公允。而最为可贵者，使我从中不仅开了眼界，见识了一些书本中所没有的遗事佚闻，还学习到了刘师独立思考、不轻随流俗，"不屑左右于人"的治学精神，真可谓受益终生。

刘师不仅在治学上如此，在其人格品行上也是如此。如前所举称之学界"大老"可称一代国学大师，乃粉碎"四人帮"后高校和科研单位所评定国内第一批博士生导师之一。其于清诗和近代诗之研究成果，更是有口皆碑，沾溉学界多多。但对于彼之处世为人，刘师却不顾情面，公然索瘢于西子之面，于其自选诗集之可能的弄虚作假，予以毫不留情面的批评指责：彼之"选其所作诗，皆是《喜闻平型关大捷》、《欢呼苏联红军攻克柏林》、《庆祝抗日战争取得胜利》之类，不知底细者，将不啻为一长征老将也。不然，亦如太炎弟子吴承仕之类之投身革命者也。而知其出处者，岂意于汪伪政权药笼之际，即有身在曹营心在汉之志乎？吾诚不知此类抗日进步诗篇，此老究竟作于何日者矣！"大义在胸，无有私情。真可谓是字字辛辣，鞭辟入里。尽管此老也是我多年来一向极为尊崇尊敬的学界师长，因为编纂《中国近代文学丛书》的关系，彼此更有着非同一般的交谊，但于刘师直白的犀利评判，仍然令我对他肃然起敬！

长期以来，尽管与刘师有学问上的联系，精神上的沟通，但去其府上拜谒的次数却不多。主要一是因为脚头懒，再便是因为当年闻名去拜访他却于卜卦算命之道极为热衷者较多的缘故。对于这类访客，刘师因其所学所闻所知，每每对之侃侃而谈，终日不倦。而自己呢平日不信唯心，笃信唯物。所以当时干坐一旁，颇觉无聊。记得一次与丁如明兄相约同去其延安西路寓所拜访，来客三五，早已落座。其中，见有沪上龙华禅寺二僧人也在。交谈未几，即热心要替我二人卜卦算命，刘师也云："你俩不妨算算看也好。"结果为我们所婉谢。因为我们俩都不信这个。而况算的好，固然皆大欢喜；可若是一旦不好，吾之馀生，必将为其阴影所笼罩，难以排遣解脱。对此，数十年后之2016年2月，我在所作《次韵酬永翔兄〈余少信相人术，自叹骨相之屯，尝作一律并酬培军兄《读冰鉴二十韵》之什〉》一诗有云："从来意得好怀开，傲骨真疑凡俗胎。一命穷通运行定，半生感慨酒中来。无心或验僧人术，欲说还休箫凤台。风鉴千年何得论？高天语噎唯低徊。"诗之注释有载："吾之业师，即永翔兄之令尊大人刘衍文教授。刘师平生素好麻衣青乌之术,座中不乏高人术士。三十年前,吾与丁如明兄往刘府拜谒师座,适逢沪上龙华寺僧某人等在坐。曾数欲与我二人卜算,均为我俩所婉谢。不意夜晚辞归,出得延安西路刘府去静安公园门口乘车回家时,彼竟径直一路尾随追步至静安寺附近,仍执意欲为吾一卜。吾再难坚拒,遂令其一看手相而已。今者,大半世人生已过,孰料复回顾其言,竟然多半灵验无爽,实不胜诧异之至!"蝶耶梦耶?究竟是唯心抑或是唯物?至今自己都无法解释。只是有一点与同仁史良昭兄(民国七君子之一史良之嫡亲侄子)及丁如明兄谈及时取得共识:对于宇宙及人世间之许多不可知事物,出于尊重和敬畏,在未能作出科学和合理的解释之前,不必作决然断然的否定。

因为年岁的关系,刘师晚年听觉不是最好,行动虽有些迟缓不便,但谈锋依然很健,思维依旧敏锐活跃。在其入住高档养老院前两年的一个春节(记得好像是年初二),我曾去其钦州北路的寓所给他拜年。敲了半天门,无有回应。方欲离去,又不甘心。于是又放大嗓门喊了两声:"刘老师在家么?我是聂世美!"又半响,方得闻刘师"噢"了一声,蹒跚着步伐,慢慢前来开门。见了我道:"是聂世美啊,快,快进来!"落座后,他要给我倒茶,我让免了:"您老别忙!主要来看看您,给您拜个年,再请教请教学问。"之后,便海阔天空地闲聊了一个多小时。其间,我们由清诗流派聊到了吴伟业,由吴的生平不可避免地聊到了与卞玉京的关系。记得我当时为卞玉京的不幸病故而表惋惜。刘师闻言,连连摇摇手说:"没有。卞玉京根本没有死!有人看见过,她后来在衡山修道。这事情,你可以去看看柴小梵所著的《梵天庐丛录》,那里面有记载。到底是哪一卷,我记不起了!"当时,我刚从古籍书店购入一套三册北京故宫出版社所出的《梵天庐丛录》一书(该店一共只进了三套),一回到家,我立马从书橱里检出,翻到第十六卷:卞玉京一事赫然在目:"世传卞玉京为女道士以终。乾隆初,有商人李宜春者,入衡山,迷道,遇一妇人指引而出。自云卞姓,名玉京。为道南都事,纤屑不遗。隐于衡山历百年矣,仙风道骨,犹是三十许丽人。闻者为之惊诧。"放下书本,我心里自也是惊诧不已:刘师九十左右的人,一生不只好读书,博览广识,已届晚年,竟然还有如此惊人的记忆力，实在让人歆羡拜服之至！

因得同门老友钱汉东兄之赐示，刘师入住养老院不久之后，我曾专门去探访了他。彼时他神志尚清，见面后仍叫得出我的名字。但显而易见，其精神已然不济，颇呈老迈萎颓之态。因为照顾他的小阿姨正好也姓聂，与我同姓，交谈时不由自主地感到一下拉近了距离。随即稍详细地询问了一下刘师相关的情况。之后，到了下午自由活动的时间。由于是日北风较劲，不便去楼外绿化地带遛达，便一起下楼来到了老年活动室。刘师安坐轮椅，也难以从事什么活动，小聂遂取得砚墨纸笔来，想让刘师挥毫练笔。但他只胡乱写了两字便搁下了毛笔，以示不感兴趣。如此，又逗留了一会，三人一起请人给拍了张合影，我便告辞回家（前后在此养老院，大约呆了50分钟左右）。谁知，这一别，竟然是天人永别！

及至刘师仙逝之噩耗传来，昔日一幕幕从学的往事不由浮现眼际，为表不胜哀悼之意，乃赋一挽联有曰：

幸立程门雪，问学当年，三载薪传感渥惠；
空怀马帐风，伤情此日，一生铭戴泪频挥。

2022年2月28日

（本文作者为上海古籍出版社退休编审）

老辈学人的做派
——忆刘衍文先生

丁如明

二十世纪八十年代,国内出现过一股成人报考业余大学、追寻大学梦的热潮,前后延续几达十年之久。当时的上海教育学院,是诸多业余大学中较有名气的一所;因为它有大专班、本科班、专升本班,而且本科班毕业后修满学分,还能获颁学位证书,因此便成了诸多成人学子竞相追逐的目标。

我是1985年进入该校中文系专升本班的。其时我已是上海古籍出版社的一名编辑;虽已人到中年,但一踏进校门、走进教室,心情还是很激动的。睽违课堂几达二十年之久,今日重作冯妇,怎不教人感慨万分呢?

同学中怀此心者大有人在,开学初几乎每堂课学生都济济一堂;但一个学期下来,学生们便开始渐次分化。有专心致志听课的,课堂笔记一字不漏;有渐渐懈怠的,迟到者有之,早退者有之;甚而还有旷课者。于是老师们便开始通过上课点名来确保听课者的出席率。

刘衍文先生是仅有的上课而不点名的老师。对此,他自有说法:学习是自己的事情,硬把人拉进教室;但若他"身在曹营心在汉",人虽来了,与旷课有什么两样呢?想想也是,这或许是一种老辈学人的做派吧。

刘先生给我们开的是晋陆机《文赋》的选修课。上课时他旁征博引,例证丰富,诗词歌赋张口即来;讲课时随机生发,穿插了不少掌故逸闻。学生们听得津津有味,满堂粲然;同学们对他的记闻之博、之广佩服得五体投地。是的,一位老师要镇得住学生,除了口才,讲课条理清晰、语言波俏之外,一是记性好,背起资料滔滔汩汩,如珠走玉盘;二是板书,一手漂亮的字;这两者都能镇得学生一愣一愣的。刘先生的字,虽自说不佳,其实却也十分耐看。

《文赋》讲了一学期就结束了,仅讲了两个章节;这也是老辈学人的一种做派。学期结束前,刘先生出了一道题,要同学们写一篇读后感,作为学期考核成绩。我写的文章是对《文赋》中的一些说法提出异议,其实也是没话找话说,聊以交账。不料刘先生却大为欣赏,夸奖了一番。本来这事到此就算了了,谁知刘先生竟在他的大著《古典文学鉴赏论》中将我的文字引了进去,表示赞同。但是出版社有意见:一个无名小卒这点微末意见,却要放入引文,这怎么成?于是出版社便提出修改意见,要求以刘先生自己的名义写上这段话。刘先生死活不干,说:"我岂能掠人之美?"唉唉,我这点微末之见算哪门子美呢?于是双方顶牛着。最后采取一个折衷的办法,即在这段话后加上一个括号,括号中写上"丁如明语"四个字。这又是一种老辈学人的做派。

刘先生读书写文章极为勤勉,我们去他府上,总见到他在书桌上埋首书堆,读写不辍,老而弥笃。他下笔如风,所谓"日试万言,倚马可待"者是也。他曾不无自豪地对我说:"我和永翔合著的书,总是我先写他再润色补充。"刘先生善为文,也擅改文。有一次,我写信给苏州的朱季海先生(国学大师章太炎先生的关门弟子),因系采用骈体文形式写的,自觉无把握,就拿给刘先生看。他不仅纠正了我书启格式的错误:哪里该抬头,哪里该双抬,哪里该顶格;而且随手改动文字,顷刻间使此信生色不少。先生对我一直关怀着、注意着、指点着,他写的书,每种都要留一本给我;计有:《文学的艺术》、《古典文学鉴赏论》、《袁枚续诗品详注》、《寄庐随笔》等等。这也是老辈学人的做派。

刘先生与我的爱好稍有不同的是,他后来极喜星相占卜之学。我是个不信佛道、不信鬼神的人,对他的星相之学不以为然。我上刘府去总想讨教点学业,听他讲说近代文坛掌故。但常会碰上一大堆来向他讨教星相占卜之学的人,或求卜问卦之徒,令人头痛。刘先生一直想为我看相占卜,我是一概谢绝,拿"子不语怪力乱神"来搪塞;并说:"我已是五六十岁的人了,占卜于我何有哉?占得吉,不足为喜;占得凶,心里不免惴惴,何苦来！"所以刘先生常对认识我的人说："他就是不肯要我为他占卜。"言下不胜叹惜。唉，九原可作，我倒真想请先生为我占一卜，作为弟子对先生的感怀之情，以补报万一。

（本文作者为上海古籍出版社退休编审）

记衍文先生二三事

刘毅强

有些记忆是会逐日褪色的,有些则不会,就如我对刘衍文先生的记忆。先生归道山半年多了,和先生交往的一些片断时不时盘旋在我的心头。

一

二十世纪七十年代末,在军工路校区求学期间,先生给我们讲授中国古代文学。课堂上,先生声若洪钟,侃侃而谈,每讲到得意处,就会昂起头来,发出一阵爽朗的笑声,先生学问渊博,识力特强,用他自己的话来说,就是"对于古代的名著,则不管其影响多大,有时也要根据管见,来'吹毛求疵'一下;甚至会毫不客气地予以否定"(《文学的艺术·后记》),但批评得一针见血,合情合理,使我们心服口服。

在我国的文学批评史上,"评点派"好谈技巧,尽管颇有其弊,"一向就遭人们的冷眼",先生却认为"把他们一笔抹杀,可也不是公允的做法",因为评点确实需要凭仗深奥的学理和过人的胆识。凭着性情和学识,先生的著述在古诗文评点上有着不少精彩的示范,例如对王安石《商鞅》一诗的"今人未可非商鞅,商鞅能令政必行"两句,先生评道:"全不像诗,也不像文学作品。"也许是为了让我们尽快地了解并掌握古诗文鉴赏的钥匙,先生在课堂上现场教我们如何评点。先生发了一篇古人文章,人手一份,要我们把自己认为精彩的句子圈出来,特别精彩的还可以用双圈,并且可以旁批自己的看法。先生挑了几份当堂评判,教室里顿时一片笑声。而先生的笑声在其中最为响亮的。时至今日,淳子学姐还说对此"印象深刻"。

二

除了卓荦洒脱,先生还有严谨缜密的一面。

二十世纪九十年代,我在某出版社供职,有幸充任先生《寄庐杂笔》一书的编辑。书稿交付后,有天先生来函,特地告我:"谈潘雨廷一文……末段引孔颖达疏,'不可一途而取,不可一例而推'二语,记忆有误,当作'不可一例求之,不可一类取之'。亦有劳改定。"又,《知典者未必知诗》一文,原经《中文自修》改动刊出,先生即请友人打印出所刊之文作为书稿。之后《新民晚报》又据原稿刊出,"删去更少","标题及内涵更为醒豁",先生就把剪报"改正添加数语"之后寄我予以置换。同一函中,先生还说:"又《春江水暖,惟"鸭"先知》一文、《长挹清芬》一文,……尚有数语须加补充,拟在得校样时再行增补。"数月后,对《天下诗人谁第一》一文,先生又发函询问:"篇中引袁宏道所选、后由谭友夏(元春)增补过的《东坡诗选》作'自跋'语后括号后,可否于'但绝非伪托之作'处插添'参阅袁氏《瓶花斋集》之九《答梅容生开府》中语可作旁证'?不然,或于文后作:注一:袁氏《瓶花斋集》之九《答梅容生开府》中更详论之云:'苏公诗无一字不佳者。青莲能虚,工部能实,青莲唯一于虚,故目前每有遗景,工部唯一于实,故其诗能人而不能天,能大能化而不能神。苏公之诗,出世入世,粗言细语,总归玄奥,恍惚变怪,无非情实。盖其才力既高,而学问识见又迥出二公之上,故宜卓绝千古。至其遒不如杜,逸不如李,此自气运使然,非才之过也。'我想这也许与袁氏和坡公都同耽惮悦,彼此有异代同心之好故耳。"袁枚《续诗品》有云:"古香时艳,各有攸宜。所宜之中,且争毫厘。"先生真可谓"且争毫厘"了,即便已到二校,我亦只有恪遵惟命。

1999年6月,先生和艾以主编的《现代作家书信集珍》一书问世,先生赐赠我一部。展卷一阅,内中纠错正讹的朱笔改易多达数十处。如林纾致蔡元培一函中,"毒粥既陈"之"既"改作"朝";"复孔孟"之"复"改作"覆";"实未见中有违忤五常之语"后补"何时贤乃有此叛亲蔑伦之论";"以柏林一役"的"役"改作"隅";"是试汉唐之环、燕"改作"是引汉唐之燕、环"。先生的眼光之"毒",连标点符号的错误都被一一提出:"卫灵问阵,孔子行陈,恒弑君,孔子讨"句,"陈"字当属下;"抵抗全球,皆败衂无措直,可为万世英雄之祖"句,"直"字亦当属下;"若化古子之言为白话。演说亦未尝不是"句,简直不知所云,先生纠正为"若化古子之言为白话演说,亦未尝不是"。在以后的编辑生涯中,自笑咬文嚼字成癖,必受先生的"传染"无疑。

三

要谈到感激先生,还有一件事可说:

先生于子平术之术有深入探索,声名远播。在二十世纪九十年代中期,一天,一位朋友慕先生之名,让我陪着登门求教。先生排其八字,一一道来,何年顺遂,何年不利,并断其能发家致富。那位朋友毕恭毕敬,一一记下。待他算完,我笑着也要求测算,先生当然没有拒绝,问了生辰,在纸上演了一会儿,对我说:"你的命运一般,不会发财。"先生的判断竟都一一应验:大约两三年后,那位朋友约我一起再次登门道谢,原来他在闹市区购买了新房。而我则直到退休,还是打工仔一个,不无可叹。但转念想来,正是因为先生的话使我断了"一心以为有鸿鹄将至"、"何时可发一笔横财"的念头。这些年来,专心致志地工作,心安理得地度日,其实又何尝不是另一种幸运呢?

四

1990年代初,国内经济大潮涌起,人们价值观念离散异趋,大道多歧,道术将为天下裂。有鉴于此,我起念编纂一部当代文化名人的人生格言录,这些成功人士,为人处世,必有"一言而可以终身行之者",较之古人,对当下的世道人心必更具指导意义。不数月间,几十位前辈不我遐弃,应约赐稿,珠玑之文联翩而至,其中就有先生的金玉之言。先生于世则饱阅炎凉,于学则备尝甘苦,吐属自是非凡:

  在生活上,我以淡泊为甘;在学习上,我以自娱为乐;在写作上,我以著书为苦。
  自娱不是"有闲阶级"的玩艺,不仅"贤于博弈",而且是高尚情趣的寄托;自娱不需要清教徒那么自戕自苦,也不必像练气功、打少林拳那么费力费劲,而却是养生中最方便的修持法门。
  自娱久了,就会有自得;自得多了,就会有著书立说的冲动。这就像是"悟道"后迫切需要"成道"的追求。但著书要费尽心机,历尽磨难,焉得不苦?不过若能见到新生命的诞生,则亦能获苦中得乐之趣。
  然而学无止境,道无尽头,"悟道"尚可悟上加悟,"成道"却总是圆满无期。但社会的进程,人生的意味,恰好就在"未济"这个卦象上展开。

先生世界内心,在此掀起了一角。

先生的"以著书为苦",我是耳闻目睹的,《古典文学鉴赏论·后记》云:"每成稿一章,必须再三研讨,其中竟有十易其稿者。"《袁枚〈续诗品〉详注》三校已毕,先生还特地来函要求更换一条更为直接、合适的引文。

可惜的是,格言录最终未能付梓。

五

中国传统文化里,来往信札的称谓有着一定的规范,只是随着时移世易,一般人都不甚清楚,附庸风雅者则自以为摹古毕肖,却往往令通人失笑。

我曾得到过先生这方面的指教,印象殊深。某天得先生手札,云:"棣台受业于本人,信后自称,不得云'后学'。今人于称谓都不甚了了,致成笑柄流传。……前闻诸先师越园先生:对生存之前辈,函末可署'晚学'、'末学',卒后乃得称'后学',然于师长,不论存殁,三者皆未可也。……倘写语体,则各种繁文缛节,皆可从略,胡适之先生已有言在先,至理也,可信而从之。"

先生如此不厌其烦地谆谆教诲,真正"示我周行"了。

如今先生离我们远去,遥望天边,浩浩天风中似乎还传来他那标志性的、爽朗的笑声。

我永远怀念先生。

2022 年 3 月 19 日

(本文作者曾为上海辞书出版社副总编辑)

怀念可敬、可亲、可爱的刘先生

丁婷婷

2021年8月18日,当听到刘衍文老师昨日驾鹤西去,虽然知道老师已是100岁高寿,我的心仍不由一沉:再也见不到这位可敬、可亲、可爱的老师了!

刘老师是大学问家,我是在1979年成为他的学生的。

1977年高考,我这个刚升入小学五年级就遭遇"文革"的人,幸运地走进了上海教育学院中文系。大学的第二学年,学校为我们开设了一门中国古代文论课,讲课的就是刘衍文老师。当时的我因为基础薄弱,再加是古文,所以还没上这门课,我心里就一直打鼓。

开始上课那天,着一身蟹青色中式对襟衣衫的刘老师一踏进教室,我就被他的气场深深吸引。他虽已年近花甲,可声若洪钟,气势浩然。连上四节课,他那带有浓重浙江龙游口音、节奏略快的声音,自始至终不显一点疲态。讲到关键处他还双手支撑讲台,身子前倾,声音再提高八度,白皙的脸上泛出层层红晕。在刘老师深入浅出的讲解中,原来感觉深奥无比的古代文论,我可以听懂一点了。后来我知道,刘老师曾在1957年被打成右派,开除公职,颠沛流离达二十三年之久,他为我们上的这门课,是他重获新生后第一次走上讲台。我从他讲课的声音中,能明显地感受到他的激动、他的兴奋。"久在樊笼里,复得返自然",刘老师重返讲台,能够继续讲授被他看作自己生命般的古典文学,那种由心而生的喜悦之情,透过他炯炯有神的双眼一展无遗。现在的大学生可能不会有这种体验,而当时我们这些也被耽误了学业的年轻人,能从刘老师身上深切地感受到,他要把失去时光追回来的迫切。这种迫切也激励了我,让我平添了努力学好每一门功课的信心。

当时百废待兴,我们上的这门课还没有教材,都是刘老师自编的讲义。中国古代文论蕴含着丰富的文学、哲学思想,在这段绮丽的长绸上镶嵌着一颗颗瑰丽的珍宝。刘老师从先秦《论语》开篇,按时间顺序推演,把每一个朝代的文论代表作一一道来,《庄子》、《毛诗序》、《典论·论文》、《文赋》——一直到明代三袁的公安派、清代袁枚的性灵说,无不是我们过去没有接触、学习过的。学识渊博的刘老师特别对"气"、"韵"、"风骨"、"性灵"等这些抽象的概念,引经据典,旁征博引,妙语连珠,滔滔不绝。刘老师就是这样帮我们打开了中国文代文论的宝库,领着我们一步一步走进去采撷中国古典文学的宝藏。

课间,刘老师从不回办公室休息,他不停地回答一层层围在身边向他提问的学生,在回答同学问题时,他像要把自己的所有学识一股脑地教给同学。他博览群书,有超群的记忆,不论中国还是外国作家的诗,他差不多都烂熟于心,即刻就能引用与背诵。无论什么典故向他请教,他立马一五一十地讲给你听。我们当时佩服得五体投地,打心里庆幸自己遇到了这么一位学富五车的好老师。当看到学生心满意足地回到座位时,他的脸上瞬时充满着孩童般纯真的笑容。当时同学们都说刘老师有一颗赤子之心,真是这样的!

要考试了,我忐忑起来,虽然在刘老师的指引下,我学到了很多,可我毕竟底子薄,积累少,不由得自卑焦虑。记得当时刘老师要求我们任选一个方面,或写一篇对"风骨说"的体会,或写一篇"不平则鸣论"的心得。我四处收集资料,写了改,改了写,最后惴惴不安地把作业交给刘老师,然后就一直担心合不合老师的要求,会不会不及格。想不到,作业发下来,刘老师竟给了我一个不错的分数。这个分数直击我的心,我这样幼稚的习作,肯定有许多不足之处,得到这个分数,那是一位慈善的长者对学生的爱护与鼓励啊。这个分数我一直记在心里。毕业后,我也走上讲台,成了一名教师。在我从教的三十年中,我极力想像刘老师那样,给予学生更多的赞扬和鼓励。

记得刘老师还教我们读《易经》,从《易经》里去体会古人辩证的智慧。"九二：见龙在田,利见大人","九五：飞龙在天,利见大人"——他解读这几个爻辞时,神采飞扬、意气风发的样子至今在我心中仍是这样的清晰。刘老师在课上还会给我们吟诵古诗,那时的我们可是闻所未闻。他边吟边教我们体会古诗的音韵之美。他吟明代吴梅村的《圆圆曲》,唱清代朱彝尊的《高阳台·桥影流虹》,抑扬顿挫,韵味绕耳。每当听到刘老师高亢的吟唱,我们全班同学都会跟着击节,陶醉其中,课堂上一片欢乐。

刘老师没有一丁点大教授的架子。有一次,他兴冲冲地走进教室,拿出钱锺书先生给他大儿子刘永翔的一封回信。刘永翔曾经也是我们班的同学,入学半年后他凭实力考取研究生,去华东师大读书了。钱先生在信中盛赞刘永翔深厚的文学功底,有这么一句话,"现在世上应该没有一个人能写出这样工整的骈文"。我们全班同学都争相传看钱锺书先生的信。儿子是刘老师的骄傲,从他津津乐道的话里,我们看到了一个父亲对儿子的赞赏,这时,刘老师完全就是一位慈爱的普通父亲形象了。课后,有时刘老师还给我们同学"相面",一次,刘老师与我开玩笑,说我其他都好,就是牙齿长得不好。我听了不禁莞尔。

刘衍文老师的可敬,可亲,可爱,永远留在我的心里。

（本文作者为上海商学院副教授）

桑梓心香

不改的乡音

黄国平

　　龙游整理出版《余绍宋日记》，前期已经准备了很久。我调任龙游县地方志办公室主任后，紧锣密鼓地加快推进《余绍宋日记》的整理和出版工作。万事俱备了，序言又由谁来写呢？正当大家忐忑之际，县志主编劳乃强征求一下余绍宋长孙余子安的意见，提出由刘衍文来写：理由是刘衍文先生青年时就一直跟随着余绍宋，对余先生比较亲近与了解；而且学识渊博，学养深厚，足以支撑；再说国学大师的身分和档次，也足够资格写了。我们几个商定后，就让原主任夏希虔跟刘先生联系，没想到讲明情况后刘先生满口就答应了，我兴奋至极，这也算是我第一次正式与刘先生交往了。

　　因为约撰序言的事，我就开始电话与刘先生频繁地交往起来。这年的年终，我与夏希虔驱车赶到上海拜访了他，这是我与刘衍文先生第一次见面。发现刘衍文先生虽然已是九十多岁，说话还是声如洪钟，而且非常健谈。大约一个半小时的聊天中，话匣子里都是他小时候、青年时候在龙游的、与余绍宋交往的一些事，还有龙游街坊的乡风民俗。关于龙游的灯会、龙游的饮食、龙游的特产、龙游的名人和余绍宋的《民国龙游县志》。听着听着，发现先生讲的龙游腔很古朴，其中有一句话"乡里人经常到龙游县城里来"，他讲"乡俚能时常到龙游院里来"。"乡里能"与现有方言还没有什么大变化，但"龙游县"说成"龙游院"，我倒觉得很久没有听到这种腔调了。我不是县城街坊里人，但是我小时候到龙游县城玩的时候，的确听到许多县城里的老人是这样的腔调的，我似乎又听到了地地道道的龙游腔了。这次谈的最多的还是龙游的事，给我留下许多乡音的记忆。

收到刘衍文先生的序言手稿,约有1.4万字的长文章,与其说是一篇序言,还不如说是一篇关于龙游以往的故事,承载龙游过去了的一些乡风与习俗。正如刘先生自己所言:"择要写一点掌故轶闻,聊以为谈助吧。"看着看着,又像似一篇《余绍宋日记》的导读和释义,让我看到民国时期与余绍宋交往的一些人物轶事和家乡的掌故,对我来说一切都很陈旧而又新鲜。虽然也碰到许多古涩的词汇,但通过几次的请教,我已全部理解这篇文章的要义,字里行间这分明就是刘先生一份沉甸甸的乡情与乡音。

第二次去刘先生家拜访在2013年。我出差去上海,因为到站是傍晚,所以让我叔叔黄发荣到火车站接我。我说我计划去家访华东师大的刘衍文先生,叔叔很乐意地与我一道去。于是顺便以一碗面的晚饭后,我们赶到了刘先生的公寓。见面寒暄后,刘先生就问了我叔叔的工作及研究的方向,当他得知,叔叔是搞化学高分子材料研究的教授,他就讲了许多有关自然科学的事情。因为事先我向叔叔介绍过相关刘先生的事情,叔叔当然过问了许多关于人文科学的事。讲着讲着,刘先生突然问叔叔:"黄教授,世间发生过许多稀奇古怪的事件。比方说,母亲去世的前天晚上,儿子突然会做梦或心情烦躁到睡不着觉。这种感应或者是不是磁波一类科学的东西?!"当叔叔还没有完整回答时,刘先生又说:"我们龙游有个刘仲宇教授,也是研究古灵精怪和鬼神道教的,很有意思。不知你们读过他的书没有?"接着说:"在我的有生之年,我想立个课题,研究研究这种超自然力,我认为是一种科学,只是人类现在还没有揭开它的秘密罢了!"

这次,我发现刘先生还是很健谈,声音非常响亮而且清爽,而且前后全部都是用龙游腔在交谈。即将离开时,我问了刘先生,刘仲宇先生的书名是什么呢?他在他座位前后书桌拿了几本给我看。这时,他又讲到大儿子刘永翔的书和事,说到刘永翔与钱锺书的一些故事和一段佳话,由衷地赞美着自己的儿子。当我们告辞之际,他拿着一本由他作序的冯永军的《当代诗坛点将录》送给了我,还推荐了胡文辉《现代学林点将录》等一些书给我,希望我有兴趣去读一读。两个小时的交谈转瞬即逝,只是晚了,不能影响先生的休息,我们只好不舍地告辞了,他一直送我们到大门口。驱车回家(叔叔家)路上,宛如满车都载着浓浓的乡味与乡音。细细嚼着,难以忘怀。

去上海因参加艾以先生的追悼会。我建议陆民副县长携我们先去慰问一下刘衍文先生,随同去的还有县文联的黄瑞清和沐尘乡的傅永清。这次没有预约地去了,他很欢迎,也很欣喜。因为我们人也多,又是晚上,所以谈的时间很长,也高兴。这次我问了刘先生许多余绍宋先生的往事。当问起对余先生有什么特别有趣的记忆,并对他有烙印的,他说:"余先生有个习惯,对来拜访的客人都'勿接只送'。不管有再大的客人来访,他都会躺在背椅或摇椅上,闭目养神,他听到声音并冒住(思忖着)客人将要到面前时,就突然站起身来,表示有失远迎,赶紧鞠躬、作揖迎客。而且,这种举止已成了习惯,有一次浙江省主席黄绍竑来访也是如此,讲实际地他的客人也着实太多。会客结束后,他每次都陪送客人到大门口,远去为止,也算是他的轶事和规矩。"还有:"余绍宋先生出生 1883 年,据渠自家讲,相命人都讲渠寿长。所以,他经常有个动作非常像仙鹤,一站起来,每次都会做习惯性的伸脖子动作。头微微向前倾,并做成 S 型的弧度,来来回回重复作这个脖子伸缩动作,十分有趣。也算是他的一点习惯吧。"讲到这里,他就主动站起来模仿余先生的动作给我们看。演着演着,让大家哄堂大笑,弄得我们泪水都笑出来。我问,我把您的这段动作拍下来,可以吗?他说好的,再做了一次。我现在还保存他的这一段视频呢!很有趣,也是名人轶事。这让我们看到一个鲜活的有血有肉的余绍宋先生,也看到了一个活泼的仿佛又是后生的刘衍文。这次去的时候,他穿着靓蓝色的古装棉袄,带着毛线帽,皮肤白显显(白净)的,面和手里没有一点的雀斑及老人斑,俨然是一幅道风仙骨。还有那高亢有味的乡音,一直萦绕着我的耳畔。

渐渐地因为工作的关系,我们已经很少有机会到上海登门拜访他,也因为刘先生年事高的原因,我们去看他机会越来越少了。好在 2020 年,刘先生的儿子刘永翔、刘永明、刘永吟很有心,带着刘衍文先生的嘱托,不忘家乡情,在先生的徒弟钱汉东先生的陪同下,领略了龙游的山水及走访了他们的旧亲、好友和领导,呼吁希望龙游做刘勰及《文心雕龙》的文章,弘扬名人文化。期间我也提出："刘衍文先生已算是龙游名人了,你们刘家兄弟可以与刘先生商议,并辛苦地整理一下,把他的一些书籍和使用器物捐献给龙游县档案馆或博物馆。"当时,我的建议得到刘氏兄弟及在座人包括汉东先生的认可。去年三月的春天,长子刘永翔与钱汉东又来到龙游,为了完成父亲刘衍文的重托,希望刘勰及《文心雕龙》的名人文章能够在龙游落地,在龙游建"文心亭"和"雕龙阁",并进行布展和宣传。期间,县政协陆民副主席与我陪同他们前往年年红、曹垄村的江边等地考察,计划建"文心亭"和"雕龙阁"选址,筹划资金、申报、审批等方案。我们又得以相聚,相交甚欢。也因为我的筹划建议书一直迟迟未呈送,抑或其他原因,该事尚未如期促成。

去年 8 月 17 日,噩耗传来,收到刘衍文仙逝的消息,因为疫情的原因,我们已不能前往他的灵前叩首拜揖了,只能相随龙游县委县政府敬献的花圈,寄托我们的哀思。

可以说,自从认识刘衍文后,我就不断地在学习他。他一生在教学上注重言教与身教的统一,在实践上遵循"是非明之,异趣存之,深者浅之,繁者约之,浅者衍之,记诵、回顾、启发、思考四方面一以贯之"的原则,都已深深影响着我及我们的思维和判断、生活和审美、时间和效率、人生和价值。可以告慰刘先生的是,近十多年来,我已经购买和收藏刘衍文先生的大部分作品。如刘先生创作于民国时期的《雕虫诗话》,还有《文学概论》、《寄庐杂笔》,与其子刘永翔合著的《文学的艺术》、《古典文学鉴赏论》、《袁枚续诗详往》,及刘先生主编的《中国古代文学》、《中国文坛掌故事典》、《现代作家书信集珍》等。还有他所推荐的书目和他亲自馈赠的作品,我都认真收藏并阅读鉴赏,不断领略书中、文中他不改的乡愁和乡音。

作文以纪念刘衍文先生逝世一周年。

(本文作者为龙游县体育局局长、档案馆馆长)

我读刘衍文先生

方小康

一

我从文时间很短,故与刘衍文先生相识甚晚。初遇先生是在1991版《龙游县志·本志编纂始末》中,"给予指导和帮助的寓外县人和其他人士有:刘衍文、唐家仁、余子安、颜逸民、刘永翔、邵寿生、郑朝宗、陈定謇、黄志昌等"。当时,我对先生一无所知,甚至不知他与刘永翔是父子关系。后来听人言及,编辑部同志在编纂过程中,若遇某些历史疑难之处,就会向先生求证,而他总是毫无保留地指导,特别是刘永翔与颜逸民老师编写方言分志时。

再遇先生是在另一本书——学生雷军转我一册原版《寒柯堂诗》中。《寒柯堂诗》原名《寒柯避寇诗草》,是余绍宋先生在抗战期间的诗歌结集,1944年由贺扬灵刊行;1946年补充部分1945年的诗作再次刊行时改名为《寒柯堂诗》。阮毅成曾在《记余绍宋先生》中道:"他的诗集《寒柯堂集》,幸而马木轩(寿华)先生藏有他生前寄赠的一本,也就是海内的惟一孤本,已由我商得王云五先生的同意,由台湾商务印书馆予以影印,马先生写了一篇序。"当然,马木轩先生所藏《寒柯堂诗》并非阮所说的海内惟一孤本,至少除此本外,我还见过另外二册。但由此可见,《寒柯堂诗》也弥足珍贵。而《寒柯堂诗》即为刘衍文先生校读,书末附有其《校读〈寒柯堂诗〉删定本书后》文,落款民国三十五年(1946)五月。

先生在《校读书后》中提及,他仿刘辰翁、纪晓岚的评点方法为许多诗作了批注;又仿元遗山《论诗绝句》例,对《何坑杂兴二十四首》逐首写了绝句加以论列,并以七律一首总论其诗的思想性和艺术性。对于刘衍文的诗论,余绍宋先生在这些诗句的草稿上批了几个字说:"实获我心,赐可以言诗矣。"并签署了姓名和年月日,还慎重地加盖了印章。可惜这些评语与诗论,后因各种原因未能刊印进去。虽然先生多次说过,他没有向余绍宋先生行过拜师大礼,但从《校读书后》落款"龙游弟子刘衍文谨识"可知,余绍宋先生是认同这种师徒关系的。时刘衍文年方二十六,而余绍宋先生已六十有五,余先生让刘衍文为其诗集校读,既是对刘衍文的传统文学功底的肯定,更反映出当时刘衍文风华正茂,处于创作的旺盛期。

我与先生第三次相遇,则是在余久一点校的《余绍宋日记》中。先生应夏希虔所邀,为《余绍宋日记》点校版作序,题为《读〈余绍宋日记〉话旧》(代序)。先生谦让此序应由余绍宋长孙子安世兄来作为佳,后推辞不过,便结合自己所知所闻,择要写一些掌故轶闻,聊为助谈。然我读其序,谈笑间,却是句句真言。先生言及,他最感兴趣的是余先生对两部著名日记的评议,然后谈及人事交往,再是日记中与他结缘的人物,最后谈了几个与余绍宋先生较有关系的人物。在刘衍文的笔下,几乎都是无修饰的直白,但一个个鲜活的人物,一桩桩陈年旧事,陈列在字里行间,这便是先生文字的张力。

二

若说我对先生有真正的了解,则是在 2017 年后。那年,我正在大南门历史文化街区建设专班整理龙游古城的历史资料,经人引荐,联系上刘永翔老师,并加了微信,从此,我与刘衍文先生,不再只是书中的神往,而是通过刘永翔老师,有了双向的交流。

当时我正在撰写《古城印记》,对许多民国时期龙游的历史一知半解,刘先生便成了我的百科全书。譬如,关于方鉴庵先生,刘永翔老师回复:"方氏父子,家父皆熟。方鉴庵,龙游店招多为其所书。人谓其书胜余越园,又有人言其书少书卷气,当为势利之谈。我太婆墓碑即请方书写,具名却是徐雨屏,因他是廪生之故。"

后我将《寻常人家堂前燕》初稿发与刘永翔老师,他又回复:"甚好。

家父不知方牧有弟。他说棠吉先生的几位小学老师也教过他。何熙喜当为何锡熙。方牧原名方文吉。鉴庵先生书赠的'南春'是江枫,字南春。"他还给我纠正:"大文中方剑庵字衡,似当作方衡字剑庵。他书法作品自署鉴庵。"可见,先生思虑之严谨。

我在写游嗣立柯山题名石刻时,初以为此碑"抃侍行"之"抃"为赵抃。我征询先生意见,刘永翔老师复:"柯山题名之男抃当为游嗣立之子游抃。"又复:"端方所得为残本,无起首游嗣立诸字,见有抃字,遂误以为是阅道耳!"再复:"顷读述游茂先摩崖题名大文,忆尝读北宋唐庚《眉山唐先生文集》,其书卷三有诗涉及其人,谨奉上聊作芹献。"后来,我比对了杭州定山慈严院、衢州仙岩洞游嗣立同一线路题名石刻及年代,证实侍行者为游抃。这也反映出刘先生父子知识渊博,在学术上的一丝不苟。

刘先生父子知我在写《古城印记》,常为我提供一些的素材。如灵耀寺,便有《龙游灵耀寺联》、《龙邱灵耀寺创立放生所记》、《赵䢷铁诗咏敝邑》及释开霁《孤峰胜稿》卷二杂文等,而有些史料,或是首次面世,弥足珍贵。

在与先生探讨历史人物方面,余绍宋先生是一个焦点。有一次,我提及唐作沛先生的一些旧事,问是否知其相关信息。刘永翔老师回复:"家父只说余公每日早起录信,写毕即命唐录副,唐乘机模仿练字。原信发出,抄件则存档。据龙游方志办的人说,浙江省档案馆藏通志馆档案,内容丰富,其中还有余绍宋先生未发出的信件,中有安慰家父失恋之书。先生有暇,不妨一访。"其中的唐,即唐家仁,唐作沛长子,时与刘衍文先生同在浙江省通志馆。先生将余绍宋安慰其失恋之书告与我,也足见先生性情之爽真。

我与先生父子间通过微信的形式交流,不胜枚举,先生于我撰写《古城印记》中的许多人物、事件的考证,帮助极大。

三

正是有了这样的交流,我对先生也有了更深的了解。刘永翔曾告之,刘氏祖上南宋时从曲阜迁衢,或与衍圣公孔端友同时期扈跸南下;刘衍文曾祖由衢州迁龙游，原籍在衢州刘家弄堂，民国时仍有刘氏居住。

先生祖上迁至龙游后，在城区以货值为营生计。先生尊父刘维屏（藩炘）先生始与人合伙兴办龙游"广和"商号，商号位于城区十字街头，滋福堂对面，经营糕点、酱坊等。当时合伙人有三，其一江枫（南春），为龙游太平路同裕布店老板，曾任龙游商会会长；其二是刘维屏，新中国成立前夕，刘维屏因病去世，才将"广和"股份转与江枫；还有一位人称"老卫"。"广和"在民国时期是龙游城最著名的商号之一。

刘氏故居位于龙游城西雅政巷2号，房子依江而建，东临古城墙，东北侧有小南门。2020年11月底，刘永翔、刘永吟、刘永明受父之托，回乡省亲，刘衍文先生高足钱汉东随行，我带他们到故居一观，可惜在大南门历史文化街区后期改造中，刘氏故居未能完整保留，实为遗憾。

刘维屏先生毕业于凤梧书院，是姜渭贤（炽周）先生的弟子。而姜渭贤与余绍宋同门，皆拜于王燿周先生门下。刘维屏先生少时即喜购书、读书，初时尚为应举计，继则仅供暇时自遣。刘衍文十几岁时，曾见过父亲的藏书中，有一份刻印的钦赐举人余绍宋的廷试策。刘维屏先生平时喜欢吟诗作赋，常以"老笨""竹本""九二码子""独柏庐主""孤愤女士"等笔名写文刊于龙游报刊上。刘衍文自述其幼时便由家父亲自授读《四书》，在这样的家庭环境中，刘衍文也读书成癖，父亲见之，更是多方购求，于是家中书籍日多，其中且有如今不易寻觅之书。

刘维屏先生还给儿子推荐名师，如命刘衍文到其友廪生徐雨屏（旛）先生家去听授古文和数学；或请姜渭贤先生来家指教，姜先生后来还源源不断地从上海买书寄给刘衍文；还有璩涛先生，璩先生在凤梧书院教过书，算是刘衍文的太老师，刘衍文小时候曾在县学堂八角亭见过其撰写的联语，文翰俱佳；朱晚香（佩华）先生，朱先生于民国初推为县参议会议长，后与余绍宋一起编纂《龙游县志》。朱先生从刘衍文初中起就关注其成长，指教甚多。晚年的刘衍文仍记得朱先生的教诲："为学须有根柢，《左传》《诗经》有助作文，你该把二书熟读钻研才是。"以及秀才汪容伯、陈莲仲、胡益泉等，他们对刘衍文的成长都有产生了积极的影响。

刘衍文先生就读衢州第一中学时，就常在报上发表文章，《前线日报》的《磁铁》、《东南日报》的《壁垒》、《浙江日报》的《江风》等副刊都有其作品。先生和金庸有一年的同学之缘,但并不同班。有一次,我问刘永翔老师:"对金庸先生,您父亲如何评价?"刘永翔老师回复:"互相瞧不起!"这样的回复正如刘衍文先生接受其他的访谈一样,颇有些"文人相轻"之意,但根本原因只是爱好不同而已。

在众多同学中,先生与同班的傅春龄先生成莫逆之交。傅春龄考入暨南大学文学院,为众所推,成进步学生之领袖,后投身革命,出生入死,曾任地下党的县委书记。二十世纪九十年代初,我曾在吴昌根家中见过傅先生,可惜当时未聊及他们同学之间的往事。傅春龄晚年出版诗词集时,便请刘衍文作序。2001年,傅先生八十大寿时,刘衍文再赋《寿颂春龄兄杖朝大庆》二律赠之。

故乡的山水草木、人文地理、村间小巷、乡俗民情皆是营养,刘先生生于斯,长于斯,对龙游有极深的情感,其文常以"龙游刘衍文"落款。先生曾在《我不会忘记的乡贤们》中写道:"从大南门、小南门、东门直至小东门,清澈见底的灵山港,映衬着远处重重叠叠的青山,景色令人神往。沿江而行,以通驷桥上伫望群山静远,妩媚动人;南行则山峦高耸,嶙峋万仞。我们每日黄昏,或假日白天,都喜欢在这一带散步盘桓。群峰不语,人在画图,足以默会自然之秘。"龙游,一直是先生念兹在兹的故乡!

先生是个念旧之人。余绍宋研究会是在先生和唐家仁倡议下于1985年成立的,先生一连写了四篇文字。衢州一中校史博物馆建成后,邀先生撰文,先生已九十有八,仍欣然从之。《衢州一中校史博物馆建成记》文曰:"今母校益大其名,日新其德。不忘怀于逝水,希延脉于斯文,将建校史博物馆于校园。道冀长传,史堪永鉴,其盛事也。"

四

刘先生虽未向余绍宋先生行过拜师大礼,但余先生对其一生影响最大。刘先生得见余绍宋先生,缘于1943年冬童蒙吉(果行)先生的引荐。童蒙吉1916年毕业于北京大学化学系,1926年加入中国共产党,1941年受聘于龙游县战时初中学生初习学校,即龙游中学前身。而当时的刘衍文因战乱失学无业,衣食维艰,一家仅靠友人接济维持生计。刘衍文就学时发表在各种报纸、杂志上的文字引起了余绍宋的关注,并于1944年10月安排刘衍文到云和大坪的浙江省通志馆就业。或因余绍宋之故,当时通志馆录用的龙游籍人士较多,除刘衍文外,还有祝鸿逵、唐家仁、劳泰来、游章辉等。

在通志馆期间,刘衍文与唐家仁先生负责编辑馆刊,他们编好的文字,余先生都要一一过目。由刘衍文执笔的后记,都要经过余先生的润色,特别是第一次改得很多。而刘衍文也非常好学,不断揣摩改动的道理,恍有所悟,再写出来的文字,余先生就少有改动。受此影响,刘衍文在后来的教学中也用此法。

我读先生的回忆文章,印象最深的是余绍宋先生与刘衍文先生尊父的一次谈话,尤其是这一段:"将来他肯努力,也许可以取得如刘彦和、刘子玄和章实斋这样一些古人的成就。但文章却还不够成熟,还需要下苦功多加磨练。不过这时可能已经定型,要更上一层已经来不及了。希望他能在理论上作出出色的成绩来!"余先生知刘衍文之所长,更知其不足。余先生的话,刘衍文记在心里,从此,"专攻理论,放弃写作",便成其毕生遵循的方向。

先生著有《文学概论》、《寄庐杂笔》、《雕虫诗话》、《寄庐茶座》、《春梦留痕诗稿》,编有《中国古代文学》、《中国文坛掌故事典》、《现代作家书信集珍》等。又与刘永翔老师合著有《文学的艺术》、《古典文学鉴赏论》、《袁枚〈续诗品〉详注》等。并且长期从事文论教学与研究,讲授"文学概论"、"古代文论"、"中国文学史"、"清诗研究"、"文学鉴赏论"、"《文心雕龙》研究"等课程。可以说,先生在文学理论研究与教学方面的绝伦逸群,与余绍宋先生的启发与帮助是分不开的。刘衍文先生自己也承认,他的许多文艺理论观点,在随侍余先生前后,基本上已初步形成。

但先生始终忠于自己的学术见解。关于袁枚,他还与余绍宋先生发生过一些争执。余先生说:"咦!想不到你会对这种人发生兴趣!不要取法于下啊!要是我早知道你倾心于这种人,我就不会要你来了!"但刘衍文仍坚持己见，为此特地写了一篇《辨章学诚〈论文辨伪〉》的长文。见他如此执着，余先生也认真地进行对照研究，最终同意了刘衍文的看法，并让他为袁枚的著作及有关的其他书籍撰写提要。

再如钱锺书先生。在刘先生心目中，钱公有如灵鹫山头的释迦、奥林匹斯山上的宙斯。先生与钱公、杨绛先生交往颇深，刘永翔老师与钱公亦成忘年交。在二十世纪八十年代中期的一次大型座谈会上，先生劝与会者读一读钱公的著作和创作，说若要尊重中国的文化，钱公之书不能不读。如果说"鲁迅先生的方向，就是中华民族的方向"，那么钱公的治学之方，也代表着新文化发展的又一里程碑。在某些方面，钱公甚至比鲁迅先生还要伟大。想不到一石激起千层浪，许多人纷纷起哄。但先生不为所惧，他感叹道："虽群起而共哄，千夫所指，又何足畏哉！"后来，《管锥编》问世，时间证明一切，正所谓"君子之道，暗然而日章！"先生在学术上的这般态度，今又有几人能及？

前几年，刘永翔老师发过我电子版的《雕虫诗话》及先生晚年所作的一些鬼怪志异文章，我也买过先生的《寄庐杂笔》《寄庐茶座》等，我在书中读刘衍文先生的文章，或通过微信交流解答自己的疑惑，但我更期待着有一天赴沪拜见先生，接受先生教诲。2021年2月，我将刚出版的《古城印记》寄与先生，刘永翔老师回复："大著等敬领，动我乡愁矣，奈何奈何！读尊作《古城印记》，魂梦随之矣。龙游徽班，尝听老辈言及，《目连救母》连台本戏，艺人不限舞台，自台上演至台下也。又《火烧向荣》之火彩变脸，亦听家父道及。今日恐不可见矣。"此复令我感动不已。不想，半年后，惊闻先生归道山，从此天人永隔，呜呼！哀哉！

刘永翔老师最近两年有两次回龙游，皆受父亲所托，拟在故乡建文心亭，以纪念龙游名宦刘鳎。今闻文心亭选址已定，即将动工，若建成后，再游文心亭，读先生文字，见亭即见人，亦更神往。

龙游后学方小康敬识
2022 年 5 月 15 日

（本文作者为龙游县教育局党委委员）

鹧鸪天·缅怀刘衍文教授

夏希虔

翠竹清诗透碧穹，文心穿越话雕虫。
寄庐走笔墨香异，春梦留痕韵味浓。
吟故土，赞游龙，乡音袅袅绕云中。
者番西去越园会，堪比文星耀九空。

2022年3月9日

衍文先生是著名的古典文学研究专家，他少年时因家乡受日寇侵扰而失学，在逆境中刻苦自学，在东南各大报刊发表文字，受知于著名学者浙江省通志馆馆长余绍宋，得入馆任职，编辑馆刊，撰写艺文目录提要。后长期从事中国文学的教学与研究。著有《文学概论》《寄庐杂笔》《雕虫诗话》《春梦留痕诗稿》等书。1957年被错划为右派后开除公职，颠沛达23年之久。1979年底恢复政治名誉，任上海教育学院中文系教授。讲授《古代文论》《古代诗论》《中国文学史》《清诗研究》《鉴赏学》《文心雕龙研究》等课程，后获聘上海文史馆馆员。2021年8月17日，先生仙逝。赋词一首，以志缅怀与纪念。

（本文作者为原龙游县史志办主任）

志同松柏节如竹，言可经纶行可师
——纪念刘衍文先生逝世一周年

雷 军

记得许久前读过一段钱锺书先生的逸事：有人拜访钱锺书，两人交谈中钱先生强调自己属于学者，而不是文人。类似的表态他在其他场合也曾有过，因其著有闻名遐迩的《围城》，故不少人目为作家，只是他坚持强调："《围城》只是我闲暇之余写的一部作品，但那以后的人都觉得钱锺书是一个作家，但我更是一个学者，我最引以为傲的，是我在学术上的成就。"文人与学者，常人等而视之，混为一谈。只是自晚明顾炎武以来，形成了一种"文人无耻"的片面印象，故两者在有些语境中仍有极大的差别。现代的学者与文人，自然脱离了传统中的叙事，研究上，今人已经突破了清人的朴学传统，研究不再局限于传统四部之学，尤其是晚近以来西方理论研究的传入，为本国的研究注入了新的活力，因此学术层面更显得"百花齐放"，与此同时，对学者不仅需要具有更深入的研究，还要严谨的治学态度，这也是为何钱先生会一再强调学者这层身份的原因。在我看来，同乡先贤刘衍文先生便是这样一位博闻强识且在传统文学领域有较高造诣的学者。

刘先生的求学经历，已有不少师友谈及。在他自身的回忆文章中，强调结识并师从同乡余樾园先生这段经历，是他人生中的一个重要转折点。在我印象中，衢州虽属传统地理上的浙东（古时以钱塘江为界分为浙东、浙西，而非今日地理上的概念），历史上却未出产过多少闻名全国的文史学者，在寂寥的乡梓文化背景中，余樾园应当是敝邑少有的一位传统士大夫式的学者。现今多数人关注他书法、绘画方面的艺术造诣，却罕言学术上的成就。但从已经刊行的著作中看,他所著的《书画书录解题》,至今仍为书画理论界的标杆,具有深厚的目录学修养。另外撰写的《龙游县志》,充分吸收了章学诚的方志思想,堪称乙部典范,而为梁任公称誉。其后开馆修《浙江通志》,作为主事者,又广延名士宿儒,对浙江文化做出了不可磨灭的贡献。窥一斑而知全豹,这些著作皆具有浓厚的古典文献修养,在这样的学者关怀中成长,眼界自然不同。樾园先生所作诗,最后衷辑成《寒柯堂诗集》,末即有民国三十五年刘衍文先生跋文,可见余先生对衍文先生的赏识程度。

刘先生曾有数篇回忆的文章及访谈录,可以看得出先生少承家学,父亲为家乡凤梧书院学生,在清末民初的小县城中,是位受人尊重的读书人。他从小在父亲的指导下发蒙,后涉猎渐广,尤以集部为强。正是有这些积淀,奠定了他在传统文史方面的修养。1943年冬,通过同乡童蒙吉先生的引见,正式与余樾园结识,此后便在浙江通志馆工作,同余先生朝夕过从,多有探讨。当时浙江通志馆名家宿儒颇多,如陈伯衡、宋慈抱诸先生,在各个领域都有造诣,正是在这样一个环境中,对于一位初入茅庐的地方青年来说,得到了极大的锻炼,尤其是师长间的交流切磋,为其之后的学术及治学打下了扎实的基础。他在《未开花独赏,久屈蠖应伸——追念恩师余越园绍宋先生》一文中深切缅怀道:"如果没有他老人家的谆谆教诲,我要像现在这样地著书立说,并对高等学校的中、青年讲师、助教进行指导,那简直是不可想象的。正是追随了余先生,才使我窥见了学问之大和途径之宽;也正主要是依靠了余先生的启迪,才使我坚定不移地决定了专攻的方向。"刘先生此言并非谦虚,读完全文,这个归纳是很中肯的。可以说,正是有了浙江通志馆工作数年的经历,才使得一位好古敏求的地方青年有了更广阔的气象。

刘衍文先生离开通志馆后开始了教学生涯,在教学岗位上,以前的积累逐渐形成著作,此后著有《文学概论》、《寄庐杂笔》、《雕虫诗话》、《寄庐茶座》等书,又与长子刘永翔教授合著了《文学的艺术》、《古典文学鉴赏论》、《袁枚〈续诗品〉详注》诸书,在文学理论方便用力颇深,唐玲的《"谁是诗中疏凿手,暂教泾渭各清浑"——刘衍文教授访谈录》中有详细的介绍，可作为了解刘先生一生的翔实材料。

在刘衍文先生的著作中，能看出他出入中西而不为拘束的一面，尤其是他将古典文学研究的心得理论化，成为一位在文论领域有所建树的学者，《雕虫诗话》、《文学的艺术》、《袁枚〈续诗品〉详注》等书，莫不新见迭出。连向来对学术要求极高的钱锺书先生也对《文学的艺术》都称赞有加，在与刘先生的通信中，谓其"言之有物，即事明理，笔舌邕利，能宣妙发微，以匡鼎之解颐，兼严羽之析骨；教化广大。采及葑菲，则汗颜芒背，昌黎不云乎：其荣也，兹所以为愧也"。要知道钱先生是直率的性格，绝不会故作客套。钱先生有《谈艺录》及《管锥篇》诸著作，于古典文学多有精湛切实之论，在他看来，刘衍文先生父子二人是古典文学研究中的佼佼者。事实上，《文学的艺术》不仅对古典文学有深入的研究，还充分地吸收了现代文学理论，构建了一套自身的话语体系，这是以往古典文学研究中鲜见的，如该书所分四编，即："文学与科学"、"形象性与典型性"、"语言与描写"、"结构与情节"。仅以标题而言，或以为论现当代文学，但审读书中内容，各篇旁征博引，广泛吸收了中外的理论来为古典文学研究作注，可谓详赡博渊，充分体现了父子二人的研究旨趣。

除此《文学的艺术》之外，先生早年另著有《雕虫诗话》五卷，该书亦闪烁着先生对于古典文论的真知灼见。彼时草成此书，先生任职浙江通志馆，观书中所论，对古今上下诸人诗类有所评述，有些内容一针见血，能见宏大气象。所作文言雅驯，不输古人。"诗话"之体自宋以来继踵不绝，较著名者有宋欧阳修《六一诗话》、严羽《沧浪诗话》，清代又有袁枚的《随园诗话》，皆有见解。刘先生早年心慕袁枚，此或有继袁氏之作而自成机杼者。

先生晚年喜谈掌故，老辈风流皆见诸笔端，为今人了解前辈趣事留下不少有用资料。晚又喜谈鬼神，所撰《寄庐志疑》，其中多篇文章涉及故乡，或可见其老来思乡之情，而文中内容，颇得蒲留仙三昧，令人流连忘返。

当然，纵观刘先生一生，是深深地与时代交融的。在他而立之后，正值政权更迭，各类运动对于他影响不可谓深远，如果有宽松的环境，想来数十年间当有更多研究产出，可以说中年错失的几十年黄金时代，是他们那辈学人的遗憾与无奈。

刘先生继承了余樾园的学问精神，又在自己的专业方面有了所突破和创新，衢州所出文史学人寥寥，先生正是在学术领域对余先生衣钵有所继承者，为同乡后辈做出了楷模。学者与文人的不同，不仅体现在诗词创作上，最重要的还是研究中，刘先生正是钱锺书先生所强调的这类学者，而非泛泛所论之文人。

余生也晚，老辈风流已不及见。数年前曾与方小康师倡议赴沪拜见先生，后因琐事未能成行，不料先生遽归道山，思之怅然。今年为乡贤刘衍文先生逝世一周年，谨草小文以作纪念。

（本文作者为北京大学历史系博士）

缅怀刘衍文先生

徐 哲

寇难时节自逶迤，幸得寒柯遣文心。
寄庐梦痕成诗话，颠沛难改故乡音。
既晓阴阳通造化，更喜春蚕重言行。
先贤驾鹤已千古，惟留余辈听龙吟。

（本文作者为龙游中学学习部部长）

后　记

钱汉东

新冠肆虐，人们无奈宅居避魇，艰难度日。而对我来说，则能静下心来居家编辑纪念先师的文集——《寄庐梦痕——刘衍文学术思想辨踪》。编辑完稿，百感交集，有些话还想说一说。先师离开我等近一年了，他的音容笑貌时时出现在眼前，甚至还曾在梦中相见。我与刘永翔、储有明二位师兄在沪上长城大厦策划编辑一部先师纪念文集。师友们陆续写了不少怀念先师的感人作品，在各位师友的齐心努力下，一篇篇文稿通过各种渠道汇集到我这里。这些文稿从不同侧面展现了先师的为人为学，以及一些鲜为人知的传奇故事，给后世学人留下了学习研究先师生平事迹和文学理论思想的第一手资料。

在以往的职场生涯里，我曾利用空余时间主编过一些书籍，深知这是一份苦差事。退休时也曾告诫自己，除自己独立撰写书稿外，不再出任主编之事。然而，有时身不由己，比如为故乡诸暨主编过两部反映当地文化历史的著作；有时发自内心，比如我深切怀念先师，想要报答先师之恩。于是，我再一次承担起主编的工作。

《寄庐梦痕——刘衍文学术思想辨踪》，此书名取之于先师的《寄庐杂笔》《春梦留痕诗稿》两部著作的书名；由四个部分组成：一、晚晴漫笔：辑录刘衍文先生回忆早年在故乡龙游及浙江通志馆追随余绍宋的学术经历（含诗词、尺牍、序言等）；二、时誉摭言：辑录当代学人等回忆与刘衍文先生进行学术交流等作品；三、桃李芝兰：辑录刘衍文先生从教以来历届受业门生的文章；四、桑梓心香：辑录龙游乡贤及有关人士的文章内容等。

我受业先师整整四十年矣,我俩情同父子,十分投缘。先师出版新著,总会签名相赠。记得当年拜读先师大著《文学的艺术》,获益良多,厘清了不少留存脑海已久的疑难问题,随即写了《〈文学的艺术〉刍评》,刊发于《解放日报》1985年11月12日。读书时,凡我遇到不明了的事物,总是向先师请教,先师循循善诱,从不嫌弃;写作中,想引用某人名句,一时查不到出处,先师亦有问必答。先师博闻强记,满腹经纶,我等疑难,在他如探囊取物,轻松自在,实在令人钦佩。每次去先师刘府拜访,他总是问长道短,看看我的手相,摸摸我的头骨,甚至蹲下身子,让我卷起裤脚让他察看,时时提醒我注意身体,眼神中流露出的是父亲般的慈爱;那慈爱的眼神,时时出现在我眼前,已铭刻在我心里,成为我永远的珍藏。业余时间,我喜欢田野考古和瓷器收藏研究,也写了几部学术专著,其中有的还被国家文物局评为十佳图书。先师对我的研究很是肯定,他说古代士大夫文人也大都有收藏的嗜好。在报刊上看到我发表的文章,特别高兴,有时还会来电鼓励一番。

近年来,各地名胜古迹邀请我题写碑匾,先师得知后十分重视,还说重要的名胜古迹的题碑撰文写联,要让他过目审阅,方可拿去发表或书写。他认为题碑书匾,不是小事情,"著书立说,树碑立传",这是千百年来文人雅士的追求,金石永年,怠慢不得。先师的教诲我牢记心头,先师对学问的严谨态度时时鞭策着我,我时常与他一起探讨斟酌所书条幅和匾额的内容,他的意见和建议总让我耳目一新。自2007年我为中国田野考古先驱陈万里撰书碑文以来,又断断续续应邀为祖国各地的名胜古迹题写了三四百通碑匾,如有幸为中华四大佛教名山、屈原故里、采石矶太白楼、东坡赤壁、西施故里等名胜题匾书碑,上海古籍出版社还出版了《江山胜迹——钱汉东中华名胜题刻选》,没有先师的教导和鼓励,是不可能有此作为的。

安徽宣城的谢朓楼,是与岳阳楼、黄鹤楼、滕王阁并称的江南四大名楼之一。1937年日寇炸毁了谢朓楼,致使名楼不传。2015年,宣城市政府邀请我为名楼题匾写联。联拟用李白的"抽刀断水水更流,举杯消愁愁更愁"诗句。此为李白名句,但作为联挂在谢朓楼,其含义似乎有点不合时宜。我准备自拟楹联。我想,李白的梦想"欲上青天揽明月",如今已成为现实,飞船上天,南水亦已北调,不必再言愁矣。我拟了初稿,经先师审阅修改,面貌一新。最后定稿为:"余登谢朓楼大兴古今之慨,特用诗仙诗意,转进一解,为联并题词曰:'水道按需而通,抽刀何起江湖恨;青天凭智可上,举酒真当慷慨歌。'"

三年前重访宣城,看到自己题写的"谢朓楼"、"江南名楼"匾额已经高高悬挂在名楼的南北两侧,黑底孔雀绿的字,在喜气洋洋的仿古大红灯笼的映衬下,特别引人注目。走进楼门,雕刻在抱柱上的、由先师审定的楹联映入眼帘。楼四边雕栏玉砌,青石铺路;原本斑驳的窗牖虽已修缮,但修旧如旧,古朴依然,雅致犹存。夜幕降临,华灯初放,谢朓楼流光溢彩,辉煌璀璨,如同人间仙境一般。伫立谢朓楼前,思绪万千,感恩先师的殷殷教诲和悉心栽培,没有先师,哪有我的今天。

2014年龙游县政府拟请我为神秘而著名的4A景区龙游石窟题词。我对他们说,我的老师刘衍文先生是龙游著名乡贤,词的内容还是由刘先生来提供吧。先师听闻后非常乐意,过二天来电说了大意,并嘱我到府上索取。

这次先师没有写诗,而是采用集句的方式来盛赞故乡石窟。先师说:用两句成语"张皇幽眇,巧夺天工"的双声对来颂赞石窟,则不论是哪一种形成说,都可概括贴切而浑成的。用成句对,移用而生别解而得别趣。否则人云亦云,就变成僧人皎然所讥的"钝贼"了。上联"张皇幽眇"出于唐韩愈的《进学解》,意为张大幽深微小。下联出于《列子》,已为一般人所熟知所常用,可以不必多说。这可谓天衣无缝。且此句是就设计者的角度出发,令其自赞与他赞于一体而言者,即所谓主客体之同一性,下赞联则是普通的称誉,是观赏者的同一性。因此,上下联之间,又有潜微的因果性关系寄寓其间。不才认为先师集句恰到好处,书写时在题词中增加上款:"用本师龙游籍刘衍文教授集句"。中国作协原党组书记金炳华先生等亲自为刘先生题碑揭幕。现石碑高高耸立在通往石窟的主干道上,成为龙游新地标,吸引了不少石窟观光客驻足观赏,拍照留念。龙游当地人也甚欢喜,夸耀道书写者钱教授是龙游人的学生。我将此话转告先师,引得他敞怀大笑。孟子云:"所过者化,所存者神。"站在由先师集句的碑前,回想观赏龙游石窟的震撼,乡亲和游人内心所感受到的,不仅仅是神奇,更是莫测,由此可见先师的远见卓识。

先师对玄学也颇有研究,但与一般学者不同,他不是那种坐而论道、清谈自娱的学问家,而是一位务实进取、刻苦研学的大学者。"经世致用",他多次告诫我,做学问一定要实在,要对社会有所贡献,而他就是这样的身体力行者,他的言行里闪烁着儒家传统文化的智慧光芒。2011年6月17日《新民晚报》刊登了一则记者采访我的新闻《松江将保护干山杨维桢墓》,先师看到后很高兴,马上电话告诉我。我对先师说我去干山考察了,建议在干山创建杨维桢文化遗址公园,并修复"三高士墓"。2011年6月26日,《文汇报·笔会》刊发拙文《杨维桢在松江考略》。先师阅后专门来电询问有关情况,并说杨维桢是元代了不起的文坛领袖,你这件事做得非常有意义,为我们上海增添了历史文化底蕴。

随后,我专程去刘府向先师汇报情况。记得那天先师午睡刚起,气色不错,谈兴颇浓。我俩的话题就从杨维桢展开。杨维桢是我故乡诸暨的先贤,他与王冕、陈洪绶并称"枫桥三贤",是中华杰出人物。我有幸在辛卯年初夏应诸暨市政府之邀,为枫桥杨氏宗祠题写匾额。当地文物专家毛桂舟告诉我,县志记载杨维桢墓在松江,此引发了我去寻找杨墓的兴趣。在当地文物专家的陪同下几经周折,终于在荒山野林处找到。我随即给时任区委书记的盛亚飞写信,引起他的高度重视,第一时间作出批复,并立即给我来电,说我又给他派活了,非常高兴。

杨维桢是个鬼才,诗文俱佳,书法列入我国的国宝54件之一,编号为44。他是历史上少数敢于突破"二王"束缚的书法大家,唐代有颜鲁公,元代为杨维桢,明代要数徐渭了。先师笑道:"杨维桢是个奇才,明人王彝讥之为'文妖','妖'要比'鬼'更加可怕。"

我系钱武肃王三十七世苗裔,受聘任钱王故里临安钱镠研究会顾问,还出任上海钱镠文化研究会会长。先师又与我谈及吴越国的钱氏文化,说道:他的家乡龙游就是钱武肃王改名的。唐朝时期,在此地设立龙丘县。公元931年,吴越国王钱镠以"丘"与"墓"近义不吉,又据县邑丘陵起伏如游龙状,遂改龙丘为龙游。与先师交谈,每有收获,此又让我长知识了。

由吴越国文化自然而然地聊到了钱穆、钱基博、钱锺书等钱家大文人。我说无锡钱穆是三十四世孙,钱基博是三十三世孙,钱锺书则是三十四世孙,但钱锺书见到钱穆却叫叔叔的。无锡宗亲曾问我何故?我略加思索后答道:钱穆与钱基博是好友,又是名盛一时的学者,钱锺书顺理成章地随父辈分叫其为叔叔,不足为奇了。没料到先师认同此说,还对钱氏学人大加赞赏。

先师与钱锺书有书信往来,其大公子华东师大中文系终身教授永翔兄还受到钱锺书的奖掖和欣赏。于是又聊起钱锺书。当时社会上出现了"钱锺书热",我也花了点时间研读《谈艺录》,觉得钱锺书学问了得,知识渊博,但其文中引用过多,似乎掩盖了自己的观点。相比之下,《写在人生边上》这样的散文倒是给人启迪颇多。先师说,读钱书需要静下心来细读。钱锺书博览既浩瀚无涯,见识又居高临下,对各种不妥之说,当会"匡谬正俗"。读钱书要像读经典一样,反复阅读,仔细品味。钱书字字珠玑,言言金玉,纵有时只有寥寥数语,却也起到画龙点睛的作用。醍醐灌顶,先师的教诲让我明白了研读经典的真髓,此生能遇上先师这样的大家是我的幸运。

2011年清明,我应无锡钱氏宗亲之邀为钱王祠题匾书联,并参加祭祖和匾额揭幕仪式,作了有关吴越文化传承的演讲。我还撰写了《为无锡钱王祠书联》一文,分别发表在2011年3月26日《新民晚报》和2011年4月6日《人民日报·海外版》上,还刊发书法作品。钱锺书故居位于无锡市健康路新街巷30号,系钱锺书祖父钱福炯于1923年筹建,题名为"绳武堂",匾为当时江苏省省长韩国钧所书。"绳武堂"为七开间三进,明清风格又吸取西式建筑之特点。我对陪同的当地领导和钱锺书侄女建议,能否将钱锺书故居保护下来,作为爱国主义教育基地。回沪后我向先师介绍了钱锺书故居情况以及我的建议,先师听得认真,还不时插问。如今钱锺书故居已正式对外开放,供游人参观凭吊。我常想决定人之成就的,不是眼前所拥有的物质条件和社会地位,而是留于世间的精神价值,钱锺书的学术思想正体现了这种文化精神。

《寄庐梦痕》得以顺利出版,得到各方的大力支持。师友弟子的怀念文章,文笔典雅,感情真挚,内容丰富,思想深邃,从不同角度展示了先师卓越不凡的风范气质和博大精深的学识修养,先师"圆融儒佛道"之国学大师形象高高耸立于天地间,先师那富有神秘色彩的人生经历成为佳话永久流传。

在这里,我还要特别感谢先师故乡龙游县政府和县委宣传部领导的鼎力支持,感谢时任中共衢州市委宣传部部长钱伟刚先生的密切关注。钱伟刚先生曾专程赶到龙游会见刘永翔教授一行,又在衢州市宴请我与永翔兄弟等;调任浙江日报报业集团副社长后,依旧关心推动此事。龙游市文联党组书记徐华喜先生是位有热情想做事的人,他非常热爱家乡的文化,也是先师的崇拜者。记得有一年他专程来沪去刘府拜访先师,先师见他捎来家乡特产发糕,高兴得不得了,用龙游话与家乡人交谈,神采飞扬,喜悦之情溢于言表,乡情可贵啊。前不久,徐华喜请我为龙游名胜题写"绿春湖"地名和书写永翔兄创作的《登绿春湖山绝顶》律诗。如今诗碑已巍然耸立在先师故乡的风景区,留下永恒的文化记忆。永翔兄为其先父出版此纪念文集,费了不少心思。师兄储有明为此书出版作出了努力。上海古籍出版社社长高克勤先生,亦为此书出版尽心尽力,谨此一并致谢。

由于时间仓促加之学识所限,书中难免疏漏和欠缺,敬请读者见宥。

钱汉东

2022 年 5 月 16 日于海上长城大厦汉风东韵堂